Buch

Seit im 16. Jahrhundert die Centurien des Nostradamus erstmals ver
öffentlicht wurden, hat es Menschen gegeben, die hinter den schwerver-
ständlichen Zeilen ein Prophezeiungssystem witterten, das es zu entschlüsseln galt. Viele haben sich daran versucht. Nun ist tatsächlich
gelungen, wovon Generationen von Nostradamus-Forschern träumten:
Der Code des großen Sehers ist geknackt. In der Entsprechung der Ver-
se mit den vergangenen, historischen Ereignissen finden sich eindeutige
Beweise für Dimdes Durchbruch. Weit spannender sind jedoch die Pro-
phezeiungen für die kommenden Jahre und Jahrzehnte:
Ein dritter Weltkrieg steht uns bevor.
Der Bedeutungszuwachs der Raumfahrt wird unser Überleben sichern.
Die Existenz außerirdischen Lebens findet Bestätigung.
Das Ende unseres Sonnensystems kommt – aber auch die Rettung der
Menschheit.

Autor

Manfred Dimde, geboren 1941, hat sich lange Zeit neben seinem Beruf
mit dem Werk des Nostradamus beschäftigt. Fasziniert von der Ver-
schlüsselungstechnik des großen Sehers, arbeitete er über zehn Jahre daran, die Centurien zu entschlüsseln. Mit Hilfe des Computers gelangte
er schließlich an sein selbstgestecktes Ziel.
Mittlerweile kann Manfred Dimde auch nachweisen, daß die Ver
schlüsselungstechnik des Nostradamus nicht nur von ihm benutzt wurde, sondern auch von Dante, Leonardo da Vinci, Rabelais, ja sogar von
Goethe.

Manfred Dimde

Die Weissagungen des
NOSTRADAMUS
Neu entschlüsselt

GOLDMANN VERLAG

Originalausgabe

Umwelthinweis:
Alle bedruckten Materialien dieses Taschenbuches
sind chlorfrei und umweltschonend.
Das Papier enthält Recycling-Anteile.

Der Goldmann Verlag
ist ein Unternehmen der Verlagsgruppe Bertelsmann

Made in Germany · 6. Auflage · 4/93
© by Wilhelm Goldmann Verlag, München
Umschlaggestaltung: Design Team München
Belichtung: Compusatz, München
Druck: Presse-Druck Augsburg
Verlagsnummer: 12166
Redaktion: Wulfing von Rohr
Ba · Herstellung: Sebastian Strohmaier/sc
ISBN 3-442-12166-3

Inhalt

Vorwort

Manfred Dimde hat geschafft, wovon Nostradamus-Forscher seit 450 Jahren träumen: die eindeutige Zuordnung jedes Prophezeiungsverses zu einem bestimmten Jahr! Das darf sicher als eine Weltsensation bezeichnet werden.

Dieser Erfolg kam nicht über Nacht. Mehr als zehn Jahre intensiver Arbeit waren notwendig, um zu solch umfassenden Ergebnissen zu gelangen. Nach der Veröffentlichung von wichtigen Auszügen in einem »Jupiter«-Sonderheft stellt der Entschlüsselungsexperte Manfred Dimde seine Ergebnisse nun auch in Buchform einer breiten Öffentlichkeit vor.

Speziell entworfene und immer wieder umgeschriebene Computerprogramme halfen ihm, das gesamte Werk von Nostradamus systematisch nach verborgenen Gesetzmäßigkeiten und Chiffriercodes zu untersuchen. Schnell wurde klar, daß Nostradamus ein Alphabet verwendete, das aus nur 16 Buchstaben bestand. Mittlerweile wies der Autor auch nach, daß diese und weitere Verschlüsselungstechniken des Nostradamus nicht einmalig waren, sondern ebenso von Dante, Leonardo da Vinci, Rabelais und sogar von Goethe verwendet wurden.

Nostradamus selbst sprach davon, daß für das Verständnis seines Werks »Verstand und Intuition« vonnöten seien. Manfred Dimde hat mit seinem Entschlüsselungswerk beides unter Beweis gestellt. Ich wünsche, daß auch die Leserinnen und Leser mit derselben gesunden Mischung von Verstand und Intuition an dieses Buch herangehen, um für sich und ihre Lebensführung möglichst großen Nutzen ziehen zu können.

Cornelius Büchner
Chefredakteur »Jupiter«

Dank

Stellvertretend für eine Reihe von Menschen, die mir bei den Grundlagenarbeiten zu diesem Buch geholfen haben, möchte ich Volker Schablinski, einem jungen Programmierer, besonders danken. Sein phänomenales Gedächtnis, seine unendliche Geduld und sein geniales Talent sind bewundernswert.

Danken möchte ich auch der Zeitschrift »Atlantis«, die durch einen Bericht über meine Arbeit die Kontakte auslöste, die zu diesem Buch führten. Und ich danke vor allem dem Magazin »Jupiter«, seinem Verleger F. K. Wolff und seinem Chefredakteur Cornelius Büchner, für das Nostradamus-Sonderheft, das in aufgelockerter Darstellung eine Fülle von Einzelaussagen mit dazugehörigen Kommentaren und naturgemäß auch spekulativen Deutungen präsentiert. Beide, dieses Buch und das »Jupiter«-Sonderheft, ergänzen sich in sehr sinnvoller Weise.

Nicht zuletzt danke ich Ihnen, den Leserinnen und Lesern, für Ihr Interesse. Denn erst unser aller bewußte geistige Auseinandersetzung mit Warnungen vor drohenden Entwicklungen vermag unser Verhalten und unsere Lebensführung heute so zu ändern, daß wir nicht Opfer eines selbstverschuldeten dunklen Schicksals werden, sondern leuchtende Vorbilder einer positiv gestalteten Zukunft.

Manfred Dimde,
im Sommer 1991

Einführung

Die Frage ist berechtigt: Stimmt denn das alles, was hier auf den nächsten Seiten geschrieben steht?

Oder gehört auch diese Schrift zu den vielen Büchern, die sich schnell und bequem schreiben lassen, weil kein Leser in der Lage ist nachzuprüfen, was Nostradamus wirklich prophezeit und welche Ereignisse er mit seinen Prophezeiungen tatsächlich vorausgesagt hat?

In den vergangenen fast fünf Jahrhunderten sind zu diesem Thema über 100 Publikationen erschienen. Das bedeutet, daß alle vier Jahre irgendwo ein Autor erneut versucht hat, in dieses berühmte Buch der Zukunftsrätsel einzudringen. Tatsache ist, daß das Buch der Prophezeiungen von Michel de Notredame, genannt Nostradamus, heute aufgrund seiner weiten Verbreitung zur Weltliteratur gehört.

Direkt nach Nostradamus' Tod 1566 hatte man es zeitweise aufgegeben, nach einem Universalschlüssel zu suchen, und sich vorwiegend darauf beschränkt, zeitgenössische Ereignisse, die eine Ähnlichkeit mit der Beschreibung in seinen Versen aufwiesen, als eingetroffen hinzustellen, sie überschwenglich zu kommentieren und Nostradamus als Propheten zu feiern.

Dies geschah nicht ohne Grund, denn man konnte auf diese Weise, als Meinungsmanipulierer, nach Versthemen suchen, die eine Ähnlichkeit mit den jeweils aktuellen Geschehnissen aufwiesen, und sie dann, entsprechend ausgelegt, für die eigenen politischen Ziele ummünzen.

Bei einer meiner Begegnungen mit einem anerkannten Nostradamus-Experten waren dessen erste Fragen an mich: »Welcher politischen Richtung gehören Sie an?« und »Welche Absichten verfolgen Sie mit Ihrer Publikation?« Man sieht, wie heikel die Beschäftigung mit dem Werk sein kann, das Nostradamus uns hinterlassen hat.

Andererseits gab es etliche Jahrzehnte nach Nostradamus einen

Mann, der behauptete, sein Sohn zu sein. Eben von diesem Unglücklichen wird behauptet, daß er den Brand der Stadt Le Pouzin im Vivarais vorausgesagt haben soll. Die Überlieferung berichtet, daß der Mann hingerichtet wurde, weil man ihm unterstellte, den Brand selbst gelegt zu haben mit dem Ziel, seine Treffsicherheit zu beweisen. Man verurteilte ihn als Betrüger, da er auf keinen Fall ein Sohn des großen Sehers aus Salon sein könne. Nur über das Datum dieser Geschehnisse ist die Nachwelt sich nicht einig; 1574 oder 1629 soll es gewesen sein.

Ob er wirklich ein Betrüger war, muß bezweifelt werden, denn Nostradamus selbst hat die Bezeichnung »Sohn des Nostradamus« für diejenigen als Ehrentitel festgelegt, die sein Orakelbuch erfolgreich enträtselten.

In gewisser Hinsicht erinnert die Suche nach dem Schlüssel zu den Nostradamus-Prophezeiungen an das Märchen vom schlafenden Dornröschen, zu dem kein Prinz vordringen kann, um es wachzuküssen, weil die Hecke zu dicht ist. Jeder Prinz, der durch die Dornenhecke Dornröschens Schloß erspäht, unterschätzt die Aufgabe, feiert sich schon voreilig als Bezwinger der Gefahren und als Gemahl der Prinzessin und bleibt schließlich doch in der Dornenhecke hängen.

Nostradamus nennt *seinen* Prinzen, der *sein* Dornröschen wachküßt, »César«, wie seinen ältesten Sohn aus zweiter Ehe. Es wird – was Sie am Ende dieses Buches verstehen werden – noch viele *Cäsaren* geben, ja geben müssen. Kein *Cäsar* des Jahres 2000, 2500 oder zu irgendeinem späteren Zeitpunkt kann dazu in der Lage sein, die noch weit vor ihm liegenden Ereignisse richtig auszulegen. Selbst uns, den von den Erfindungen des 20. Jahrhunderts verwöhnten Menschen, ist es unmöglich, technische und politische Entwicklungen der Zukunft im voraus zu verstehen und den in der Sprache und mit dem Wissen des 16. Jahrhunderts abgefaßten Texten des Nostradamus exakt zuzuordnen.

So hätte beispielsweise ein Nostradamus-Interpret noch im Jahre 1945 nicht richtig deuten können, was ein »sprechender, farbiger Tempel in den Hütten der Menschen« ist. Leser und Leserinnen der 90er Jahre, also kaum 50 Jahre später, würden lächeln, wenn sie merkten, daß hier ein Farbfernseher beschrieben wurde.

Vor der zeitlichen Zuordnung des Textes und seiner Auslegung muß zuerst das Buchstabengestrüpp um das Dornröschen-Schloß entfernt werden. Dann erst kann man sich weiter mit den Problemen der Auslegung beschäftigen.

Der Weg in das Nostradamus-Buchstabengestrüpp zwingt uns allerdings zunächst dazu, uns einen Plan über die Vorgehensweise zurechtzulegen. Erst dann haben wir gute Aussichten, zu unserem »Dornröschen« vorzudringen.

Erstens sollten wir versuchen, möglichst viel von dem Menschen Nostradamus bzw. Michel de Notredame zu erfahren. Wir wollen wissen, wie er gelebt, gedacht und gearbeitet hat, um ihn und seine Zeit besser zu verstehen.

In den vergangenen Jahrhunderten hat sich ein Nostradamus-Mythos herausgebildet, der dem Ziel, eine systematische Rekonstruktion des Urtextes vorzunehmen, eher hinderlich ist. Es gibt keinen Zweifel, Nostradamus war eine der großen Persönlichkeiten seiner Epoche. In seinen Anweisungen zur Offenlegung seines Textes sagt er voraus, daß man ihn eines Tages als »Zierde seiner Zeit« erkennen wird. Aber er war keineswegs ein Heiliger. Er selbst behauptet von sich, ein großer Sünder gewesen zu sein – nicht ohne Grund, denn seine Jugendjahre waren recht bewegt.

So etwas paßt natürlich nicht in das Bild der meisten Nostradamus-Autoren, die ihn gerne, in Anlehnung an die Propheten des Alten Testaments, als Mahner mit erhobenem Zeigefinger darstellen möchten. Dieses falsche muß durch das wahre Bild des Michel de Notredame ersetzt werden.

Zweitens müssen wir uns damit auseinandersetzen, warum Nostradamus überhaupt Prophezeiungen niedergeschrieben und veröffentlicht hat. Welche Motive trieben ihn?

Zum Zeitpunkt des Erscheinens seiner ersten Centurien war Nostradamus bereits ein wohlhabender Mann. Seine Heirat mit Anne Ponsard, seine Veröffentlichungen von Almanachen, Rezeptbüchlein und dergleichen sowie seine Fähigkeiten als Pestarzt und Arzneimittelhersteller hatten ihn in der Provence bis hin nach Lyon bekannt gemacht. Sein Können als Astrologe brachte ihm überdies die Gunst des französischen Königshauses und eine entsprechende königliche Honorierung seiner Dienste ein.

War es also die Sucht nach Ruhm, oder steckte etwas anderes

dahinter? Hat er die Prophezeiungen überhaupt selbst erstellt, oder hat er gar nur abgeschrieben, und falls ja, bei wem?

Drittens wollen wir wissen, in welchen Kreisen Nostradamus verkehrte und welche Interessen und Ziele diese Kreise verfolgt haben könnten.

Viertens werden wir versuchen, ein Nostradamus des 20. Jahrhunderts zu sein, der es sich zur Aufgabe macht, eine schriftliche Botschaft für das dritte Jahrtausend zu erstellen. Dabei werden wir einige der Schwierigkeiten, die Nostradamus mit der Übermittlung seiner Prophezeiungen hatte, kennenlernen.

Im Brief an »seinen Sohn« César teilt er ihm auf das Jahr genau mit, bis zu welchem Datum er Prophezeiungen niedergeschrieben hat. Es scheint auf den ersten Blick ganz einfach zu sein, den Menschen des Jahres 3000 nach Christus eine schriftliche Mitteilung zu machen. Wir werden jedoch sehen, daß dieser Schein trügt und es vieles dabei zu bedenken gibt. Welche Probleme sind vorhersehbar? Welche Sicherheitsmaßnahmen müssen eingebaut werden, um zu verhindern, daß der Text sein Ziel verstümmelt, nur teilweise oder vielleicht gar nicht erreicht? Hier steht uns allerdings schon das »System Nostradamus 1555« zur Verfügung, und wir werden sehen, wie weit man vorausdenken muß, wenn man so eine Botschaft losschicken will.

Fünftens werden wir in das Buch der Anweisungen eindringen, welches Nostradamus seinem verschlüsselten Text beigegeben hat. Dies dürfte meines Wissens das erste Mal sein, daß die Existenz einer schriftlichen Gebrauchsanweisung für den Text bekannt gemacht wird.

Sechstens werden wir feststellen, daß der Code, den Nostradamus zur Verschlüsselung benutzt hat, gar nicht von ihm erfunden wurde. Tatsächlich handelt es sich um einen Code, der in der Renaissance recht gebräuchlich war.

Die Konsequenz dieser Entdeckung ist, daß man unabhängig vom Nostradamus-Text in jedem lateinischen Text und vor allem in jedem Renaissance-Text nach dem »Inneren Wort« suchen sollte. Es ist erstaunlich, wie oft dieses »Innere Wort« der lateinischen Sprache benutzt wurde. Sollten Sie während einer Urlaubsreise auf Inschriften an oder in Klöstern, Schlössern oder Kirchen stoßen, dann überprüfen

Sie doch einmal, ob Sie nicht vor einer verschlüsselten Botschaft stehen.

Siebtens interessiert uns, welches urewige Symbol der Zeit Nostradamus benutzte, um die gültige Zeitordnung festzuschreiben. Und welchen Kniff er anwandte, um die Zeit dem richtigen Text zuzuordnen.

Achtens lesen wir die Orakelsprüche für die kommenden Jahrhunderte und versuchen, die Losungen anhand der historischen Ereignisse zu bestätigen bzw. zukünftige Entwicklungen vorauszusehen.

1. DER UMGANG MIT PROPHEZEIUNGEN UND WEISSAGUNGEN

Darf sich ein gebildeter Mensch überhaupt mit Orakeln beschäftigen? Genausogut könnte man fragen, ob sich ein gebildeter Mensch für die griechische Kultur interessieren soll.

In der heutigen Zeit ist es nicht nützlich, wenn man öffentlich bekennt, daß man sich mit Orakeln beschäftigt. Der »Gebildete« unserer Tage hält viel von Menschen, die über Kultur verfügen, aber er akzeptiert heute nicht mehr, was die Kultur der Griechen, Römer und der Juden letztlich stark mitgeprägt hat: den Umgang mit Propheten und Orakeln. Die Christen pochen zum Teil recht fanatisch auf ihre Bibel, lehnen aber ebenso entschieden ab, daß Propheten auch in unserer heutigen Zeit auftreten können. Sie haben gute Argumente dafür, warum seit dem Tode ihres Erlösers die alttestamentarischen Helden der Zukunftsschau ausgestorben sein sollen.

Jona 810 v. Chr.	Joel 800 v. Chr.	Amos 760 v. Chr.
Hosea	Zacharja 760 v. Chr.	Jesaia
Micha 725 v. Chr.	Nahum 712 v. Chr.	Zephanja 630 v. Chr.
Zacharja 606 v. Chr.	Habakuk	Ezechiel
Obadja	Jesaia 570 v. Chr.	Haggai
Zacharja 520 v. Chr.	Maleachi 440 v. Chr.	

So hießen die verbrieften Propheten der Juden.

Und in Griechenland? Wenn es um das Schicksal des Volkes, um Kriegsunternehmungen oder Beistandspakte ging, taten die Griechen nichts, ohne eines ihrer zahlreichen Staatsorakel zu befragen.

Jeder weiß das. Aber dennoch ist heute niemand dazu bereit, dies zu akzeptieren und sich näher mit Orakeln zu befassen. Orakel sind verpönt und zur Zeit völlig aus der Mode gekommen.

Dieses Buch will kein Wegbereiter für einen neuen Orakelkult sein, doch beschäftigt es sich ausschließlich mit den Weissagungen des Nostradamus. Die Epoche der Renaissance, deren Kind Nostradamus ja ist, schöpfte insbesondere aus der Wiederentdeckung der alten griechischen Kultur. Daher sollten wir als Einstieg in die Materie einen kurzen Blick auf den griechischen Orakelgebrauch werfen.

Es ist verbürgt, daß Rabelais und Nostradamus die griechische Sprache studierten und beherrschten, und sie besaßen bzw. kannten die Schriften, die uns auch heute zur Verfügung stehen: zum Beispiel die Berichte des Herodot, in denen viele Staatsorakel, die das Volk und den König betrafen, überliefert sind.

Fast alle Orakel waren zweideutig, und man fragt sich, warum. Wir wollen versuchen zu verstehen, warum in den delphischen Orakeln der Text nicht eindeutig sein durfte.

Bei Nostradamus ging es darum, daß kein Fragesteller des Jahres 2010 vor ihm stand und ihn fragte: »Sage mir, ob ich einen Krieg gegen meinen Feind im Norden beginnen soll?« Er konnte also genauere inhaltliche Aussagen machen und niederschreiben, mußte aber etwas ungenauer hinsichtlich der Zeitangabe sein.

Bei den griechischen Orakeln kamen die Abgesandten des Herrschers und erbaten eine Auskunft über ein bestimmtes, zeitlich und räumlich feststehendes Ereignis und dessen Ausgang in nächster Zukunft.

Das Orakel konnte, wollte es nicht gegen eherne Gesetze verstoßen und z.B. ungewollte Eingriffe in den Schicksalslauf veranlassen, nur in mehrschichtiger Zweideutigkeit seinen Vorhersagespruch verkünden.

Wir meinen, daß es legitim ist, dem Phänomen des Vorauswissens nachzugehen, aber es darf dadurch zu keinem bewußten Eingreifen in das Weltschicksal und seine Veränderung zugunsten einiger weniger selbstsüchtiger Menschen kommen. Der Lyderkönig Krösus fragte beim Orakel von Delphi an, ob er gegen die Perser und deren König Kyros in den Krieg ziehen sollte. Das Orakel antwortete ihm:

»Wenn Du den Haly überschreitest, wirst Du ein großes Reich zerstören.«

Was passierte Krösus? Er interpretierte den Orakelspruch egoistisch zu seinen Gunsten, führte Krieg gegen die Perser, wurde besiegt, zerstörte sein eigenes Reich und haderte mit dem Orakel in Delphi.

Herodot, der von diesem Vorfall berichtete, hat in seinen Büchern eine große Zahl weiterer egoistisch und eben falsch interpretierter Orakelsprüche für die Nachwelt aufgezeichnet, vielleicht, um den Blick der Menschen für die Art der Sprache von zukünftigen Orakeln zu schärfen und sie vor allzu vorteilhafter Auslegung zu warnen.

Lassen Sie uns daher einige dieser Orakel gemeinsam betrachten. Ein Spruch für die Lakedaimonier:

>>Ganz Arkadien willst Du. Zuviel!
Ich will dir's nicht geben;
Zahlreich sind in Arkadien eichelnessende Männer,
Die dich aufhalten werden.
Doch nicht mißgönn' ich dir alles:
Geben will ich Tegea ja deinen Füßen zum Tanzplatz
Und das schöne, ebene Land, mit der Leine zu messen.<<

(Herodot, »Historien I«)

Die Lakedaimonier, denen es sehr gut ging, wollten die Arkader unterwerfen und schickten zum Orakel. Aufgrund des Orakelspruchs ließen sie von den Arkadern ab und zogen unter Mitnahme von Fesseln – den Spruch falsch deutend – gegen die Tegeaten. Als sie aber bei dem Zusammenstoß geschlagen wurden, mußten alle, die lebendig gefangengenommen wurden, in den Fesseln, die sie selbst mitgebracht hatten, Dienste leisten und die Ebene mit einer Leine vermessen.

Die Lakedaimonier wollten endlich auch einmal wieder Kriegsglück erfahren und schickten erneut zur Pythia, um zu erfahren, wie sie den Tegeaten überlegen werden könnten. Die Antwort der Pythia lautete:»Wenn die Gebeine des Orestes, des Sohnes von Agamemnon, in die Heimat überführt würden.«

Nun konnten die Fragesteller den Begräbnisplatz des Orestes aber nicht finden und baten die Pythia erneut um Rat, die so antwortete: »Liegt nicht Tegea gestreckt weithin in arkad'scher Ebene? Dort nun wehen zwei Winde, getrieben von mächtigem Anhauch; Schlag ist und Gegenschlag dort, und Leid, es ruht auf Leide: Dorten birgt Agamemnons Sohn die nährende Erde; Dienen wird dir Tegea, sobald du heim ihn gebracht hast.«

Eines Tages kam Lichas, ein von den Spartanern ausgeschickter Ritter, nach Tegea zu einem Schmied und sah, wie dieser das Eisen bearbeitete. Er erfuhr, daß dieser Schmied einen übergroßen Sarg mit einem sehr großen Leichnam darinnen auf seinem Hof gefunden habe. Lichas kannte den Spruch des Orakels und erfaßte sogleich, daß die zwei Blasebälge des Schmieds die Winde waren, der Amboß und der Hammer mit den Worten »Schlag« und »Gegenschlag« gemeint waren und daß das gehämmerte Eisen das Leid war, auf dem Leid liegt (weil die Entdeckung des Eisens den Menschen Unheil in Form von Kriegen gebracht hatte).

Mit dieser Erkenntnis ging er nach Sparta zurück und erstattete Bericht. Aber der »gesunde Menschenverstand« der Spartaner tat diese Beobachtungen als Unsinn ab, weil man an echte Winde und andere viel erhabenere Symbole dachte, wenn man den Spruch der Pythia zu analysieren versuchte. Lichas wurde verfolgt, so daß er schließlich fliehen mußte. Der Unglückliche ging zum Schmied zurück. Eines Tages konnte er die Gebeine des Orestes ausgraben und nach Sparta zurückbringen.

Von da an waren die Spartaner den Tegeaten im Kampf immer überlegen.

Krösus, der von Kyros dem Perser geschlagen wurde, freundete sich mit dem Sieger an und erhielt die Erlaubnis, der Pythia in Delphi seine Handfesseln auf die Türschwelle des Tempels mit der Frage an den Gott niederzulegen, ob er sich nicht schäme, ihn durch seine Sprüche zum Feldzug gegen die Perser veranlaßt zu haben und ob es Brauch bei den griechischen Göttern sei, undankbar zu sein – er hatte zuvor dem Orakel kostbarste Geschenke gestiftet.

Der Antwortspruch der Pythia lautete: »Dem bestimmten Geschick ist es unmöglich zu entgehen, selbst für einen Gott.

Krösus hat die Sünde seines Ahnen aus dem fünften Glied gebüßt, der, Lanzenträger der Herakleiden, Weiberlist nachgegeben, seinen Herrn getötet und die jenem zukommende Ehre innegehabt hat, die ihm keineswegs zustand.

Krösus soll wissen, daß er drei Jahre später gefangengenommen worden war, als das Schicksal es vorsah, weil Loxias das Unglück abzuwenden versucht hatte, was aber nicht möglich gewesen sei.

Hinsichtlich des Orakelspruchs hätte er sich wohl beraten sollen und fragen müssen, ob dieser sein eigenes oder des Kyros Reich meine. Daß er den Spruch nicht verstand und nicht noch einmal anfragte, dafür soll er sich selbst als schuldig erkennen.«

Hier hat Herodot Themen angesprochen, die uns auch im Zusammenhang mit den Orakelsprüchen des Nostradamus beschäftigen werden:

– Der Versuch, ein angekündigtes Schicksal zu verhindern, wird scheitern. Vielleicht kann es Verzögerungen geben, mehr aber nicht.
– Die im schicksalhaften Ereignis verwickelten Menschen sind meist verwirrt oder durch ihren Eigensinn oder ihre Lebensgier zu sehr geblendet, um alle Möglichkeiten der Interpretationsweise des betreffenden Orakelspruchs zu beachten.

Ein Privatmann namens Teisamenos richtete eine Anfrage bezüglich seiner Nachkommenschaft an die Pythia. Diese antwortete ihm: »Du wirst in den fünf größten Kämpfen siegen.«

Teisamenos interpretierte das Orakel falsch, weil nach seinem menschlichen Verstand für ihn als Privatmann die größten Kämpfe nur die Teilnahme am Fünfkampf in Olympia bedeuten konnten.

Daraufhin trainierte er verbissen, schied aber im Wettstreit gegen Hieronymos aus Andros aus. Jetzt merkten er und seine Umgebung, daß die Pythia die Kämpfe wohl nicht in sportlicher Hinsicht gemeint hatte.

Daraufhin nahmen ihn die schlauen Spartaner als Maskottchen auf ihren Feldzügen mit. Und siehe da, sie gewannen.

Fünfmal!

Ein Feldherr namens Phalenthos erhielt in Delphi das Orakel:

»Wenn du Regen aus heiterem Himmel fühlst, wirst du eine Stadt und ein Land erobern.«

Phalenthos unternahm seinen Feldzug und landete in Süditalien. Das Glück kämpfte nicht auf seiner Seite, so daß er sich bereits mit dem Rest seines Heeres wieder einschiffen wollte.

Da beugte sich am Vorabend des Rückzuges seine Frau Aithere weinend über ihn, und ihre Tränen tropften auf sein Gesicht. In diesem Augenblick erkannte er den Sinn des Orakels und deutete es richtig, denn seine Frau hieß wörtlich »Schöner Himmel«, und ihre Tränen waren die Regentropfen im Orakelspruch, die aus heiterem Himmel fielen.

Am nächsten Tag führte der Mann seine Truppen zum Sieg und eroberte Tarent und das Hinterland.

2. DAS LEBEN
DES MICHEL DE NOTREDAME

»Michel von unserer Lieben Frau«, das heißt Michel de Notredame, wurde im Jahre des Herrn 1503, am 14. Dezember, beim Geläut der Mittagsglocken der nahegelegenen Kirche Sankt Martin, im südfranzösischen Ort St. Rémy geboren.

Michel de Notredame ist der Erstgeborene von 17 Kindern der sehr ehrenwerten und angesehenen Familie de Notredame. Die von vielen Nostradamus-Autoren geäußerte Ansicht, daß er in der Jugend sehr stark von seinem jüdischen Großvater väterlicherseits beeinflußt wurde, kann nicht richtig sein, denn dieser Großvater, der sich Pierre de Notredame nannte, war im Jahr 1503, als Michel geboren wurde, schon einige Jahre tot. Hingegen lebte noch der Großvater mütterlicherseits, Jaune de St. Rémy, der als Leibarzt des in St. Rémy residierenden »Königs von Jerusalem« wirkte. Diesem Großvater verdankte die junge Familie Wohlstand und Ansehen.

Großvater Jaune, der sich zu diesem Zeitpunkt bereits als Arzt zur Ruhe gesetzt hatte, dürfte sehr früh auf die Talente des kleinen Michel aufmerksam geworden sein. Später wird berichtet, daß Michel eine außerordentliche Begabung hatte:

Seine Merkfähigkeit soll phänomenal gewesen sein. Er brauchte Texte nur einmal zu überfliegen und konnte sie sofort auswendig wiederholen.

Mit 16 Jahren wurde er von seinen Mitschülern bereits als der »junge Astrologe« bezeichnet, weil er ihnen ständig die Geheimnisse und das Wesen von Kometen, Sternen und Sternbildern erklären wollte, was auch damals für einen 16jährigen nicht ganz typisch gewesen sein dürfte.

Die heile Welt zerbricht

Es ist 1518, als der hochbetagte Jaune de St. Rémy stirbt. Der Tod des Großvaters wird für den 15jährigen Michel zum ersten einschneidenden Ereignis seines Lebens.

Er ist etwa 16 Jahre alt, als er das Elternhaus in St. Rémy verläßt und 1519 in die Weltstadt Avignon zu seiner Tante Margarete zieht, die mit einem Kunstmaler verheiratet ist.

Sein Onkel in Avignon konnte Michel an der Fakultät der schönen Künste unterbringen. Er studierte dort das Trivium, das heißt Grammatik, Rhetorik und Logik. Danach lernte er, den Gepflogenheiten seiner Zeit gemäß, Arithmetik, Geometrie, Musik und Astronomie, also die klassischen Fächer der Antike. Sein »Abitur« hatte er mit 18 Jahren in der Tasche.

Das keineswegs lustige Studentenleben des Nostradamus

Es war keine gute Zeit, in der Nostradamus zu leben hatte. Die Entdecker und Weltumsegler brachten Krankheit über Krankheit von ihren Reisen mit nach Europa, und die Bevölkerung, die gegen diese Infektionskrankheiten keine Abwehrkräfte besaß, zahlte einen hohen Preis für die Erweiterung des europäischen Weltbildes.

So wütete 1520 wieder einmal die Pest in Avignon. Die Fakultäten mußten ihre Vorlesungen einstellen, denn es gab keine Zuhörer mehr. Die Studenten waren in panischer Angst in alle Himmelsrichtungen geflohen. Nostradamus »floh« offensichtlich auch, wie viele andere, in die Hochtäler der Pyrenäen: Wir finden ihn ab 1521 als Studenten der Medizin in der Universitätsstadt Montpellier wieder, deren Universität älter als jene von Paris ist.

In Montpellier widmet er sich zuerst den Studien der theoretischen Medizin und der Philosophie, indem er die Schriften von Aristoteles durcharbeitet. Danach wendet er sich der Botanik und Pharmakologie zu und unternimmt mit Freunden tagelange Wanderungen in die Umgebung.

Nebenher widmet er sich, dem Zeitgeist der Renaissance entsprechend, den ins Lateinische übertragenen Schriften von Hippokrates und Galen. Auch stehen ihm, wie allen anderen Studenten, die Schriften der arabischen Autoren zu vielen Themen der Heilkunde zur Verfügung. Montpellier war in dieser Hinsicht, aufgrund seiner Nähe zu Spanien, besonders gut mit arabischer Literatur ausgestattet.

Kurze Zeit später, von 1524 auf 1525, wütete schon wieder die Pest. Nostradamus verläßt wie seine Kommilitonen Montpellier und zieht zunächst nach Narbonne, später nach Toulouse und Bordeaux, um seine ersten Feuerproben als Heilgehilfe zu bestehen. An ein vernünftiges, zusammenhängendes Medizinstudium ist nicht mehr zu denken. Die Angst vor Krankheit und Tod beherrscht die Studentenszene. Man setzt sich immer wieder woandershin ab.

Andererseits sind aber die Einsätze an der Pestfront, an denen man als Student recht ordentlich mitverdienen konnte, die einzige Möglichkeit, Beobachtungen an Kranken und den Symptomen ihrer Krankheit und ihres Todes sowie der Verläufe von Gesundungsprozessen zu machen.

Wir sollten uns von dem Glauben freimachen, daß die Studenten von 1525 fromme Klosterbrüder waren. Abenteuer, Duelle, Suff waren auch damals »in«. Und Geld braucht man als Student grundsätzlich immer. Das galt, allen Glorifizierungsversuchen zum Trotz, auch für Nostradamus.

1529 kann er endlich wieder nach Montpellier zurückkehren, um sein Medizinstudium fortzusetzen.

Etwa zu dieser Zeit ist auch ein gewisser Rabelais, der Michel de Notredame später stark beeinflussen wird, in Montpellier, um den Doktorgrad der Medizin zu erwerben.

Wir gehen jedenfalls davon aus, daß Franz Rabelais und Michel de Notredame sich fast zur gleichen Zeit in Montpellier aufhielten und daß Michel de Notredame später die Idee der Herausgabe von Almanachen von Rabelais übernimmt.

Unsere Ansicht wird gestützt von der Tatsache, daß es zwischen den Romanen von Rabelais, »Pantagruel« und »Gargantua«, und den Versen der Centurien von Nostradamus Parallelen gibt, die nur auf gemeinsamem Ideengut basieren können. Sie besitzen den gleichen mathematischen Nenner, der dechiffrierbar ist.

Von Nostradamus wird berichtet, daß er sich in Nordfrankreich, angeblich auch in Köln, aufgehalten hat. Man begegnet seinen Spuren in Toulouse, wo er sich Geld mit der Herstellung von Kosmetika, Parfüm, potenzsteigernden Mittelchen und Verjüngungselixieren verdient. Danach finden wir ihn gegen 1533 in Agen.

Nostradamus' erstes Geheimnis

In Agen lebte ein Mann namens Julius Césare de l'Escalle, besser bekannt unter dem Namen Scalinger – nicht zu verwechseln mit dessen Sohn, der als Mathematiker bekannt wurde. Wir sollten uns schon hier merken, daß Nostradamus später seinen ältesten Sohn aus zweiter Ehe César nennen wird! Scalinger war Leibarzt eines Bischofs, Mathematiker und Astrologe. Er soll, genau wie Rabelais, mit Erasmus von Rotterdam in Verbindung gestanden haben.

Bei Scalinger in Agen vertiefte Nostradamus, das ist überliefert, seine lateinischen und griechischen Sprachkenntnisse. Agen galt als eine der Hochburgen einer »Sekte«, der Katharer. Die Herkunft ihres Namens läßt sich auf unterschiedliche Weise ableiten. Manche nannten sie Katharer in Ableitung des italienischen »Gazzari« für Ketzer! Andere führen den Begriff Katharer auf das griechische Wort für eine »heilende Krise«, Katharsis, zurück. Diese »Ketzer« – die sich selbst übrigens nie als »Katharer« bezeichneten, sondern als »Gutmänner«, wir kommen später darauf zurück – besaßen angeblich das Original der Offenbarungen des Johannes in griechischer Sprache. Es galt damals als das Geheimbuch der Katharer.

Ist dies der Schlüssel zum Verständnis des späteren Lebenswerkes des Michel de Notredame? Wir meinen: ja!

Wen die Götter lieben, den schlagen sie

Nostradamus wird vom Schicksal geschlagen. Laut Chauvigny, einem engen Freund, der später eine Kurzbiographie des Sehers von Salon veröffentlicht (wir beziehen uns im wesentlichen auf seine Ausführungen), heiratet er in Agen ein sehr hübsches, liebenswertes Mädchen aus gutem Hause. Die junge Frau schenkt ihm im Verlauf der nächsten Jahre zwei Kinder, eine Tochter und einen Sohn.

Das junge Glück dauert leider nicht lange, denn Nostradamus muß hilflos zusehen, wie seine eigene kleine Familie in ganz kurzer Zeit einer Infektionskrankheit zum Opfer fällt. Die Frau und die beiden Kinder sterben schon bald – vermutlich an der ersten Diphteriewelle, die von den Seefahrern nach Europa eingeschleppt worden war.

Im Zusammenhang mit einem Prozeß dürfte Nostradamus dann auch noch Ärger mit der Inquisition in Agen bekommen haben. Möglicherweise steckten die enttäuschten oder aufgebrachten Schwiegereltern dahinter, die einen Teil der noch nicht ausgezahlten Mitgift nicht herausgeben wollten. Wichtig für uns ist, daß die Vorgänge in Agen und die »Flucht« vor der Inquisition viele Nostradamus-Autoren auf den Gedanken brachten, daß er seine Centurien später, aus Angst vor dem Kirchengericht, verschlüsselt habe. Wir sind der Meinung, daß das nicht zutrifft. Nostradamus war nie in echter Gefahr, von der Inquisition ergriffen zu werden!

Nach dem Tode seiner Familie verlor der junge Witwer den Boden unter den Füßen. Er begann ein Vagabundenleben zu führen.

Der Pestarzt Michel de Notredame

In Aix war die Pest ausgebrochen. Nostradamus geht nach Aix en Provence und betätigt sich dort als Pharmahersteller. Er gibt genaue Anweisungen, wie die Krankheit zu bekämpfen sei. Ferner produziert er eine Art Puder, das aus blauem Ambra und Rosenöl besteht. In gleicher Zusammensetzung stellt er Pastillen her. Das Puder ist laufend in die Kleider zu streuen, die Pastillen sind im Mund zu halten. Aix wird von der Pest befreit.

Solche Erfolge sprechen sich schnell herum, und Michel de Notredame erhält aus Salon, einem kleinen Ort etwa eine Tagesreise von Aix entfernt, einen Hilferuf. Auch hier wieder das bereits beschriebene Vorgehen, und Salon wird schnell von der Pest befreit. Inzwischen hat die Erkrankungswelle die große Stadt Lyon erreicht, und Nostradamus begibt sich dorthin, um seine bewährten Mittel zu verkaufen.

Eine neue Chance

Zurück aus Lyon, beginnt Nostradamus sich ab 1547 mehr und mehr an den bereits beschriebenen Ort Salon (de Crau) zu binden. In Salon hatte sich einer seiner Brüder, Bertram de Notredame, mit seiner Frau Thominée niedergelassen. Bertram war Stadthauptmann, und es ist durchaus denkbar, daß er für jede zukünftige Pestwelle einen vorzüglichen, erfahrenen Medicus an seine Stadt binden wollte.

Gleichzeitig könnte es seine Absicht gewesen sein, dem entwurzelten Nostradamus wieder eine neue Heimat zu geben. Jedenfalls, und das ist überliefert, fädeln er und seine Frau unter Nutzung ihrer Verbindungen für seinen Bruder die Bekanntschaft mit einer jungen, kinderlosen Witwe aus guter Familie ein. Das war damals ein durchaus üblicher Vorgang.

Die Zeiten waren kurzlebig, die Ehegatten rar, also geziemte es sich, daß man auch bei hohem Altersunterschied zusammenging.

Anne Ponsard, Tochter von Pascale und Thomase Arnaud, wird

Visitenkarte des Nostradamus

fortan zum eigentlichen Schicksal für Nostradamus. Am 11. November 1547 wird der Heiratsvertrag geschlossen:

»Sie bringt 400 Florin und noch ein weiteres Vermögen ein; er bringt 300 Ecus d'or von seinem Onkel Pierre de Notredame ein, die nach dessen Tode fällig sind.« Nostradamus muß zur Zeit seiner Eheschließung also relativ unvermögend gewesen sein, und das trotz seiner Erfolge als Pestarzt. Dieser Umstand spricht sehr für die Annahme, daß er bis zu seiner Verheiratung mit Anne ein recht lockeres Leben führte.

Es ist überliefert, daß ihm sein Onkel Pierre im Ehevertrag zusicherte, dafür zu sorgen, daß er standesgemäße Kleidung und ein Pferd für die Ausübung seiner Tätigkeit als Arzt bekam.

Die Hochzeit wurde am 26. November 1547 gefeiert. Aus der Ehe gingen sechs Kinder hervor, drei Söhne und drei Töchter:

1551 Tochter Madeleine

1553 Sohn César

1556 Sohn Charles

1557 Sohn André

1558 Tochter Anne

1561 Tochter Diane.

Eine Eintragung im Stadtregister von Salon besagt, »daß Dr. Nostradamus, wohlbekannt in Salon, im Quartier Ferreiroux nach seiner Hochzeit mit Anne Ponsard ein Haus gekauft hat, das sich an der Angrenzung von Herrn Estienne Lasalle und dem Haus des Ketzers Genette Tessier befindet«.

Das sitzt! Nostradamus pflegte bekanntlich Umgang mit Scalinger, Rabelais und anderen freien Geistern, wir dachten vorhin bereits über eine Verbindung zu den Katharern kurz nach, und nun dieser aufschlußreiche Hinweis!

Der erfolgreiche Schriftsteller

Ab 1550 beginnt Nostradamus in regelmäßigen Abständen kleine Schriften zu veröffentlichen. Ratschläge, wie man gesund bleiben kann, wie man Potenzmittel herstellt, Marmelade einkocht, und dergleichen mehr.

Er gibt Almanache, die in dieser Zeit sehr beliebt waren, heraus. Sie enthielten meist Prognosen für das nächste Jahr, für Wetter, Ernte, Krieg und Frieden, Pest und Kometenerscheinungen als Unglückskünder.

Seine Schriften entpuppten sich als Bestseller im heutigen Sinne des Wortes.

Die berufliche Verquickung von Arzt und Astrologe, Heiler und Lebensberater, Arzt und Psychiater war für die besseren Kreise im Mittelalter durchaus üblich gewesen, denn in der Renaissance versuchten die Ärzte stets, die Krankheiten unter Berücksichtigung des Einflusses der Sterne und deren Konstellationen zu heilen.

Von noch einer Besonderheit des Dr. Nostradamus wird berichtet. Er schlief wenig, meist nur vier Stunden am Tag. Des Nachts saß er auf dem Dach seines Hauses und beobachtete die Sterne, und tagsüber beriet er die Kranken. Diente das nicht vielleicht auch dazu, an einem ganz besonderen Mythos um den Doktor zu weben, wenn die ganze Stadt Salon ihn Nacht für Nacht auf seinem Sternenausguck sehen konnte?

Tatsache ist, daß von 1550 an bis zu seinem Tode Jahr für Jahr Almanache von Nostradamus erschienen, also von ihm vorausberechnete Vorhersagebücher, so wie wir sie von Rabelais und Scalinger vordem kannten. Und mit diesen Almanachen wurde auch sein Künstlername »Nostradamus« bekannt.

Einer dieser Almanache heißt zum Beispiel »Almanach vom Jahre 1550, mit den Vorhersagen und Berechnungen und Erklärungen von Michel Nostradamus, Arzt und Astrologe in Salon de Crau en Provence«. Unter diesem Titel befand sich dann in etwas kleinerem Format jeweils ein Vierzeiler, der eine Prophezeiung für das kommende Jahr enthielt.

Ein Exemplar eines solchen Almanachs befindet sich in der Bibliothek Arbaud in Aix en Provence. Er ist für das Jahr 1563 bestimmt und wurde von Pierre Roux in Avignon gedruckt.

Ab 1554 begann Nostradamus, parallel zu den Almanachen eine Serie von Broschüren herauszugeben, die nur Vorhersagen enthielten. Der Titel lautete: »Die großen Vorhersagen geschaffen durch Michel de Nostradamus Arzt in Salon de Crau en Provence.«

Auch ein solches Exemplar ist der Nachwelt erhalten geblieben und befindet sich in der bereits erwähnten Bibliothek Arbaud. Die Titelseite ist mit einem astrologischen Symbol und den Tierkreiszeichen bebildert. Erschienen ist diese Ausgabe 1557 in Paris bei Jacques Kerver.

Das Buch der »Wahren Prophezeiungen des M. Nostradamus«

Der 1. März 1555 ist das für uns interessanteste Datum in der Lebensgeschichte des Nostradamus. Auf diesen Tag datiert der Arzt, Weise, Astrologe und Seher die Vorrede an seinen Sohn César für die erste Auflage der 1555 bei Mace Bonhomme erschienenen Prophezeiungen. Es ist eine, wie wir heute wissen, Teilveröffentlichung. Sie enthält die ersten drei Centurien und die vierte Centurie bis hin zum 53. Vers.

Innerhalb kurzer Zeit gibt es drei Auflagen dieses Werkes, bis am 3. November 1557 die vierte, erweiterte Auflage erscheint, nun mit insgesamt sieben Centurien, diesmal bis zum 42. Vers der siebten Centurie.

Erfolg verhilft zu Aufsehen! Und so bleibt es nicht aus, daß der französische Hof auf Nostradamus aufmerksam wird, zumal der Prophet, ähnlich unserer heutigen Klatschpresse, die Herrschenden und Regierenden in seinen Prophezeiungen erwähnt. Und da er dies in seiner besonderen Art in doppelsinnigen Versen tut, auf für die Leser vermeintlich positive Weise, blieb es nicht aus, daß auch das herrschende französische Königspaar auf ihn aufmerksam wurde.

Heinrich II. war zu dieser Zeit König in Frankreich und Katharina von Medici seine Frau. Katharina scheint eine der ersten Ausgaben der Prophezeiungen des Nostradamus gelesen zu haben und schrieb an den königlichen Statthalter in der Provence, Graf Claude de Tande, daß »der König diese Person zu sehen wünscht!«

De Tande, der Nostradamus sehr schätzte, überbrachte die Einladung des Königs, so daß Nostradamus sich bereits am 14. Juli 1555 auf den Weg machte und über Lyon nach Paris reiste, wo er schon am 15. August, zu Mariä Himmelfahrt, eintrifft. Unmittelbar nach seiner Ankunft schickt der König persönlich den Hofmarschall de Montmo-

Selbstporträt von César, dem Sohn des Nostradamus
(Foto H. Ely)

rency in die Herberge, damit er den Astrologen für seine Auftritte bei Hofe vorbereitet. Dieser Vorgang läßt eins erkennen: Nostradamus genoß bereits ein besonders großes Wohlwollen in der königlichen Familie, denn sie war offensichtlich bemüht, dem Doktor aus der Provinz peinliches Fehlverhalten und Verstöße gegen die Etikette am Hofe zu ersparen. Man wollte ausschließen, daß Dr. Nostradamus sich lächerlich machte.

Die erste Audienz bei Hofe fällt für Nostradamus sehr positiv aus. König und Königin sind tief beeindruckt und honorieren Nostradamus mit jeweils 100 Ecus d'or. Ein damals traumhaftes Honorar!

Gift oder Gicht?

In Paris erkrankte Nostradamus sehr schwer. Unklar ist, ob er vor oder nach seiner Erkrankung Wohnsitz bei einem Kardinal nehmen durfte. Bekannt ist nur, daß Nostradamus infolge »einer Magenverstimmung« – andere Autoren, auch sein Sohn César, meinen, daß es ein Gichtanfall war – zehn bis elf Tage lang ans Bett gefesselt war und sein Zimmer nicht verlassen konnte.

Berücksichtigt man den Neid, die Mißgunst und die politischen Interessen der Höflinge, denkt man auch einmal daran, daß es ja Leibärzte des Königs, Astrologen des Königs und dergleichen Berater mehr schon genug am Hofe gab, so daß dieser »Kerl aus der Provinz« den bereits bei Hofe etablierten Fachkollegen allenfalls die Schau stehlen konnte, dann liegt der Verdacht nahe, daß auf Nostradamus ein Giftanschlag verübt wurde.

Giftanschläge, ob auf Könige oder andere Personen, konnten in der damaligen Zeit von den Ärzten nicht eindeutig und mit Sicherheit nachgewiesen werden. Selbst wenn der Verdacht der Experten nahelag, so war es für die Wissenden lebensgefährlich, darüber zu sprechen. So hat man Giftanschläge im Interesse der weiterlebenden Mehrzahl aller Beteiligten fast nie auch als solche bezeichnet.

Allgemein üblich war jedoch, für diese Fälle von Typhus, Magenbeschwerden oder »Agonie« zu sprechen, und es gibt eine Reihe Prominenter in der Vergangenheit, die mit solchen Diagnosen ihren

Thron oder was sie sonst zu hinterlassen hatten, wohl eher unfreiwillig an interessierte Nachkommen oder Konkurrenten abtraten.

Auch wenn der Sohn César von einem Gichtanfall spricht, so kann man nicht ganz ausschließen, daß er es aus Höflichkeit getan hat, denn es wäre dem französischen Königshof gegenüber sehr unfreundlich gewesen, wenn der Sohn behauptet hätte, sein Vater sei als Gast des Königs beinahe einem Giftmord zum Opfer gefallen!

Nach den überlieferten Berichten muß Nostradamus während dieser elf Tage furchtbar gelitten haben. Ein Gichtanfall ist sicher eine sehr, sehr schmerzhafte Angelegenheit, aber kein so furchtbares Leiden.

Das Überleben dieses Giftanschlages – vermutlich wußte es jeder, aber keiner sprach darüber – mußte für Nostradamus der eigentliche Durchbruch gewesen sein, denn: Ein Arzt und Lebensberater, der offensichtlich eine Gegenmedizin gegen Giftanschläge besitzt und selbst einen Giftanschlag überlebt, muß ein Könner seines Fachs sein. Solch ein Experte wird sofort, überall und von jedermann anerkannt.

Der Ruhm wächst – das Vermögen auch

Astrologe des Königs! Welche Karriere! Die Gunst des Königs vergoldeten die Höflinge auf ihre Weise. Um die Königin und den König in ihren Residenzen und Palästen begrüßen zu können, veranstalteten sie große Feste zu Ehren des Propheten. Andere Adelige bestellten für sich und ihre Familien Horoskope. Verständlich, daß man den Propheten des Königs besonders zuvorkommend behandelte und dementsprechend großzügig bezahlte.

Als Nostradamus schließlich die Heimreise nach Salon antritt, führt er ein großes Vermögen an Goldstücken und Juwelen mit sich. Wie mußte es dem Mann zumute gewesen sein? Mußte er, nachdem er die allerhöchste Gunst des Königs genoß, die Inquisition wahrlich fürchten? Nein, wir glauben nicht.

Dies ist aber eine sehr entscheidende Frage, die von vielen Nostradamus-Autoren stets bejaht wurde. Erfolgte die Verschlüsselung der Prophezeiungen aus Angst vor der Inquisition? Oder gab es andere

Gründe für die Codierung? Wir meinen ja, und wir werden diese Gründe nennen!

In Salon hatte sich jedenfalls der Erfolg von Nostradamus herumgesprochen, und er wird bei seiner Rückkehr begeistert gefeiert.

1559 stirbt Heinrich II. Sein Bruder Franz II. regiert für ein knappes Jahr Frankreich. Nostradamus hatte inzwischen zahlreiche Auflagen seiner Prophezeiungen verkauft und die Verse auf fast sieben Hundertschaften erweitert.

Eine überlieferte Probe der Seherkunst

Inzwischen ist es 1561 geworden. Die Auseinandersetzungen zwischen Protestanten und Katholiken erreichen ihren Höhepunkt. In Salon rückt Graf von Crussol ein, Kommandant Karls IX., des neuen französischen Königs, um an der Spitze eines Heeres die Katholiken in der Provence zu unterstützen. Natürlich konsultiert er den Seher, der ihm weissagt: »Wenn die Bäume mit neuen Früchten beladen sein werden, ist Eure Aufgabe beendet.« Ganz klar, was der Graf für sich interpretierte: »Im Herbst bin ich Sieger!«

Es kam, wie bei Orakeln üblich, anders: Als der Graf nach Aix einrücken wollte, wurde er von protestantischen Einwohnern, die sich auf Bäumen versteckt hatten, angegriffen und vernichtend geschlagen.

Ein von den Herrschern gesuchter Berater

Im Herbst 1564, also zwei Jahre vor seinem Tod, wird Nostradamus von Karl IX. in Salon besucht. Der Bericht eines Höflings lautet: »Der König hielt sich drei Wochen in Salon auf. Am 16. Oktober 1564 speiste er im Chateau Renard in St. Rémy und schlief dort. Am nächsten Tag begab er sich auf den Weg nach Salon. Ihre Majestät kamen dort am selben Tag des 17. Oktober um drei Uhr nachmittags an. Ihre Majestät wurden krank. In Ihrer Begleitung befanden sich 500 Personen. Die kleine Stadt war viel zu eng für so viele anspruchsvolle Gäste, so daß die Unterbringung des einzelnen eine einzige Katastrophe war.«

Die Prophezeiungen, die Nostradamus dem noch sehr jungen König und seiner Mutter Katharina von Medici verkünden konnte, waren für diese offenbar sehr zufriedenstellend, so daß er wieder mit einem kleinen Vermögen überschüttet wurde.

Nostradamus wurde krank. Laut seinem Sohn litt er unter Rheuma, Gicht und Arteriosklerose und wurde immer vergeßlicher. Die Symptome waren nicht mehr mit den damals zur Verfügung stehenden Arzneien in den Griff zu bekommen, die Wassersucht schritt immer weiter fort, so daß Nostradamus wohl seinen Tod nahen fühlte.

Das Testament

Nach eigenen schriftlichen Anmerkungen in den Prophezeiungsversen unternimmt Nostradamus seine letzte Reise ins 35 Kilometer entfernte Arles, wo der König von Jerusalem residiert. Ihm, so schreibt er, gibt er etwas zurück, was er nicht näher bezeichnet, und kehrt nach Salon heim. Es scheint aber etwas Besonderes gewesen zu sein, denn warum sollte sonst ein todkranker Mann eine derart beschwerliche Reise auf sich nehmen. Auch diese Tatsache wird uns noch beschäftigen.

Am 17. Juni 1566 bestellt Nostradamus den Notar M. J. Roche zu sich. Nach einer Vorbesprechung wird das Testament ausgefertigt. Seine engsten Freunde werden zu Testamentsvollstreckern erklärt, denn die Kinder sind zu diesem Zeitpunkt sechzehn, dreizehn, elf, neun, sechs und drei Jahre alt.

Das Vermögen, das Nostradamus aufteilen kann, ist beträchtlich. Nach heutigen Wertmaßstäben ist er ein Multimillionär. Drei Tage nachdem er sein Testament gemacht hatte, versammelte Nostradamus alle Menschen, die er noch einmal sehen wollte, um sich.

César, sein Lieblingssohn, erhielt von ihm persönlich sein astronomisches Besteck und seine Jahrestafeln aus Gold. Auch alle anderen Anwesenden bekamen kleine Erinnerungsgaben.

Nachdem er bei Pater Vidal, Abt der Barmherzigen Brüder in Salon, gebeichtet hatte, erhielt er von diesem die Sterbesakramente der Römischen Kirche.

In der Nacht vom 1. auf den 2. Juli 1566 stirbt Nostradamus. Sein Sohn César findet ihn bei Sonnenaufgang in seinem Arbeitszimmer. Noch am gleichen Tage wird Nostradamus in einer feierlichen Prozession ins Kloster der Barmherzigen Brüder gebracht und dort in der alten, ehrwürdigen Klosterkirche, wo er sich schon zu Lebzeiten ein Grab gekauft hatte, beigesetzt. Seine Witwe läßt eine Grabplatte nach italienischem Vorbild anbringen.

«D.O.M. . . ., Deo Optimo Maximo . . .«, »Dem höchsten Gott« diese Grabplatte erbringt übrigens keinerlei weitere Hinweise zur Entschlüsselung der Centurien!

Der Tradition entsprechend, wurden ihm alle seine wichtigen Schriften ins Grab mit hineingelegt, um sie am Tage des »Jüngsten Gerichts« zur »Prüfung« vorlegen zu können. Die Stadt Salon kam später in den Besitz dieser Bücher, als zum Ende des 18. Jahrhunderts, während der Revolutionswirren, Gräber geplündert wurden und Nostradamus' Schriften als »wertloser Plunder« auf der Straße lagen. Anne, seine Frau, stirbt 16 Jahre und 17 Tage später.

3. DIE GEHEIMNISSE DES NOSTRADAMUS

Wir wollen nun versuchen, einige Besonderheiten im Leben des Michel de Notredame herauszustellen, die bisher wenig Beachtung gefunden haben. Es geht hier in erster Linie um Zusammenhänge, die für eine mögliche Rekonstruktion seines Lebenswerkes von Bedeutung sein könnten.

Wer heute nach Salon en Provence fährt, um das Nostradamus-Haus zu besuchen, bekommt nichts Weltbewegendes zu sehen. Trotzdem vermittelt der Besuch einen Hauch von Rückerinnerung und Alltag, wie er sich im 16. Jahrhundert hier abgespielt haben dürfte.

Ursprünglich muß es ein typisches Geschäftshaus südländischen Typs gewesen sein. Ein Haus mit drei Stockwerken, ein Eckhaus, zur Straße hin ohne Fenster. In der Mitte des Gebäudes, im Erdgeschoß, gab es ehemals ein großes Tor. Es ist heute zugemauert und durch eine kleine Tür ersetzt.

Im ersten Stock lag ein großer Raum, der durch ein schönes großes Bogenfenster zum Innenhof und Garten beleuchtet wurde. Ein gleichgroßer Raum schloß sich im zweiten Stock an. Aufgrund des dicken Mauerwerks und der Steinfußböden dürfte es sich um sehr angenehm klimatisierte Räume gehandelt haben. Auf dem Gebäude befand sich, dem Geschmack der damaligen Zeit entsprechend, ein Flachdach mit Balustrade.

Geld war vorhanden, der Kindersegen blieb, wie wir wissen, nicht aus. Ständig kamen vornehme Besucher ins Haus, so daß die zwingende Notwendigkeit bestand, das Gebäude zu erweitern. Ein kompletter Anbau mit Küche und Wohnräumen für die Familie wurde geschaffen.

Das ursprüngliche Gebäude blieb offensichtlich dem Familienpatriarchen vorbehalten. Zwischen Alt- und Neubau wurde eine steiner-

Haus des Michel Nostradamus
(Zeichnung von ca. 1933)

ne Rundtreppe vom Parterre bis zum Dach des Hauses errichtet. Diese Turmtreppe gehört heute zu den Merkwürdigkeiten des Restanwesens und diente offensichtlich als für die damalige Zeit vornehmes Treppenhaus. Gleichzeitig dürfte es auch als bauliche Basis für den astronomischen Ausguck, den Hochsitz des Astrologen, fungiert haben.

Vermutlich hatte dieser zehn bis zwölf Meter hohe, steinerne Turmbau noch einen weiteren Zweck erfüllt. Sicher ist, daß er gründlich im Boden verankert werden mußte. Auf diese Weise konnte Adame de Crapone, ein Tiefbauingenieur und sehr guter Freund von Nostradamus, unauffällig in die Tiefe bauen.

Heute zählen wir vom Erdgeschoß bis zum Plateau 52 Stufen. Wir werden später noch sehen, daß Nostradamus eine Vorliebe für bestimmte Zahlen hatte. Die 100 wird uns bei seinen Hundertschaften (Centurien) der Verse begegnen. Es ist durchaus denkbar, daß vom ehemaligen Niveau des Erdgeschoßes aus 55 Stufen zum Observatorium hinaufführten und daß weitere 45 Stufen etwa siebeneinhalb Meter in die Tiefe gingen. Es gibt aber keine Stufen, die in den Keller weisen!

Warum nicht? Einige Jahrzehnte nach Nostradamus zerstörte ein schweres Erdbeben Salon. Die Häuser wurden bis auf das massive Mauerwerk zerstört, die einsturzgefährdeten Keller von den späteren Bewohnern zugeschüttet.

Die Halle der Einweihung

Unabhängig davon, ob diese Spekulation zukünftig durch entsprechende Grabungen bestätigt wird oder nicht, spricht einiges dafür – zumindest deutet Nostradamus dies in seinen Begleitpapieren für seine Centurien an –, daß er eine geheime Einweihungshalle, die sich in Salon befunden haben muß, unterirdisch, mittels eines Geheimgangs, erreichen konnte.

Was spricht für die These, daß er dies von seinem Haus aus tun konnte?

Erstens wissen wir, daß er sich ein Haus gekauft hat, das an ein Grundstück eines »Ketzers« angrenzte, also eines Angehörigen einer

Gruppe, die sich mit geheimem Wissen befaßte. Als »Ketzer« galten damals in erster Linie die sogenannten Katharer.

Zweitens läßt sich die Kirche Saint Michel, Luftlinie etwa 100 Meter von seinem Haus entfernt, auch heute noch als eine Templerkirche identifizieren. Das Portal zeigt ein Lamm, das ein Banner trägt, das Symbol für einen geheimen Einweihungsplatz der Templer! (Genau ein solches, auf eine ganz besondere Art dargestelltes Lamm mit Banner findet man u.a. in Trogir, nahe Split in Jugoslawien, eine bekannte Hochburg der Katharer.) Die Templer waren im Besitz der Geheimnisse der Katharer.

Drittens ist der Felsen, auf dem das Schloß l'Emperie steht, nicht weiter als rund 150 Meter vom Haus von Nostradamus entfernt und bietet ideale Voraussetzungen für eine geheime Einweihungshalle im Inneren des Felsens.

Viertens gibt Nostradamus in seinen Anweisungen zur Rekonstruktion seines Textes einen Hinweis auf einen geheimen philosophischen Zirkel. Sein Name, NOSTR-A-DAMUS, deutet darauf hin, daß er der »Erste« dieses Kreises war. Wir kommen an späterer Stelle noch auf die Symbolik von Namen zu sprechen.

Fünftens bemerkt Nostradamus in seinen Centurien, daß der Eingang zum Tempel Gottes von einer armseligen Hütte bewacht wird. War die »Hütte« etwa gar sein eigenes Haus?

Sechstens denken wir schließlich daran, daß die französischen Könige nach Salon kamen, um dem Grab von Nostradamus einen Besuch abzustatten. Der letzte, von dem ein solcher Besuch verbürgt ist, war Ludwig XV. Sind sie womöglich nicht gleichzeitig oder sogar in erster Linie zum Besuch der Einweihungshalle gekommen?

Die Frage bleibt zu klären, warum in Salon heute niemand mehr etwas davon weiß und warum es keine schriftlichen Überlieferungen gibt. Das Haus ist, wie schon erwähnt, bei einem schweren Erdbeben bis auf die stabilen Außenmauern zerstört worden. Danach hörten die Pilgerfahrten der französischen Könige auf! Die unterirdischen Zugänge, möglicherweise die Einweihungshalle selbst, sind eingestürzt. Der Keller im Nostradamus-Haus wurde bekanntlich auch zugeschüttet. Der geheime Einweihungsort war eben geheim und sollte es auch nach dem Erdbeben bleiben.

Der geheime philosophische Zirkel

Im »Buch der Anweisungen« des Nostradamus steht, daß er »einiges nach den Regeln einer geheimen philosophischen Gesellschaft festgelegt« hat. Nun, das ist einer der Hinweise, daß Nostradamus zumindest über geheime philosophische Zirkel seiner Zeit Bescheid wußte. Es deutet aber auch vieles darauf hin, daß er der »Erste« einer solchen Vereinigung gewesen sein muß.

Man war unter den bisherigen Nostradamus-Autoren leicht versucht, Nostradamus als Einzelgänger zu sehen. Das stimmt nicht. Aufgrund seiner vielen Kontakte mußte er zwangsläufig auch Zugang zu den geheimen philosophischen Gesellschaften seiner Zeit gehabt haben.

Rabelais könnte ihm zum Beispiel diese Kontakte verschafft haben. Auch Scalinger kann als erster Vermittler aufgetreten sein. Oder er könnte erste Kenntnisse und Kontakte bereits in jungen Jahren von seinem Großvater vermittelt bekommen haben.

Erhielt er, weil er als Seher befähigt war, aus Gründen, die heute nicht mehr bekannt sind, von den Katharern, zu denen möglicherweise auch Leonardo da Vinci und Rabelais gehörten, als »Nächster«, also etwa um 1550, den Auftrag, geheimes Wissen zu retten, und zwar so, daß es möglichst erst nach mehreren Hunderten von Jahren, wenn die Zeiten besser geworden sind, wiederentdeckt und zum Nutzen der Menschen eingesetzt werden kann?

Es gibt für diese These, daß Leonardo und Rabelais einen geheimen Auftrag ausführten, einige Indizien.

Während Leonardo für uns aus heutiger Sicht auf eine sehr merkwürdige Art die Aufgabe anging, geheimes Wissen für eine spätere Zeit zu retten – z.B. zeichnete er die Erfindungen der Zukunft und codierte seine Texte in Spiegelschrift –, wählte Rabelais, den Modetrend seiner Zeit nutzend, als Hintergrund satirische Gesellschaftsromane und merkwürdige Märchen, in denen er das »Innere Wort«, das heißt die geheime Botschaft, versteckte.

Nostradamus machte es ganz anders. Er entschied sich dafür, die Gier der Menschen seiner Zeit auszunutzen, die Zukunft im voraus zu kennen und damit einen Wissensvorsprung, egoistische Vorteile, Liebessehnsüchte, Sieg über Feinde, mehr Macht, mehr Einfluß beim

König, mehr Einnahmen durch Vergrößerung von Pfründen und so fort zu erhalten.

Nostradamus setzte sein großes Buch der Prophezeiungen wie ein Produkt der Sensationspresse in Umlauf und hatte Erfolg. Damit fängt die Nostradamus-Geschichte aber erst richtig an.

Katharer oder nicht?

Warum sind wir so sicher, daß Nostradamus zu einem Geheimbund gehörte? Nun, die erste Teilausgabe seiner großen Prophezeiungen erschien bei Mace Bonhomme in Lyon. Die Bezeichnung Bonshommes, zu deutsch »Gutmänner«, war in Südfrankreich ein gebräuchlicher Name für die Katharer. Die nächsten Verleger des Opus waren: Antoine de Rosne = ANTOINE DE ROS NEE = Antonius von der Rose geboren (der Name deutet auf einen Rosenkreuzer!) und Benoist Rigaud = BEN-O-IST.

Dieser Herausgeber bürgt, wie seine Kollegen Bonhomme und Rosne, durch den Namen für die Echtheit der Texte. Denn der »Brudername« des Herrn Rigaud war BEN-O-IST. Die Brudernamen der anderen lauteten MA-C-EE und ANT-O-INE.

Das Radkreuz – eine alte Schreibweise von Namen in Geheimzirkeln des Mittelalters – des Nostradamus sieht so aus:

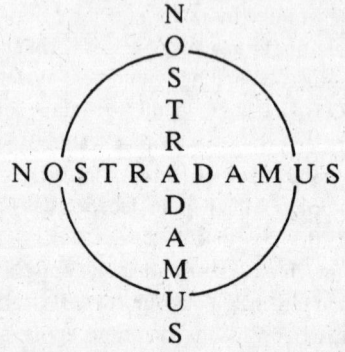

Und so sehen die Radkreuze seiner Verleger aus:

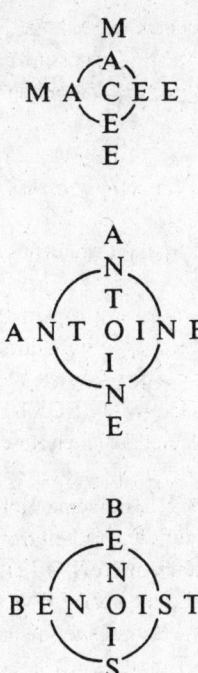

Beweise: Die Abbildung auf Seite 52 zeigt Ihnen ein Portrait des Nostradamus, das von seinem Sohn César gemalt wurde. Betrachten Sie bitte das Bild in der oberen linken Ecke etwas genauer. Sehen Sie das »Wappen«, links oben im Bild, das von dem Engelchen gehalten wird?

Ein doppeltes Radkreuz! Dies ist ein weiterer Hinweis, daß Nostradamus ein Radkreuzbruder war, der seinen Logennamen nach den Regeln der Gesellschaft geschrieben hat. Das andere Engelchen, im Bild rechts, zeigt ein heiliges Zeichen der Katharer und Templer, den »strahlenden Becher«.

Links:
Das Radkreuz
Rechts:
Der Strahlende Becher

Das Portrait des Nostradamus,
gemalt von seinem Sohn

Licht auf die Radkreuzbrüder

Wer oder was waren diese Radkreuzbrüder von damals? Die Fratres Rotae crucis, wie sie sich nannten, waren eine Gemeinschaft von Eingeweihten, die in geheimer Gesellschaft jegliches Wissen pflegten, das durch die damals daran nicht interessierte bzw. feindlich gesonnene oder gar einfältige Kirche verlorenzugehen drohte. Während die Priester beim kirchlichen Ritual leere Formeln sprachen, waren dieser Gesellschaft der geheime Sinn und die Bedeutung der Beschwörungsformeln der katholischen Messe bekannt.

Das Symbol der Gesellen und Meister bestand aus dem Rund des Rades – die archaische Darstellung der (Welten-)Rose – und dem Speichenkreuz. Allgemein üblich war das Vierspeichenkreuz, das Achtspeichenkreuz bei Nostradamus stellt also eine Sonderform dar.

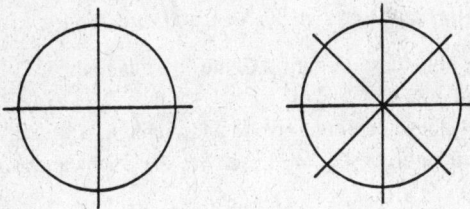

Was läßt sich aus dem Brudernamen unseres Michel de Notredame auf den ersten Blick ableiten?

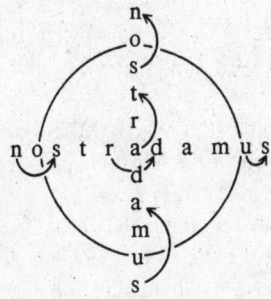

Wir lesen:

NOS	T	RAD	A	M	US
unsere	*Zeit*	*strahlt*	*ein*	*Tausend*	*gebrauche*

und rückwärts gelesen (actio = reactio):

SUMA	D	ART	SON
Wesentliche	*Fünfhundert*	*Kunst*	*tönt*

Frei übersetzt: »Unsere Zeit (das meint also 1500) wird erstrahlen, wenn du die 1 als 1000 gebrauchst. Das Wesentliche liegt bei 500. Dort beginnt die Kunst zu tönen.«

In dieser Aussage stecken die wichtigen Antworten auf die beiden bedeutsamsten Fragen, die seit vier Jahrhunderten Nostradamus-Interpretation gestellt werden: Wie erkennt man den Zeit-Code, und wo beginnt der Text?

Und dies ist die erste Botschaft, die Nostradamus uns in seinem »Inneren Wort« mitgeteilt hat:

– Die Nummer der Centurie + 1000 = das Jahrhundert.
– Der Beginn des Textes ist bei Vers 500 zu suchen.

Im Klartext heißt das: die fünfte Centurie ist das Jahr 1500!

Nun gibt es aber noch eine zweite Möglichkeit, mit dem Wort der Radkreuzbrüder zu verfahren. Lesen Sie die Buchstaben in der Reihenfolge:

```
1   2   3        N  O  S      1+2+3+9+10+11 = NOS M US
  5   4           R  T        = unsere Tausend gebrauche
    6                A         5+2+4+6+7+10+8 = ROTA DUA
  8   7             A  D       = drehe zweimal (= 2500, 3500)
9  10  11        M  U  S
```

Aus dem Brudernamen »NOSTRADAMUS« hätte man, Wissen vorausgesetzt, das Wesentliche des Nostradamus-Codes ableiten können, nämlich Zuordnung der Zeit zum Text!

Wir sehen also, daß der Name NOSTRADAMUS sehr sorgfältig ausgewählt worden ist und daß er nicht nur der Brudername war, sondern viel tiefgreifendere Aussagen ermöglichte.

Hier eine weitere Lesart. Sie kennen sicher den Davidsstern:

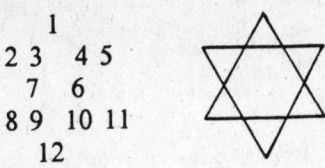

```
       1
  2 3    4 5
     7  6
  8 9  10 11
     12
```

An die Schnittpunkte der Linien setzen wir jeweils einen Buchstaben. Der Name Nostradamus besteht aus elf Buchstaben, diese Schablone benötigt aber zwölf. Woher erhalten wir einen zwölften Buchstaben, der authentisch ist? Im Titelblatt erscheint der Name von Nostradamus in Verbindung mit seinem Vornamen: »M. Nostradamus.«

Schreiben wir diese Buchstaben also in unsere Davidsstern-Schablone:

```
       1                    M
  2 3    4 5           N-O   S-T
     7  6                A   R
  8 9  10 11           D-A   M-U
     12                     S
```

Nun zeigt sich ein Hinweis auf eine Verbindung der Prophezeiungen des Nostradamus mit der jüdischen Kabbala und einigen der alttestamentarischen Gestalten:

```
Moses              M
                 O   S
Noah           N       S   T        Sator
                A         R
Adam           D  A     M  U        Muriel
                A   M
                 S              Samuel
```

Unseres Wissens nach ist dies das erste Mal, daß dieses »Siegel« des Nostradamus öffentlich »aufgebrochen«, das heißt entschlüsselt worden ist.

Wir wollen uns an dieser Stelle nicht weiter in die Symbolik und Bedeutung dieses Siegels vertiefen. Es genügt, wenn wir festhalten, daß hiermit ein weiteres Indiz für die Mitgliedschaft des Nostradamus in einem geheimen Zirkel vorliegt.

Weitere Querverbindungen

Zum Abschluß dieser kleinen Einführung in einige Geheimnisse des Mittelalters zwei weitere Kostproben der Verschlüsselungstechniken von Geheimgesellschaften.

Der Name »Rabelais« läßt sich merkwürdigerweise in seiner uns bekannten Form nicht ins Radkreuz einschreiben, weil er eine gerade Anzahl von Buchstaben hat. Trotzdem ist der Name sehr interessant:

```
1 2 3           R A B       1+2+3 = RAB = RABBI
  5 4             L E
   6               A        2+4+5+7+6+8 = AELIAS
  8 7             S I
 9 10 11
```

Somit wird offenbar, daß auch der französische Dichter Rabelais ein »Erster« war. Nach dem »Inneren Wort« seines »Brudernamens« war Rabelais ein »RABBI AELIAS«. Elias gilt bekanntlich als ein bedeutender Prophet – stammt das große Prophezeiungswerk des Nostradamus womöglich von Rabelais?

Altes aus deutschen Landen

Noch ein Abstecher in die deutsche Literatur. Johann Valentin Andrae veröffentlichte von 1614 bis 1616, also etwa 50 Jahre nach Nostradamus, die Bücher der Rosenkreuzer-Bruderschaft. So erscheint 1614 die »Fama Fraternitatis«, 1615 die »Confessio Fraternitatis« und 1616 schließlich »Die Chymische Hochzeit Christiani Rosenkreutz 1459«. Letztere Schrift gleicht in ihrer Anlage sehr dem Werk von Nostradamus. Im Text – es handelt sich um eine Version eines Besuchs auf der

Gralsburg – sind lateinische Floskeln, Verse und Prosatexte genau wie bei Nostradamus miteinander vermischt. Der Prosatext überwiegt indes. Die lateinischen Einschübe haben, wenn man die Kürzel ausschreibt, 161 Zeichen. Die erste Redewendung lautet:

IN HOC SIGNO + VINCES = In diesem Zeichen wirst Du siegen.

Wenn wir diese Buchstaben in die bereits bekannte Schablone setzen, lesen wir:

```
   7  8  9              I   G   N
    10 11                 O   V
     12                     I
      1                     I
     2  3                 N   H
   4  5  6              O   C   S
```

$$7+8+9+4+5+6 = \text{IGNOC S}$$
$$3+2+1+12+11+10 = \text{H NIIVO}$$

Beide Worte sind genauso doppelsinnig wie die von Nostradamus verwendeten Begriffe. Hinter dem ersten Ausdruck steckt IGNOC S, »Ignoriere das S«; es handelt sich also um eine Anweisung, wie der Text zu behandeln bzw. zu lesen ist.

Gleichzeitig ist aber eine Botschaft darin versteckt, die auf eine erste Gnostiker-Regel hinweist: I GNOC S = Erstes Gnostiker Geheimnis (was auch immer sich dahinter verbergen mag).

H NIIVO weist schließlich hin auf »Acht ist das Niveau«. Damit sind wir mitten in der altägyptischen Mathematik, in der die Acht eine große Rolle spielt. Man vergleiche z.B. Pythagoras' Aussagen – der ja auch in Ägypten »studiert« hat bzw. eingeweiht wurde – zur Oktave (okt = acht).

Bevor wir uns an die Entschlüsselung der Prophezeiungen begeben, wollen wir einen ersten Blick auf die Zukunftsschau des Nostradamus werfen und uns anhand einiger markanter Aussagen von seinem Talent der Prophetie überzeugen.

4. BEISPIELE
ERFÜLLTER VORAUSSAGEN

In diesem Abschnitt stellen wir Ihnen in einer übersichtlichen Fassung eine Reihe wesentlicher Voraussagen des Sehers Nostradamus vor, die bereits eingetroffen sind. Dies soll jenen Leserinnen und Lesern einen leichteren »Einstieg« bereiten, um sich mit den drei Hauptteilen dieses Buchs auseinandersetzen zu können – Codierungsschlüssel, Nostradamus zur Zukunft der Menschheit, Voraussagen zu Spezialthemen –, die von der »Treffsicherheit« dieses erstaunlichen Mannes bislang noch nicht gewußt haben. Wahre, sich erfüllende Prophezeiungen ziehen genügend Aufmerksamkeit auf das Gesamtwerk – so wissen wir heute, und so war es von Nostradamus sicher auch beabsichtigt, um Menschen anzuziehen, die dem geheimen, zwischen und in den Zeilen verborgenen Sinn des Werks nachzuspüren beginnen.

Wir wollen bereits an dieser Stelle ein Ergebnis der jahrzehntelangen, schließlich von Erfolg gekrönten Forschungsarbeiten skizzieren: Der geheime Sinn des Werks des Weisen und Propheten Nostradamus besteht darin, die Menschheit darauf vorzubereiten, daß unser Ursprung jenseits der Erde ist, wir hier »unten« sozusagen in einer »Verbannung« leben und uns demnach darauf vorbereiten sollten und können – und aufgrund des äußeren Schicksals der Erde wohl auch müssen –, eines Tages zu unserem Ursprung zurückzukehren. Insofern liegt also in den manchmal recht düster wirkenden Voraussagen vor allem eine Verheißung!

Zur Erinnerung: Die folgenden Prophezeiungen wurden um 1555 getroffen! Den französischen, noch nicht nach dem später beschriebenen System entschlüsselten Originaltext finden Sie im Anhang. Die durch diese Entschlüsselung erst mögliche genaue zeitliche Zuordnung wird im nächsten Kapitel erläutert. Der Übersichtlichkeit halber haben wir im folgenden nur die Centurie, den Vers und die entsprechende deutsche Übertragung aufgeführt.

1615: Die Warnung vor dem 30jährigen Krieg

»Vom Niederen das Grab wird für den Prinzen gefunden werden.
Wenn er halten wird einen Teil des Preises unterhalb Nürnbergs. Der
spanische König im Kopf lacht im Herzen nicht minder. Zuvor verra-
ten wird die Sprache des großen Wittenbergers.«
(VI. Centurie, Vers 15)

Nostradamus warnt gern zwei bis vier Jahre vor einem Ereignis; in
früheren Jahrhunderten warnt er Hauptbeteiligte (da die Massen noch
nicht mobil genug sind, um kriegerischen Ereignissen oder Seuchen
auszuweichen), später auch ganze Bevölkerungsgruppen (siehe Warnungen vor dem dritten Weltkrieg, 2010). Dem »Prinzen« Wallenstein
wird von einem »Niederen« das Grab bereitet, nachdem der Prinz
seinen »Lohn« = seine Entlassung »unterhalb Nürnbergs«, nämlich
auf dem Kurfürstentag in Regensburg erhalten hat. Nach Nostradamus
ist der spanische König der Drahtzieher des »Glaubenskriegs«, der
durch die unverblümte Sprache des »Wittenberger«, i.e. Luthers, mit
heraufbeschworen wurde.

1680: Die Türken rücken auf Wien vor

»Vom Fez die Herrschaft ausgeht über diejenigen von Europa. Im
Feuer ihre Städte und die Seelen zerfetzt. Das Große vom asiatischen
Land und der tausend Irrtümer hat viele Truppen. Welch Weinen
10 Perser das Kreuz in den Tod schicken.« (VI. Centurie, Vers 80)

Die Türken beherrschen mehr und mehr Länder in Europa. Sie rücken
auf Wien vor und schließen es 1683 ein. Wien wird schließlich befreit;
die Türkenkriege halten aber noch an.

1715: Der Sieg über die Türken

»Vor der Stadt Insumbriens, sieben werden die Belagerung machen:
der sehr große König wird dort seinen Eintritt machen, die Stadt
wieder frei von seinen Feinden.« (VII. Centurie, Vers 15)

Seit 1690 halten die Türken Belgrad und haben es zu einer starken
Festung ausgebaut. Mit einer Besatzung von 30.000 Mann und 600

Kanonen gelten sie praktisch als unbesiegbar. Am Morgen des 16. August 1717 beginnt eine der denkwürdigsten Schlachten der europäischen Kriegsgeschichte, in der die Türken nach langen und blutigen Kämpfen vernichtend geschlagen werden. Die Grundlagen zu diesem Sieg wurden bereits in den Jahren zuvor gelegt. Nostradamus sieht offenbar das Jahr 1715 als politisch ausschlaggebend an! Die SIEBEN Belagerer und Befreier der Region sind die Österreicher mit den verbündeten Reichstruppen unter der Führung des Prinzen Eugen. In dessen starkem Heer kämpften auch bayerische und hessische Bataillone mit großem Erfolg.

1804: Napoleon wird Kaiser von Frankreich

»Inmitten der Monate wird er den Cäsar erhalten, der Cäsar in der Kunst eingeweiht wird in Frankreich als König erstrahlen. Man spricht über den römischen Legaten, der sein wird enttäuscht.«
(VIII. Centurie, Vers 4)

Mai 1804, also etwa in der Mitte der Jahres, wird Napoleon zum Kaiser Frankreichs proklamiert. Am 2.12.1804 findet in Paris seine Krönung statt, zu der Papst Pius VII. aus Rom anreist. Im Vorfeld der Feierlichkeiten kommt es zu Verstimmungen. Der Papst verlangt von Napoleon, Luise, mit der er in »wilder Ehe« zusammenlebt, vor der Krönungszeremonie zu heiraten. Die kirchliche Trauung findet am Vortag der Krönung statt. Bei der Kaiserkrönungszeremonie nimmt Napoleon dem Papst die Krone aus den Händen und krönt sich zum Entsetzen Pius' VII. selbst. Nostradamus hält das für einen Fehler; er nennt Napoleon in seinen Prophezeiungen den Hahn. In einem anderen Vers spricht er von der Kaiserkrone als dem Hahnenkamm! Wäre Napoleon vom Papst gekrönt worden, dann würde er als zum Kaiser »gesalbt« gelten, das heißt, er und seine Nachkommen dürften rechtmäßig Adelstitel tragen. So aber verlieren Napoleon und seine Nachkommen alle Adelstitel, als er 1814 abgesetzt wird.

1815: Napoleon kehrt aus der Verbannung zurück

»Gegen das, was man die Große Macht durch Menschen-Massen nennt. Fast Europa und die Vereinigten gegen die Drangsal. Die

zweite Verfinsterung der Freiheit – sich treffen werden um jene zu jagen. Und dem Banner der Elf – Leben und Tod dem Wiedererstarkten.« (VIII. Centurie, Vers 15)

Nostradamus prophezeit Napoleon ein Wiedererstarken, ein »neues« Leben, aber auch den Tod. Bekanntlich konnte Napoleon erneut kurzfristig die Macht in Frankreich gewinnen, verlor aber durch die Niederlage bei Waterloo endgültig seinen Thron. Zu dieser Schlacht gegen das »Drangsal« Napoleon hatten sich Herrscher und Armeen aus fast ganz Europa bei Waterloo verbündet.

1857: Lincoln wird Präsident der USA

»Vom einfachen Soldaten emporsteigt er im Reich. Aus der kurzen Robe geht die lange hervor. Mutiges bei der 10 – Bewaffnete in der Kirche wo es noch schlimmer wird. Schikaniert werden die zwei Überbleibsel, wie es das Wasser macht.« (VIII. Centurie, Vers 57)

Abraham Lincoln entstammt einer bäuerlichen Quäkerfamilie. Als junger Mann verdient er sich seinen Lebensunterhalt als Landarbeiter; in seiner Freizeit studiert er Rechtswissenschaften. 1836 läßt er sich als Advokat nieder. Von 1847 bis 1849 gehört er dem Bundeskongreß an und tritt 1856 schließlich der neugegründeten Republikanischen Partei bei. Zunächst ist er ein gemäßigter Vertreter der Sklavenbefreiung, im Laufe der Zeit wächst aber sein Engagement für die Abschaffung der Sklaverei. 1860 schließlich wird aus seinem kurzen Anwaltstalar die lange Robe des Präsidenten der Vereinigten Staaten von Amerika. Auch hier ist das entscheidende Jahr aus der Sicht des Sehers Nostradamus nicht das Jahr der Wahl, sondern das Jahr 1857, in dem Lincoln in seiner Partei die Grundlagen für seine spätere Kandidatur legt.

1858: Bürgerkrieg und Sklavenbefreiung in den USA

»Regieren in Querelen bei der 10 die geteilten Brüder. Nehmen werden sie die Waffen und das im Namen Brittaniens. Von der sehr anglikanischen Insel wird der Befehl zu spät kommen. Überraschung, daß nicht zum Sieg geführt wird die gallische Meinung.«
(VIII. Centurie, Vers 58)

Nostradamus beschreibt in diesem Vers den Streit zwischen den Nord- und den Südstaaten der USA. Von Großbritannien aus wird dieser Streit aus eigensüchtigen Gründen fleißig geschürt; er entwickelt sich schließlich zum Krieg um die Abschaffung der Sklaverei und zum allgemeinen Sezessionskrieg. Interessanterweise erwähnt der Seher aus Salon einen »Befehl«, der offensichtlich kriegsentscheidend gewesen wäre, aber zu spät eintrifft.

1865: Das Attentat auf Lincoln

»Der/das Alte enttäuscht, tötet den Träger der Hoffnung. Er ist emporgestiegen zum Chef seines Reiches. 20 Monate wird er halten die Herrschaft mit großer Macht. Tyrannisch, grausam folgt ihm Schlimmes.« (VIII. Centurie, Vers 65)

Aus diesem Vers geht hervor, daß der Nachfolger Abraham Lincolns, Andrew Johnson, der wahre Auftraggeber für das Attentat war. Der gedungene Attentäter Booth war ein begeisterter Anhänger der Südstaaten, die die Sklaverei nicht abschaffen und die Niederlage im Sezessionskrieg nicht hinnehmen wollten. Die enttäuschte alte Ordnung läßt Lincoln, den Hoffnungsträger einer neuen Ordnung, also töten.

1910: Der Erste Weltkrieg wird angekündigt

»Durch den außer sich geratenen Glauben wird das Heerlager errichtet. Gegen vier Sühneopfer. Skelette schicken sich an, Quartier zu machen.« (IX. Centurie, Vers 10)

Nostradamus kündigt wichtige Ereignisse immer zwei bis vier Jahre im voraus an (siehe auch unser erstes Beispiel, 1717, aber Verszugehörigkeit zu 1715!). Gegen vier heißt in diesem Fall 1914. Der »außer sich geratene Glaube« weist auf einen entfesselten Nationalismus auch kleinerer ethnischer Gruppen hin, also auf die Grundursachen für den Ausbruch des Ersten Weltkriegs!

1918: Kaiser Wilhelm II. dankt ab

»Die Lilie der Treue des Kronprinzen wird tragen vier Jahre die Bürgschaft. Bis er ohne Land sich entsagt von dem Reich.«
(IX. Centurie, Vers 18)

Wilhelm II. stand vorbehaltlos zu seinem gegenüber Österreich abgegebenen Bündnis- und Treueversprechen. Vier Jahre lang dauerten die Folgen dieser »Bürgschaft« in Form des Krieges an. Nach Kriegsende wird er gezwungen, seinem Thron und seinem Land zu entsagen und ins Exil nach Holland zu gehen, während in Deutschland die Republik ausgerufen wird.

1930: Hitler kommt an die Macht

»An der Grenze von zwei wird man zu den Heiligen des Nicht-Sonnigen fliegen. Gefährdet die Normannen im gierigen Wieder-Fanatismus.« (IX. Centurie, Vers 30)

Nostradamus hält das Ereignis der Machtergreifung Hitlers für so wichtig, daß er auch dieses Ereignis zwei bis vier Jahre im voraus ankündigt, hier also drei Jahre vorher. 1933 wird der »Nicht-Sonnige« Hitler deutscher Reichskanzler. »Zu den Heiligen des Nicht-Sonnigen fliegen« läßt an die Entstehung des zentralisierten Einparteienregimes denken. Der »Wieder-Fanatismus« steht für den erneuten Nationalismus und die beginnende fanatische Judenverfolgung.

1935: Beginn der Judenverfolgung

»Die Verblendung, zuvor versiegelt, wird sich herausgeschält haben. Verlassen. Die Blume wird folgen der Gabe des Magiers. Aus großer Not woanders beginnt dieser Weg. Und wird führen auf die Mauer zu und mitten hindurch.« (IX. Centurie, Vers 35)

Mit der »Verblendung« weist Nostradamus auf die Nürnberger Rassengesetze vom September 1935 hin. Die »Blume« des »Magiers« Hitler ist das Hakenkreuz. Die Mauer ist wohl die Klagemauer in Jerusalem. Darin steckt vermutlich auch bereits ein Hinweis auf die Auseinandersetzungen zwischen Juden und Arabern in Palästina. 1936 findet der Bürgerkrieg zwischen arabischen Partisanen und jüdischer Haganah (militärischer Selbstschutzbund der jüdischen Siedler) statt.

1937: Beginn der Massenvernichtung durch Konzentrationslager

»Im Stich gelassen und zerrieben. Im Dezember weggeschüttet. Am hohen fernen Ort steigt die Zeit der reservierten Bezirke herauf. Die Mauern werden sich teilen vor dem Grauen das sich umkehrt. Wenn man seinen Ort nicht versiegeln wird. Nicht so wie die Schlauen.« (IX. Centurie, Vers 37)

Nostradamus beschreibt den Nazi-Terror gegen die Juden. Von Südfrankreich aus gesehen befindet sich das Deutsche Reich im hohen fernen Ort im Norden, in dem die Zeit der Konzentrationslager, der »reservierten Bezirke«, heraufsteigt.

1938: Der Zweite Weltkrieg kündigt sich an

»Beginn der Plage durch die Rose der Hölle und die Engländer. Vorbei geht die Zeit der Empörung über den großen Dämonen. Nicht mehr weit von der Versetzung eines tüchtigen Schlages, den die Gallier erwarten können. Keine Hilfe auch nichts gutes von denjenigen, die hinzukommen.« (IX. Centurie, Vers 38)

Nostradamus nennt das Hakenkreuz hier die Rose der Hölle. Gleichzeitig kündigt er an, daß diese schlimme Zeit vorbeigehen wird! Er mahnt auch seine Landsleute, die Gallier, daß sie mit einem »tüchtigen« Schlag rechnen müssen, also einem Angriff. Dieser Angriff trifft mit dem Durchbruch von deutschen Truppen durch die Maginot-Verteidigungslinie im Mai 1940 ein.

1940: Monte Cassino in Flammen

»Zwei von fünf bleiben aus dem Wald des Jubels übrig. 4 Jahre. Die Abtei wird in Flammen stehen. Jahre des ranzigen Gestanks. Die zwei werden dann geboren unter 1000 Hieben. Osten ist der Anstifter. Es folgt die stille Unterdrückung, alles Kaufbare wird bewacht.« (IX. Centurie, Vers 40)

Mit dem »Wald des Jubels« sind offensichtlich die Szenen der Nürnberger Parteitage der Nazis gemeint; die zwei, die übrigbleiben, können sich sowohl auf Heß und Göring beziehen als auch auf Schirach und Speer, die als einzige hochrangige Funktionäre überlebten. »Die Abtei« mag sich auf Monte Cassino beziehen, über das Nostradamus, wie bei ihm üblich, einige Jahre vor dem Ereignis voraussagt, daß das Kloster zerstört wird. Es fiel tatsächlich 1944 alliiertem Artilleriefeuer vollständig zum Opfer. Die »zwei«, die »geboren« werden, bezieht sich wohl auf die Teilung Frankreichs in einen besetzten Teil und das »Vichy-Frankreich« ab 1940, die beide durch den »Osten«, also Deutschland »still unterdrückt« werden. Man könnte eventuell aber sogar die Voraussage der Teilung Deutschlands aus diesem Vers lesen und den »Osten«, also in diesem Fall die Sowjetunion, als »Anstifter« der Teilung.

1944: Atombombe auf Hiroshima

»Völkerwanderungen durch die Brände überall. Diese Drangsal nicht von Gold sich aus der Luft vollziehen wird. Das ehemals gegen die Speiche gerichtete Ausgeklügelte wird alles beenden. Zum Ruhm derer, die man getötet hat, am Himmel werden Zeichen gesetzt.«
(IX. Centurie, Vers 44)

Bereits vor dem Kriegsende setzten Völkerwanderungen durch die zerstörten europäischen Länder ein. Der schlimmste Brand, die schlimmste Drangsal aber wurde 1944 produziert: die Atombombe, die aus der Luft abgeworfen wurde. Diese Atombombe ist das »gegen die Speiche ausgerichtete Ausgeklügelte«. Das Hakenkreuz war ein Speichenkreuz, und auch der Begriff »Achsenmächte« deutet in dieselbe Richtung.

1945: Kriegsende und Kriegsfolgen

»Zwangsläufig wird der Schrecken niemals unerwünschter sein. Großer Lügenmund erfolgreich erlangt sein Reich. Fern vom Regierungssitz wird etwas gegen das Wiederkommen gemacht. Zwei Welten zwei Herzen nicht lachen. Schlimme Tyrannen.« (IX. Centurie, Vers 45)

Nostradamus sah voraus, daß nach dem Atombombenschock von Hiroshima und Nagasaki im August 1945 »der Schrecken niemals unerwünschter sein« würde – also die Angst der Menschen vor dieser neuen Waffe. Der »große Lügenmund« ist Stalin, der in der Tat nach dem Zweiten Weltkrieg sein Imperium systematisch festigen konnte. Stalin wird an anderer Stelle bereits mit demselben Begriff benannt. »Fern vom Regierungssitz« bezeichnet die Konferenzen der Alliierten von Jalta und Potsdam, fern von Washington, Moskau, London und Paris, bei denen die Politik gegen ein »Wiederkommen« des deutschen Nationalsozialismus vereinbart wurde. »Zwei Welten zwei Herzen« steht für Amerika und Roosevelt sowie Sowjetunion und Stalin. »Schlimme Tyrannen«: keine sehr schmeichelhafte Bezeichnung für die beiden handlungsfähigen Sieger des Zweiten Weltkriegs.

1946: Die Teilung Deutschlands

»Flieht, flieht vor dem Grauen des Verbrennens. Der Opferduft (steigt) langsam zu Gott. Der Herr des Bösen liegt in Trümmern im Schatten der Quellen. Wenn der Tod seinen Platz in der Luft eingenommen hat, dann neue halbe Nationen.« (IX. Centurie, Vers 46)

Der Tod hat mit dem Atompilz seinen Platz in der Luft eingenommen. Der »Herr des Bösen« ist ein letzter Hinweis auf Hitler, der »in Trümmern« liegt. »Neue halbe Nationen« bezieht sich sicher auf die Teilung Deutschlands, ist aber vielleicht bereits auch ein Vorgriff auf die Teilung Koreas?

1952: Krieg in Indochina

»Der Frieden nähert sich von der einen Seite und der Krieg von der anderen. Folglich, daß dort war die Verfolgung nie jemals so groß. Beklagenswert die Männer, Frauen, das unschuldige Blut auf der Erde. Und dies wird sein durch Frankreich nach allen Grenzen.« (IX. Centurie, Vers 52)

In Korea rückt der Friede zwar näher, aber die Auseinandersetzungen in Indochina nehmen zu. Nostradamus warnt erneut einige Jahre vor dem Höhepunkt des Indochinakriegs (aus französischer Sicht!). 1954 muß die alte Kolonialmacht Frankreich die bitterste Niederlage ihrer

Geschichte hinnehmen. Bei Dien Bien Phu waren die Vietminh zur Entscheidungsschlacht angetreten, hatten die Franzosen eingekreist und unter der Führung des Generals Giap unter dem Stützpunkt der Franzosen Sprengstoff vergraben können, der gezündet wurde. »Und dies wird sein durch Frankreich« weist übrigens darauf hin, daß Frankreich wohl einen großen politischen Anteil am Indochinakrieg insgesamt zu tragen hatte, der bekanntlich bis in den Vietnamkrieg zwischen Amerikanern, Südvietnamesen und Nordvietnamesen sowie in die Kriege in und um Laos und Kambodscha weiterführte.

1957: De Gaulles Aufstieg zur Macht

»Am Ort dicht bei der zehn ein König wird wieder eingesetzt. Und wird versuchen, das Gesetz zu ändern, bevor es zur Aussaat kommt. Während der Himmel sehr stark donnern wird – gerät der neue König in den Bereich sich selbst zu töten.« (IX. Centurie, Vers 57)

»Am Ort dicht bei der zehn« ist eine Zeitangabe, die auf eine Zeit dicht bei bzw. vor der nächsten Dekade, also vor 1960 hinweist. Im Mai 1958 wird de Gaulle in Paris mit der Regierungsbildung beauftragt. Er läßt ein neues Verfassungsgesetz ausarbeiten, das in einer Volksabstimmung mit fast 80% Zustimmung angenommen wird. Im Zusammenhang mit dem langsamen Rückzug der Franzosen aus Algerien kam es immer wieder zu schweren Unruhen in Frankreich; besonders in Paris gingen bald täglich Bomben hoch, die »stark im Himmel donnerten«. Diese Versstelle bezieht sich aber ebenso auf den damals schwelenden Algerienkrieg. Offenbar schwebte de Gaulle in dieser Zeit in höchster Lebensgefahr oder dachte womöglich auch an Freitod.

1959: Papstwahl Johannes' XXIII.

»Um sich festzulegen man wird nehmen den stellvertretenden Bischof. Niemals gestattet die Sonne Roten, das es Leben schafft. Das große Gesetz wird durch ihn geschaffen, wenn die Zeit danach schreit. Wegen des Schuftes man sich auferlegt Härte aus Langeweile.« (IX. Centurie, Vers 59)

Im Oktober 1959 wird Johannes XXIII. zum Papst gewählt, weil sich die Kurie bei einer Papstwahl ja auf einen Kandidaten einigen = »festlegen« muß. Montini, der spätere Papst Paul VI., galt zwar bereits 1958 als »papabile«, aber Guiseppe Roncalli, Kardinal und Patriarch von Venedig, ein vergleichsweise alter Mann, gilt als »Kompromißkandidat«. Die »Sonne«, die katholische Kirche, gestattet es »Roten«, also Kardinälen, und im übertragenen Sinne dem ganzen Klerus nicht, »Leben zu schaffen«, also das Zölibat abzulegen. Die beiden letzten Zeilen dieses Verses beziehen sich entweder auf Mao Tse Tung oder auf Fidel Castro; der Begriff »Langeweile« muß allerdings rätselhaft bleiben.

1962: John F. Kennedy ermordet

»In tiefster Erniedrigung wird es zum Exzeß kommen. Sie sind nicht auf Kreuzfahrt. Das Ranzige wird alles angreifen. Im Hafen dort wo die Schiffe untergebracht sind, wohnt der Mißbrauch. Rauh man zusammenhält. Drei werden die Scharfschützen sein.« (IX. Centurie, Vers 62)

Die ersten Zeilen beziehen sich auf die immer komplizierteren Verwicklungen des Indochinakriegs. Die Grausamkeiten des Regimes von Präsident Diem machen immer wieder Schlagzeilen. »Rauh man zusammenhält« bezieht sich womöglich nicht nur auf sein Regime in Südvietnam, sondern auch auf die Rolle der Amerikaner bei der Aufrechterhaltung eines letztlich eigensüchtigen und oft menschenfeindlichen Regimes. Diem wurde schließlich ermordet; man munkelt, daß J. F. Kennedy dies gebilligt habe. Die letzte Zeile bezieht sich auf den amerikanischen Präsidenten selbst, dessen Ermordung, dem offiziellen Warren-Report zum Trotz, nicht die Tat eines Einzelgängers war – die des Lee Harvey Oswald –, sondern von »drei Scharfschützen« durchgeführt wurde.

1965: Die NASA plant Mondlandung

»Innerhalb von vier Jahren wird die Sorgfalt ein Sternenschiff einrichten. Das dort festmacht, wo der Prinz gestellt sein wird auf fremde

Erde. Die Rüden untergetauchten werden zum großen Skandal werden. Großer Tadel gegen den Einen großen erwählten Engel.«
(IX. Centurie, Vers 65)

Die amerikanische Luftraumfahrtbehörde plant den Mondflug. Nostradamus gibt dieses Mal die vier Jahre direkt an, die der Jahreszahl der Prophezeiung hinzuzuaddieren sind: also 1969! Am Montag, dem 21. Juli 1969 betritt der Astronaut Neil Armstrong um 3.56 Uhr mitteleuropäischer Zeit als erster Mensch in silbern glitzernder »Rüstung« mit einem spiegelblanken »Helm« die Oberfläche des Mondes: »der Prinz« auf »fremder Erde«. »Ein kleiner Schritt für einen Menschen, aber ein gewaltiger Sprung für die Menschheit«, waren seine ersten Worte, als er seinen Fuß auf unseren Raumtrabanten Mond setzte. Die beiden letzten Zeilen beziehen sich offensichtlich auf die immer heftigeren öffentlichen Demonstrationen, die mit ihren Ausschreitungen zu regelrechten Skandalen führen. Damit verbunden war heftige Kritik an den jeweils führenden Staatsmännern.

1973: Ankündigung Khomeinis

»Im Glauben wird eintreten ein König des zellenförmigen Turbans. Und wird regieren weniger hochentwickelt seinen Weg (oder: weniger als einen Umlauf des Saturns!). König des weißen Turbans byzantinischen Herzens verkündet. Sonne, Mars, Merkur nahe dem Horn.«
(IX. Centurie, Vers 73)

Nostradamus kündigt Khomeini weit vor der Zeit an, als dieser 1979 sein Exil verläßt, um im Iran eine »weniger hochentwickelte«, also »rückschrittliche« theokratische Herrschaft zu etablieren. Seine Exilheimat in den Jahren vor 1979 war Frankreich! Verständlich also, daß Nostradamus das Wirken Khomeinis bereits vor dem tatsächlichen Einzug im Iran im Auge hat. Der Doppelsinn der zweiten Zeile legt nahe, daß die von Khomeini begründete Regierungsform nicht länger als rund 30 Jahre = einen Saturnumlauf dauern wird, also bis etwa 2010. »Mars ... nahe dem Horn« beschreibt den vierten Nahostkrieg, den »Yom-Kippur-Krieg« im Oktober 1973.

1983: Unruhen in Polen

»Ungebundenes Drängen an Rußlands Macht das Land erschüttert. Der Große hat sich sehr angefüllt – dort Zeit der Zerstörung. Die Luft des Himmels vom verschleierten Krieg erschüttert. Infolgedessen beginnen Gott und seine Heiligen zu Ansehen zu kommen.«
(IX. Centurie, Vers 83)

Bis wir es aus der Perspektive späterer Historiker vielleicht besser wissen werden, können wir davon ausgehen, daß der Keim für die gewaltigen Veränderungen im sogenannten Ostblock, und vor allem in der Sowjetunion, in Polen entstanden ist. Mit dem polnischen Papst begann die Religion auch dort wieder zu Ansehen zu kommen. Ansonsten erklärt sich der Text ja selbst.

Was Nostradamus selbst zu seinen Prophezeiungen sagte

»Mit Hilfe langer Berechnungen, die den entschwefelten Geruch nächtlicher Studien zusammenfassen, habe ich prophetische Bücher zusammengestellt, von denen jedes hundert astronomisch berechnete Voraussagen enthält, die ich mit Willen ein wenig dunkel zusammengestückelt habe. Eigentlich wollte ich schweigen und das Weissagen unterlassen, weil ich es für Unrecht hielt. Doch es dient dem Wohl der Menschen, was das göttliche Wesen mir aus dem Wandel der Sterne am Himmel offengelegt hat.«

Wichtig ist hier die Feststellung, daß Nostradamus kein notorischer Schwarzseher war, der an die absolute Vorherbestimmung aller Dinge glaubte. Er wollte vielmehr als Warner oder Rufer in der Wüste – wie Johannes der Täufer zum Beispiel – verstanden werden. Er schreibt daher auch: »Man muß in Betracht ziehen, daß die Zukunft des Menschengeschlechts schließlich ungewiß ist, weil alles gelenkt und geführt wird, durch Gottes unbegreifliche Allmacht.«

Zum Entschlüsseln und Verstehen seiner Verse schrieb er:

»Die vollkommene Erkenntnis der wahrgenommenen Dinge kann man nicht ohne die göttliche Inspiration erwerben. Jede prophetische Inspiration bekommt ihren ersten Anfang und Antrieb von Gott, dem Schöpfer selbst.«

Seine eigene letzte Inspiration betraf seinen Tod. Er sah und sagte ihn auf den Tag genau voraus. Im Juni 1566 las sein Schüler Chauvigny in den Gestirnsstandstabellen seines weisen Lehrers für den 2. Juli 1566 den Eintrag »Hic prope morte est« – »Hier ist der Tod nahe.« Am Abend des 1. Juli sagte Nostradamus zu seinem Schüler: »Bei Sonnenaufgang findest Du mich nicht mehr am Leben!« Er starb am nächsten Morgen an Herzversagen.

5. NOSTRADAMUS ENTSCHLÜSSELT

Die »Zeitkapsel mit den verschlüsselten Texten«

Wir wissen manches, sicher nicht alles, vom Menschen Nostradamus. Wir haben einige seiner bereits entschlüsselten Aussagen vorgestellt. Wir können erahnen, daß Michel de Notredame gute Gründe gehabt hat, ein Werk zu schaffen, das über Jahrhunderte und Jahrtausende wirken sollte. Und daß er ebensolche guten Gründe gehabt hat, die Texte zu verschlüsseln, zu codieren.

Es ist aufschlußreich zu überlegen, was wir in der heutigen Zeit tun müßten, um das Vorhaben zu verwirklichen, Botschaften über einen langen Zeitraum hinaus in die Zukunft zu senden, so wie man von der Erde aus Raumraketen abschießt, die erst nach vielen Jahren auf einem anderen Planeten oder in einem anderen Sonnensystem ankommen werden und dort dann plangerecht funktionieren sollen.

Wir suchen also nach Antworten, wie die Prophezeiungstexte des Nostradamus über die Zeiten gebracht und wie sie verschlüsselt wurden und werden mußten, um zur rechten Zeit am rechten Ort ihre beabsichtigte Wirkung zu entfalten. Wir steigen im folgenden Abschnitt immer tiefer in die Geheimnisse des Werks von Nostradamus ein, bis wir gemeinsam den Schlüssel für die zeitliche Zuordnung der Verse zu bestimmten Jahren gefunden haben und die Methoden zur Dechiffrierung der Texte.

Wenn Sie an diesen Erläuterungen der Methode, Nostradamus erstmals richtig lesen zu können, weniger und an den Aussagen selbst mehr interessiert sind, laden wir Sie ein, diesen Abschnitt zu überblättern und bei den Prophezeiungen über Gegenwart und Zukunft der Menschheit weiterzulesen.

Unsere Aufgabenstellung soll also lauten, eine schriftliche Botschaft tausend Jahre weiter, bis hin in das dritte und vierte Jahrtausend, zu befördern.

Was haben wir zu tun?

Als erstes einmal müssen wir die Botschaft niederschreiben! Schön, wir haben die Botschaft niedergeschrieben. Auf Papier, zum Beispiel mit einer Schreibmaschine. Und schon fangen die Zweifel an!

Was wird aus dem Papier? Papier kann sich in 1000 Jahren so verändern, daß es nicht mehr möglich ist, die Schrift zu lesen. Sie kann so ausbleichen, daß niemand mehr merkt, daß dieses Papier beschrieben war.

Also schreiben wir auf beständigerem Material. Meißeln wir unsere Botschaft in Stein. Doch wer verhindert, daß der Steinblock zum Bau eines Hauses oder zum Fundament für eine Brücke verwendet wird? 1000 Jahre sind eine lange Zeit. Vielleicht verwittert der Stein. Oder es genügt schon, wenn bei einem Erdbeben der Stein nur einen Meter tief unter die Erdoberfläche verschüttet wird. Aus, würde Nostradamus sagen.

Oder sollten wir besser die Botschaft auf ein Tonband sprechen? Was passiert, wenn im Jahr 3000 niemand mehr in der Lage ist, einen so primitiven Apparat wie ein Tonbandgerät herzustellen? Außerdem würde solch ein Tonband den 1000 Jahren noch weniger widerstehen als das Papier.

Lassen wir es genug sein, denken Sie einfach über das Problem nach, vielleicht fallen Ihnen noch andere Möglichkeiten ein, wie man vorgehen könnte. In Amerika wurden Filme für die »Ewigkeit« in einem Salzbergwerk, einige 100 Meter unter der Erdoberfläche, deponiert. Doch werden sie nach 1000 Jahren auch wiedergefunden? Und wie wird man sie vorführen können?

Es war alles schon einmal da. Selbst die Ägypter waren nicht in der Lage, ihre Botschaften sicher über die Zeit zu bringen. Gewiß, der eine oder andere Papyrus, irgendwas kommt schon über die Zeit, nur wollen wir ja ein ganz bestimmtes Schriftwerk garantiert zum Ziel bringen.

Vielleicht erahnen Sie, daß es für einen gewöhnlichen Sterblichen unmöglich ist, eine persönliche Botschaft über die Zeit zu retten. Werke, die Jahrtausende überdauern, sind meist weltanschaulicher Art, wie die Bibel, der Koran, die Bhagavad Gita usw., und werden im Interesse ihrer Glaubensgemeinschaften ständig regeneriert. Und damit sind wir beim Thema. Genaugenommen müssen wir, im übertragenen Sinne, unsere Botschaft mit einem ähnlichen Regenerierungssystem ausstatten wie die Sonden, die von Weltraumforschern gebaut und für lange Reisen in funktionsbedrohende Umgebungen ausgerüstet werden, damit überhaupt eine Chance für das Gerät besteht, auf eine bestimmte Distanz funktionsfähig zu bleiben.

Wir planen eine literarische Zeitkapsel

Vielleicht bedienen wir uns des Beispiels einer Weltraumsonde. Die Rakete benötigt einen bestimmten Schub, um auf die Geschwindigkeit zu kommen, mit der sie die Erdanziehung überwinden kann. Dann ist sie auf sich allein gestellt und muß sich selbst versorgen, um funktionsfähig zu bleiben. Wissenschaftler und Techniker haben ihren Flug so programmiert, daß – von ganz wenigen Kurskorrekturschüben abgesehen – die Raketendüsen bereits kurz nach dem Start nicht mehr benötigt werden. Die Gesetzmäßigkeiten von Anziehung und Beschleunigung durch andere Planeten sind in diesem Flugplan ebenso mit einkalkuliert wie die Tatsache, daß mit zunehmender Entfernung die Funkkommandos von der Bodenstation zur Sonde und umgekehrt Minuten bis Stunden unterwegs sind und die Sonde von ihren Schöpfern praktisch unabhängig geworden ist.

Erreicht die Sonde ihr vorgesehenes Ziel, dann beginnt das Gerät mit vorausberechneten Vorkehrungen, damit es nicht bei der Landung zerstört wird. Die Wissenschaftler, die ihr Gerät auf die Reise geschickt haben, mußten also schon beim Bau des Objekts all ihr Wissen um die möglichen Landebedingungen für die Sonde berücksichtigen, um zu gewährleisten, daß die Mühen und Kosten nicht umsonst waren und mit möglichst hoher Wahrscheinlichkeit ein wissenschaftlicher Erfolg sichergestellt wird.

Ja, und dann ist sie endlich gelandet, diese vorhergesehene, vorherberechnete, vorausschauend gebaute Meßwarte, und beginnt zu funktionieren. Wenn wir das Vorgehen der Weltraumpioniere für unser Vorhaben kopieren wollen, haben wir unseren Text mit folgenden Dingen auszurüsten:

Erstens benötigt der Text einen Anfangsschub, das heißt er muß zum Zeitpunkt seines Erscheinens von möglichst vielen Menschen gekauft werden.

Zweitens müssen gleichzeitig in dem für viele Menschen interessanten Text Passagen eingebaut sein, die den Inhalt so interessant machen, daß der Text von Generation zu Generation weitergereicht wird.

Drittens schließlich müssen wir unserer »Textrakete« ein »Landeprogramm« mitgeben, damit ihre Arbeitsfunktion, das heißt unser Text, auch in einer wesentlich veränderten Umgebung lesbar und verstehbar bleibt, denn die Sprache und ihre Begriffe dürften sich erfahrungsgemäß sehr verändert haben!

Wie der Plan in die Tat umgesetzt wurde

Die von Nostradamus konstruierte Textrakete hat erstens die Funktion, den Lesern an ihrem Ziel eine bestimmte Botschaft zu überbringen, und zweitens soll die Botschaft vor Veränderungen und Zerstörungen der Substanz bewahrt bleiben.

Nostradamus ist genau so vorgegangen, wie wir es uns oben zurechtgelegt haben. Hierbei hat er weniger seine hellseherischen Fähigkeiten benutzt, um »nachzusehen«, wie es unsere heutigen Raketenbauer machen werden, sondern hat eigene, sehr logische Überlegungen angestellt, um sein Ziel zu erreichen.

Er hat um seine Rakete herum eine Art Gebrauchsanweisung angebracht, die so selbstverständlich und allgemein logisch ist, daß die Menschen am Zielpunkt, nach einigem Ausprobieren, das komische Ding, das gelandet ist, in Betrieb nehmen können und somit die Aufgabe des Texttransports über die Jahrhunderte sicher erfüllt wird.

Lassen Sie uns nun Schritt für Schritt zurückverfolgen, wie Nostradamus vorgegangen ist.

Erstens: Er schreibt seine Botschaft nieder.

Da wir nicht über die prophetischen Gaben des Sehers Nostradamus verfügen, können wir über das Zustandekommen seiner Visionen nicht viel mehr sagen, als seine eigenen Worte nachzulesen, wie wir sie am Ende des letzten Kapitels zitiert haben.

Zweitens: Er gibt dieser Botschaft einen Startschub.

Wie kann er seine Fähigkeiten als Astrologe hier nutzbringend einsetzen? Er kleidet seine Botschaft in Vorhersagen, die die Menschen und die Landschaft betreffen, in der sein Buch zuerst erscheint, denn nichts erregt die Gemüter mehr als die Furcht und die Freude, wenn vorhergesagte Ereignisse eingetroffen sind. Der Startschub selbst ist nichts anderes als einige Prophezeiungen, die in allernächster Zeit eintreffen. Die Nachkommen werden mit jeder eingetroffenen Vorhersage interessierter und immer mehr auf dieses Werk aufmerksam.

Nun nennt er weitere Orte außerhalb seiner Lebensregion, und siehe da, auch diese Menschen werden auf sein Werk aufmerksam. Und so entfernt sich das Epos immer mehr und immer weiter von seinem Ursprungsort. Das Werk ist auf den Weg gebracht.

Drittens: Nostradamus schützt sein Werk als Ganzes vor Zerstörung.

Gingen wichtige Teile verloren, dann wäre eine Landung im Zielgebiet kaum möglich. Also muß das Werk als Ganzes geschützt werden. Wie macht Nostradamus das? Er setzt den Prosatext in gebundene Rede, das heißt in Verse, in Reime. Dadurch wird es sehr schwer, die Verszeilen auseinanderzureißen. Und er numeriert die Verse. Dadurch wird es schwer, die Verse zu vertauschen.

Viertens: Nostradamus erleichtert die erste Inbetriebnahme des Code-Systems.

Wo herrscht zum Zeitpunkt der Landung ein besonders aufgeschlossenes Klima für den Text, mit mehr Verständnis für Dinge, die 1555 in der Öffentlichkeit zu erörtern undenkbar waren, denn die Weiterverbreitung des Textes sollte ja gewährleistet werden. Also stellt er für die Zeit der »Landung« – in unserem Fall für unsere Zeit, aber dies ist eher eine Zwischenlandung – und für die kommenden Jahrhunderte besonders offene und leicht zu erkennende Ereignis-Texte bereit.

Fünftens: Die Textrakete ist gelandet.

1986 liegt uns der fast vollständige Text vor und ist bereit, von uns in Betrieb genommen zu werden.

Wir haben noch die letzte Hürde zu nehmen. Können die Menschen im Jahre 1986 den Text des Jahres 1555 überhaupt noch verstehen?

Nein. Schon knapp 400 Jahre nach Nostradamus muß sein Französisch in die derzeit geläufige Landessprache übertragen werden. Genaugenommen sind unsere französischen Nachbarn mit dem Nostradamus-Text nicht besser dran als die Deutschen, Engländer, Italiener oder Spanier. Der Franzose stöhnt über das kaum verständliche Kauderwelsch wie sie.

Auch das muß vom ersten Moment an eingeplant gewesen sein.

Versuchen wir uns das Problem an einem Beispiel vorzustellen.

In erster Linie sprechen wir mit einem Wortschatz von vielleicht 5000 Wörtern. Wir haben aber bekanntlich 60 000 Wörter zur Verfügung, das heißt 55 000 Wörter werden 1986 kaum benutzt. Zwar kommen viele neue Wörter hinzu, aber die 1986 verwendeten werden im Jahre 3000 nicht ganz aus diesem Wortschatz verschwunden sein. Im Jahre 3000 werden viele spezielle Ausdrücke nicht mehr bewußt und ständig in Gebrauch sein. Worte aus dem Alltag, wie essen, trinken, Kinder, Mann, Frau, Kreis sind weniger gefährdet, im Wortarchiv zu verschwinden, als Modeausdrücke.

Dem früheren »Fruv« und der heutigen »Frau« ist etwas gemeinsam, was jedem Deutschen noch eine Deutung ermöglicht. Der Wortstamm verändert sich nur unmerklich, während die Endungen infolge von »Sprachmoden« ständig wechseln.

Verliert »Fruv« das »v«, dann erkennen wir »Fru« immer noch als »Frau«. Verliert das Wort auch das »u«, wird also zu »Fr«, dann ist der Wortstamm angegriffen, und aus dem »Fr« kann kein erkennbarer Sinn mehr abgeleitet werden, es sei denn, wenn es als Kürzel in einem klar zugewiesenen Zusammenhang stehengeblieben ist, wie z.B.:

»Die Fr, die der Mann heiratete, bek 6 Kinder.« Wir können unschwer erkennen, daß der Satz heißen soll: »Die Frau, die der Mann heiratete, bekam sechs Kinder.« Bleibt das »Fr« aber isoliert oder in einem abstrakten Satz stehen, ist der Sinn nicht erkennbar.

Von diesem Beispiel ausgehend, erkennen wir bei der Analyse der Originaltexte des Nostradamus, daß er seine Texte in erster Linie in Wortstämmen niederschrieb, auf die Grammatik und Orthographie keine Rücksicht nahm, sondern nur bestrebt war, später möglicherweise eintretende Text(zer)störungen wieder rekonstruieren zu können, und sich bemühte, wiederkehrende Begriffe abzukürzen, z.B. »C« für »César«.

Dies ist ein Ansatz zur Ver- und damit auch wieder zur Entschlüsselung der Texte. Aber es gilt, noch eine Vielzahl weiterer Probleme zu bedenken und zu lösen.

Die Datierung

Es gibt sehr viele Propheten. Statistiker, die unseren Energieverbrauch vorhersagen, Wirtschaftswissenschaftler, die die Zahl der Arbeitslosen für das nächste Jahr prophezeien, aber auch Wahrsager, die mittels Karten, und Astrologen, die anhand der Gestirnsläufe, sowie Hellseher, die mittels Eingebungen Teilaspekte der Zukunft voraussagen.

Während die Erstgenannten aufgrund der Berechnung von Gesetzmäßigkeiten, die in der Vergangenheit aufgetreten sind, ihre Aussagen für die Zukunft bestimmen, ist den Wahrsagern, Astrologen und Hellsehern eins gemeinsam: Sie sagen mehr oder weniger treffend die Zukunft voraus, ohne sich auf statistische Berechnungen der Vergangenheit zu stützen. Aber gewöhnlich können sie keine genaue Zeitbestimmung treffen.

Das heißt, kein Vorherseher von Ereignissen sagt: »Am 1. Mai 2000 wird um 12.15 Uhr in Hamburg ein Meteor von 10 cm Durchmesser vom Himmel fallen!« Statt dessen werden die Zeitangaben vage gehalten; man versucht allenfalls, aus dem Umfeld der Beschreibung des Ereignisses die Zeit abzuleiten: »Wenn die Kastanien blühen«, »es liegt Schnee auf den Hausdächern«, »bald«, »nicht mehr lange«, »dann« usw.

Bei Nostradamus ist das völlig anders – und das zeichnet ihn unter anderen Astrologen und Sehern entscheidend aus! Wir werden sehen, daß seine Prophezeiungen genauer datiert sind.

Um seine vielen Voraussagen einzuordnen, benötigte Nostradamus ein Ordnungssystem und ein Zeitkoordinatensystem.

Versetzen wir uns in die Lage unseres Weissagers: Er hat Tausende von Vorhersagen zur Verfügung. Wie kann er die Vielzahl von Texten vernünftigerweise so ordnen, daß er stets einen Überblick behält?

Beschränken wir uns der Einfachheit halber auf drei fiktive Prophezeiungen, die wir erfinden, um das günstigste Ordnungssystem für ein solches Vorhaben zu suchen.

! ERFUNDEN ERFUNDEN ERFUNDEN !

25. Mai 1995: Eine Schlammwoge begräbt Lissabon unter sich.

30. Mai 1995: Der König überlebt, sein Sohn ist tot.

02. Juni 1995: Das Wasser der Bewohner Genfs wird vergiftet sein.

! ERFUNDEN ERFUNDEN ERFUNDEN !

Wir sehen, daß die Prophezeiungen aus einer Zeitangabe und einer Aussage bestehen. Die fiktiven Prophezeiungen wären unangenehm für die Menschen in Lissabon, eine königliche Familie und die Einwohner von Genf.

Fühlen Sie sich heute schon als ein von den Ereignissen Betroffener? Nein, nur dann, wenn Sie kurz vor oder im Jahre 1995 leben würden. Und außerdem nur dann, wenn Sie in Lissabon oder in Genf wohnen würden oder der Sohn eines Königs wären.

Die Bewohner von Genf läßt im Jahr 1555 ein Ereignis kalt, das erst im Jahre 1995 stattfinden wird. Auch erwachsen keine patriotischen Gefühle bei den Portugiesen bezüglich eines künftigen Königshauses.

Ergo: Nur Zeit und Orakelspruch ZUSAMMEN sind für den Betroffenen unangenehm, vor allem dann, wenn das Ereignis unmittelbar bevorsteht.

Wie kann man nun eine unangenehme Prophezeiung am elegantesten entschärfen, wenn man Menschenfreund ist und die Menschheit nicht ohne zwingenden Grund erschrecken will?

Man entschärft die Prophezeiung etwa so:

»Lissabon hat Probleme mit Schlamm.«

»Einem Königshaus stehen Veränderungen bevor.«

»Das Wasser von Genf sollte man nicht trinken.«

Die Prophezeiung hat unter dieser Bearbeitung sehr gelitten. Sie ist nicht mehr so treffsicher wie vorher. Sie ist verwässert. Daher ist diese Methode nicht unbedingt geeignet.

Eine andere Möglichkeit: Man läßt den Text der Zukunftsvorhersage weg. Nützt es Ihnen etwas, wenn Sie eine Zeittafel: 25.5.1995, 30.5.1995, 02.6.1995 besitzen? Keine Frage, nein!

Eine letzte Möglichkeit: Man läßt die Zeittafel weg. Es verbleibt eine Aussage, die zwar interessiert, aber – weil ohne Zeitangabe – kaum berührt. Selbst dann, wenn wir das Jahr 1995 schreiben würden.

Wir sehen demnach, daß der Text unersetzbarer Bestandteil der Prophezeiungen und daß der beste Weg, eine Prophezeiung zu entschärfen, das Entfernen der Zeitangabe ist.

Somit können wir festhalten, daß Nostradamus keine Wahl hatte. Er mußte die Zeit aus seinen Texten entfernen, um nicht Panik und Weltuntergangsstimmung von einer Prophezeiung zur nächsten auszulösen. Jedoch verliert die Prophezeiung damit viel von ihrem Wert. Solche Prophezeiungen kann jeder schreiben, denn jedes Ereignis wird im Laufe der Menschheitsgeschichte irgendwann einmal eintreten.

Es gibt aber noch einen anderen Weg: die Zeitangaben so zu verstecken, daß sie nur von Menschen gefunden werden, welche intelligent genug sind, die Folgen einer Entschlüsselung zu erkennen und verantwortungsvoll damit umgehen.

Wo in seinem Text hat Nostradamus die Zeit versteckt?

Wenn Nostradamus die Zeit verschlüsselt hat, wo sind die Daten geblieben? Irgendwo müßten doch Ziffern, Zahlen und dergleichen zu finden sein. Aufgrund der Buchstabenanalyse wissen wir, daß praktisch keine Ziffern im Text verblieben sind.

Die einzigen Ziffern sind die Nummern der Centurien und die Versnummern! Nostradamus mußte also als Ersatz für eine Zeitangabe eine Ordnung für den Text vorgeben, die gleichzeitig die Zeitangaben ermöglicht. Er hätte die Ereignisse z.B. hintereinander, untereinander oder sonstwie systematisch geordnet niederschreiben können. Jetzt hätte er sagen können, daß jedes Ereignis für den 1. oder 15. eines jeden Monats bis hin zum Jahr 3797 niedergeschrieben sei.

Das heißt, mit einer solchen Formel wäre dem Gesamttext nur die Zeit hinzuzufügen, und alles wäre wieder in guter alter Ordnung.

Warum kann ein solches Vorgehen nicht funktionieren? Ganz einfach: weil Ereignisse sich nicht in ein bestimmtes Schema pressen lassen. Bekanntlich findet nicht alle 15 Tage ein Attentat, ein Kriegsbeginn, eine Königskrönung statt.

So geht es also nicht. Wie dann? Nostradamus mußte in Vorhersagen für einen Zeitraum von 2242 Jahren – also von 1555 bis 3797 – die Zeitangaben verschlüsseln. Es ist zwar einfach, die Zeitangaben aus dem Manuskript zu löschen, aber schwer, die einmal gelöschten Zeitangaben wieder in das Manuskript hineinzubekommen, wenn nicht mit Bedacht vorgegangen wird.

Wenn sich also den Ereignissen keine zyklische Zeitordnung unterlegen läßt – alle 14 Tage ein Schicksalsschlag für die Menschheit –, dann müssen die Ereignisse der gültigen Zeitordnung angepaßt werden. So muß uns die Frage beschäftigen, welche ewig gültige Zeitordnung stand Nostradamus zur Verfügung? Die astronomische!

Selbst eine von einem totalitären System befohlene andere Zeiteinteilung kann das Sonnenjahr und die Mondmonate nicht ignorieren, folglich bietet sich das Sonnenjahr als sichere Meßlatte und wiederkehrende Periode an.

Aus dem offenen Begleitschreiben an seinen Sohn César wissen wir, daß Nostradamus das Gesamtwerk für die Zeit von 1555 bis 3797 verschlüsselt hat. Das sind 2242 Jahre. Diese Tatsache ist allgemein bekannt und stellt nichts Sensationelles dar. Die Frage ist, wie sich diese 2242 Jahre im Text als Zeitsystem darstellen lassen? Gesucht wird also ein System, das heute und morgen seine Gültigkeit hat und unkompliziert eingesetzt werden kann.

Wenn das Jahr als kleinste Zeiteinheit genommen wird, ist die nächsthöhere Ordnung zehn Jahre oder eine Dekade, sodann 100 Jahre oder eine »Centurie« und schließlich 1000 Jahre bzw. ein Millenium. Der höchste wiederkehrende Wert in einer Zeitdauer von 2200 Jahren ist der Wert Tausend. Da die Menschheit ihre Jahre nicht seit Erscheinen der Prophezeiungen des Nostradamus zählen wird, muß er sich hier der bereits laufenden Jahreszählung anpassen. Somit ergeben sich Jahreszahlen für die Zeitspanne von 1555 bis 3797. Das sind drei Tausender-Werte: eintausend, zweitausend, dreitausend für 1555, 2555, 3555.

Diese Zeitangaben sind so zu verschlüsseln, daß sie wieder zuordenbar werden. Der Text paßt sich der Zeit an und nicht die Zeit dem Text! Nostradamus hat eine solche Ordnung gewählt. Er hat die Prophezeiungen von den erkennbaren Datumsangaben getrennt und dem Text eine numerische Ordnung gegeben. Hierbei wurde der Text von ihm in Centurien, zu deutsch Hundertschaften, eingeteilt. Eine solche Einheit nannte er Buch. Die kleinere Einheit ist der Vers innerhalb dieses Buches. Eine Centurie hat 100 Verse.

Ein Vers hat vier Zeilen, die er Bündel nannte. Für die Zeile fand er die Bezeichnung Ruderbank. Die Verse sind durchnumeriert.

Beginnen die Bücher der Centurien, der jeweils 100 Verse, nun mit dem Vers Null? Nein, stets mit dem Vers 1. Dies erscheint auf den ersten Blick selbstverständlich, logisch und die einzige Möglichkeit für ein numerisches Ordnungssystem. Trotzdem steckt hier noch eine Besonderheit, die er in seinen Anweisungen zur Offenlegung des Textes lange und ausführlich beschreibt. Um das nachzuvollziehen, sehen wir uns 100 Verse in numerischer Ordnung an:

```
 →1  11 21 31 41 51 61 71 81  91
  2  12 22 32 42 52 62 72 82  92
  3  13 23 33 43 53 63 73 83  93
  4  14 24 34 44 54 64 74 84  94
  5  15 25 35 45 55 65 75 85  95
  6  16 26 36 46 56 66 76 86  96
  7  17 27 37 47 57 67 77 87  97
  8  18 28 38 48 58 68 78 88  98
  9  19 29 39 49 59 69 79 89  99
 10  20 30 40 50 60 70 80 90 100
```

Wir haben hier die numerische Anordnung der 100 Verse einer Centurie. Nostradamus war ein Mann, der auch den Regeln seines geheimen philosophischen Zirkels treu blieb. Getreu dem Spruch: »Der Letzte wird der Erste sein«, hat er – wir werden es in seinen Anweisungen verfolgen können – die 100 an die erste Stelle gesetzt. Wir würden normalerweise zählen: 1998, 1999, 2000. Er zählt 1998, 1999, 1900! Die 100 stellt nach der 99, nachdem sie zur ersten Position innerhalb der Centurie geworden ist, den ersten Vers für den Jahrhundertlauf bis . . 99 dar. Somit ist die Schleife wieder geschlossen.

Was heißt das? Wir müssen beachten, daß der Vers 100 in einer Centurie das Jahrhundert der Centurie ist. Zum Beispiel: Nach 1999 kommt nicht der Vers 100 als 2000, sondern als 1900!

Wenn Nostradamus einen Vers pro Jahr geschrieben hat, dann sind in einer Centurie 100 Verse für 100 Jahre Orakellosungen niedergelegt. Zehn Centurien = 1000 Jahre! Daraus folgt, daß Nostradamus zehn Centurien für 1000 Jahre geschrieben hat. Doch da stimmt wieder etwas nicht, denn an seinen Sohn schreibt er, daß er für 2242 Jahre Prophezeiungen niedergelegt hat. Demnach hätte er weitere zwölf Centurien veröffentlichen müssen.

Wo sind diese Centurien geblieben? Die Nostradamus-Experten in aller Welt werden sogleich Spekulationen anstellen, ob es nicht vielleicht die Sechszeiler sind, in denen sich diese Centurien versteckt halten. Nostradamus hat nämlich neben Vierzeilern auch sechszeilige Verse veröffentlicht, allerdings nicht im Zusammenhang mit seinen »großen Prophezeiungen«. Viele Autoren vermuteten in der Vergangenheit, daß diese Sechszeiler ebenfalls zu den großen Prophezeiungen gehörten, und haben sie, wie es ihnen beliebte, für ihre Interpretation in Kombination mit den Vierzeilern benutzt.

Irrtümlich, wie wir heute wissen!

Nostradamus hat erneut vereinfacht. Um das zu verstehen, müssen wir wiederum ein Schema betrachten:

1000 +	2000 +	3000 +
	100	100
	200	200
	300	300
	400	400
555	500	500
600	600	600
700	700	797
800	800	
900	900	

Diese Tabelle zeigt die Jahre der Prophezeiung (z. B. 1000 + 555 = 1555).

Sie sehen, das Jahrhundert fünf kehrt zweieinhalbmal wieder (1555-1599, 2500-2599 und 3500-3599).

Die Jahrhunderte sechs und sieben kehren innerhalb der Zeitspanne bis 3797 dreimal wieder, alle anderen Jahrhunderte nur zweimal. Diese Wiederholung der Jahrhunderte in einem Ordnungssystem läßt sich nochmals vereinfachen, und zwar so:

Man ordnet in Jahrhunderten und läßt einen Zeiger die Strecke abgreifen. Jedesmal wenn er an der 1000 vorbeikommt, springt der Wert um 1000 höher!

Wenn Sie die 1000 durch eine 12 ersetzen – kommt Ihnen dieses System dann nicht irgendwie bekannt vor?

Im »Buch der Anweisungen« hat Nostradamus vermerkt, daß er die Zeit nach einem urewigen Symbol festgelegt hat. Was ist das urewige Symbol für die Zeit? Natürlich, die Uhr!

Der Grund, warum bisher diese Zeitordnung im Nostradamus-Manuskript nicht zu erkennen war, läßt sich darauf zurückführen, daß wir den Tag zu zweimal zwölf Stunden messen. Nirgends ist aber die zwölfteilige Anordnung einer Uhr zu erkennen.

Das ist einer der Beweise, daß unser »Buch der Anweisungen« echt

ist, denn Nostradamus beschreibt sehr ausführlich seine Zeitordnungs-
maschine als das »zwölfteilige Brettchen« und weist auf Lücken hin,
die zusammengezogen werden müssen.

Unser heutiges Zifferblatt sieht so aus:

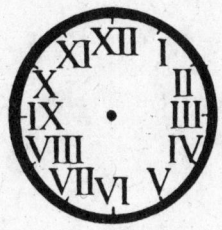

1555 waren diese Zifferblätter nicht üblich, weil mechanische Uhren
sich erst langsam durchzusetzen begannen. Man bediente sich damals
Sonnenuhren. Die Kirche St. Michel in Salon, keine 100 Meter vom
Hause des Nostradamus entfernt, hat eine Sonnenuhr, die auf die
südlicher gelegenen Breitengrade ausgerichtet ist und so aussieht:

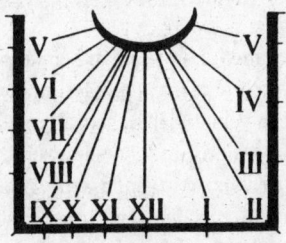

In Salon beginnt der Tag etwa um 5.30 Uhr, und die Sonnenuhr endet
um 5.30 Uhr. Das Jahr 1555 ist die halbe Wegstrecke zwischen 500
und 600 oder auf der Uhr halb sechs (5.30 Uhr oder 5,5). Darum
beginnt der Nostradamus-Text in der fünften Centurie, Vers 50 (da
jede Centurie 100 Verse hat, ist 5.50 auch 5,5) – prüfen Sie es nach!

Da bei Erscheinen der vollständigen Ausgabe von Troyes 1606
bereits 50 Jahre vergangen waren, stellte man den Anfang des Buches
auf sechs Uhr. Dies ist eine der Besonderheiten, die ihrerseits manches
Geheimnis birgt!

Um jeder Kritik von vornherein den Wind aus den Segeln zu

nehmen, hat Nostradamus eine Markierung gesetzt, nämlich den Vers an die »Criticos«, die Kritiker, zwischen der sechsten und der siebten Centurie. Der Vers steht am Ende der sechsten Centurie und ist somit der Anfang der sechsten Centurie:

»Legis cantio contra ineptos criticos.
Qui legent hosce versus, mature censunto
Profanum vulgus et inscium ne attrectato:
Omnesque Astrologi Blenni, Barbari procul sunto
Qui aliter facit, is rite sacer esto.«

Das heißt:

Der Bannspruch des Gesetzes gegen die törichten Kritiker.
Die diese Verse lesen, meinen, daß sie reif dafür seien.
Das einfache Volk und die Unwissenden sollen sich nicht damit befassen.
Alle Astrologen, Tölpel und Ungebildeten suchen an der falschen Stelle.
Wer auf andere Weise handelt, der ist nach dem gewöhnlichen Ritual heilig.

Etwas freier übersetzt und für die heutige Zeit verständlicher gemacht, lautet der Spruch: Alle, die diese Verse lesen, meinen, daß sie, wenn sie die Prophezeiungen verstanden haben, alles verstanden haben. Die nicht interessierte Masse und die nicht eingeweihten Menschen sollten ihre Finger von den Prophezeiungen lassen. Alle Sterndeuter, Tölpel und der lateinischen und griechischen Sprache nicht mächtigen Menschen suchen an der falschen Stelle. Wer anders vorgeht, wird in das Geheimnis eingeweiht.

Der Zeitschlüssel des Nostradamus

Erstens: Nostradamus mußte seine Prophezeiungen von den Zeitangaben trennen.
Zweitens: Er hat ein Zeitraster geschaffen, dessen Koordinaten einmal die Nummer der Centurie und zum anderen die Nummer des Verses sind.

Drittens: Die Nummer der Centurie gibt das Jahrhundert an.

Viertens: Die Nummer des Verses gibt das Jahr an. Beispiele sind: VII. Centurie, Vers 19 = 1719; IX. Centurie, Vers 98 = 1998.

Fünftens: Das Jahrtausend wird durch wiederholtes »Ansteuern« des Textes für das jeweilige Jahrhundert bestimmt.

Sechstens: Zu Beginn oder am Ende einer Prophezeiung stehen einige Buchstaben für den Monat, manchmal sogar für den Tag. Ein Beispiel dafür ist: »Aix est mort«. Dies kann sowohl heißen »Im Ort Aix lebt niemand mehr« als auch »Am 1 (A als erster Buchstabe entspricht 1) September (Monat IX) ist . . .«.

Siebtens: Wir haben Aktion = Reaktion noch nicht gemeinsam abgeleitet, daher an dieser Stelle nur soviel: Der Text von links nach rechts gelesen ist für den ersten »Umlauf« unserer »Uhr« gültig, das heißt für 1555 bis 2555 = zehn Centurien mit jeweils 100 Versen für 1000 Jahre. Wenn der Text von rechts nach links gelesen wir – und auch das macht Sinn! –, steht er für den zweiten »Umlauf« der »Uhr«, also für die Jahre 2555 bis 3555. Für die restlichen Jahre der Prophezeiungen bis 3797 gibt es nur noch wenige, besonders gekennzeichnete Verse, die in den zweiten Umlauf der Zeituhr von Nostradamus eingebaut wurden.

Der Zeitschlüssel ist damit gefunden, wie aber kann der Text selbst entschlüsselt werden, über den Nostradamus ja sagte, daß er ihn »mit Willen ein wenig dunkel zusammengestückelt« habe?

Analyse der Texte mit dem »Buch der Anweisungen«

Nostradamus war Arzt und sicher mit der Alchemie und deren Grundphilosophie vertraut. In der Alchemie seiner Zeit ging es vor allem um die Umwandlung der Materie; das heißt, man ging davon aus, daß man eine neue Qualität »Stein« mit neuen Eigenschaften gewinnen konnte, wenn man Kristalle in die kleinstmöglichen Bestandteile zerkleinerte (teilte), sie dann löste und mit anderen auf diese Weise gelösten Kristallen vermengte, dann kräftig kochte, dann wieder die Flüssigkeit dem Gemisch entzog, um erneut zu festen Kristallen zu kommen.

So hoffte man ja auch immer wieder, Gold aus Blei herstellen zu können. Man wußte nur nicht, mit welchen anderen gelösten »Steinen« Blei zu vermengen war.

Wenn man davon ausgeht, daß Nostradamus die Gesetzmäßigkeiten seiner mittelalterlichen Wissenschaftsphilosophie auf sein Werk übertragen hat, dann muß er auch die Originalfassung seiner Prophezeiungen geteilt, vermischt und wieder zusammengefügt haben, was den Text in der uns bekannten Form ergibt. Um also wieder zum Urtext zurückzukehren, müssen auch wir ihn teilen, ordnen und wieder zusammenzufügen.

Unklar ist aber noch die Frage, *wie* der Text zu teilen und zu ordnen ist – das Zusammenfügen dürfte sich dann wohl von selbst ergeben. Halten wir noch fest, daß für eine Rekonstruktion und Entschlüsselung der Urtext vorab nicht zur Verfügung steht und desgleichen nicht die Regeln oder Gesetzmäßigkeiten, denen der Text unterliegt. Folglich müssen wir als nächstes versuchen, die Auffälligkeiten zu finden, die sich im verschlüsselten Gesamtwerk zeigen.

Die Textordnung

Als merkwürdig, und von den meisten Nostradamus-Autoren nur mit der Angst vor einer möglichen Verfolgung durch die Inquisition erklärt, wurden die Teilveröffentlichungen des Prophezeiungstextes empfunden.

Neben dem möglichen wirtschaftlichen Grund des Verlegers – man wollte kein zu umfangreiches Buch, das im Verkauf zu teuer kam – gab es auch einen anderen Grund. Heute würde man die Teilveröffentlichungen als Testauflagen bezeichnen. Nostradamus wollte erst einmal herausfinden, ob der Schlüssel den Gelehrten seiner Zeit standhielt. Wie ging er vor?

Anfangs wurden nur die ersten dreieinhalb Centurien mit einem Vorwort an seinen Sohn César veröffentlicht. Da wir inzwischen sein Zeitsystem kennen, wissen wir, daß es sich um die Orakel für die Jahrhunderte 2100, 2200, 2300, 2400 sowie 3100 bis 3400 handelt. In der nächsten Auflage erweiterte Nostradamus den Text bis auf die siebte Centurie, Vers 42, gültig für die Jahre 2500 bis 2742, 3400 bis 3742 und 1555 bis 1742. Erst nach dem Tode von Nostradamus erschien die vollständige Ausgabe, wiederum erweitert, um die Huldigung an Heinrich II. sowie die drei letzten Centurien (VIII,IX,X), also für 1800, 2800, 1900, 2900, 2000 und 3000.

Insgesamt besteht das Werk aus zehn Centurien, wobei die siebte nur 42 Verse hat.

Die Veröffentlichung in Bruchstücken geschah, um durch die Teilausgaben zu überprüfen, ob bei der Veröffentlichung der darin verborgene Schlüssel für den gesamten Text sofort erkannt werden und damit das Orakel enträtselt werden könnte. Was wäre geschehen, wenn man Nostradamus' System durchschaut hätte und die Prophezeiungen offengelegt worden wären? Eine wirkliche Gefahr für den Autor bestand nicht, denn niemand, auch nicht die Inquisition, hätte sich für Dinge interessiert, die im Jahre 2100, 2200, 2300, 2400 sowie 3100 bis 3400 eintreffen sollten. Eine weitergehende Veröffentlichung des Resttextes wäre in diesem Fall unterblieben. Die Aufgabe, geheimes Wissen 1000 Jahre weiterzukatapultieren, wäre in dieser Form gescheitert, denn nur aus dem rekonstruierten Gesamttext lassen sich die 100 großen Geheimnisse des Nostradamus ableiten.

Gefährlich in jeder Hinsicht dagegen wäre gewesen, wenn Nostradamus sofort den Text mit den Ereignissen von 1555, 1580, 1600, 1650 veröffentlicht hätte. Denn die möglicherweise dann betroffenen Herrscherhäuser wären ja bereits an der Macht gewesen und hätten mit ihrem und dem künftigen Schicksal ihrer Nachfahren nicht einverstanden sein können und entsprechend gehandelt.

Das Ergebnis des Tests ist, wie wir heute wissen, gut verlaufen, das heißt, Nostradamus konnte in dieser Richtung weitermachen. Die Verschlüsselung selbst hat auch gut 400 Jahre gehalten. So bleibt die Frage: Wo ist der Schlüssel?

Der Textschlüssel

Wie wir gesehen haben, ist der Haupttext der Anweisungen zur Offenlegung und somit der Universalschlüssel der Prophezeiungen im Vorwort an »CESAR« enthalten.

Dieser scheinbare Brief an seinen Sohn César gehört zu den Merkwürdigkeiten des Buches. Nostradamus ist, wie schon bekannt, 1566 gestorben. Zu diesem Zeitpunkt war sein Sohn bereits 13 Jahre alt und den Gepflogenheiten der damaligen Zeit gemäß fast erwachsen.

Es hätte für Nostradamus demnach keine Notwendigkeit bestanden, Briefe an seinen Sohn via Buchveröffentlichung zu schreiben. Die wichtigsten Einführungen in die Prophezeiungen hätte er ihm mündlich und schriftlich im stillen Kämmerlein in Salon geben können. Man fragt sich demnach, was all diese langatmigen Ermahnungen und Erklärungen an seinen Sohn für einen Zweck hatten.

Falls Nostradamus mit seinem Tod vor 1555 gerechnet hätte, dann wäre das eine vernünftige Erklärung. Aber schon nach 1563 – sein Sohn César wurde in diesem Jahr 10 Jahre alt, und Nostradamus starb erst 1566 – hätte die Möglichkeit bestanden, die wichtigsten Geheimnisse mündlich weiterzugeben. Das heißt, der Brief an seinen Sohn wäre spätestens mit den Ausgaben von 1568 überflüssig gewesen.

Zum zweiten wäre es für ihn eine Kleinigkeit gewesen, im Testament einen Brief an seinen Sohn zu hinterlassen. Was soll also dieser scheinbare Unsinn, den Brief an den eigenen Sohn in einem Buch zu veröffentlichen?

Wir werden gleich sehen, daß dieser Brief mit der Einführung an seinen Sohn César eine eigenständige Funktion hat, nämlich die des Versteckes für das »Buch der Anweisungen«.

Es enthält die genauen Anweisungen für die Entschlüsselung der Centurien.

Die meisten Nostradamus-Autoren glauben heute noch, daß dieser Brief tatsächlich an seinen Sohn gerichtet wurde. Und dies, obwohl im Text selbst einige Ungereimtheiten auftauchen, die zeigen, daß da etwas nicht stimmen kann, wenn dieser Text tatsächlich nur an den Sohn gerichtet wäre:

». . . Ton tard advenement Cesar Nostredame, mon filz, m'a faict mettre mon long temps par continuelles vigilations nocturnes referer par escript, toy delaisser memoire, apres la corporelle extiction de ton progeniteur, au commun profit des humains de ce que la divine essence par Astronomiques revolutions m'ont donne cognoissance ... Et depuis qu'il a pleu au Dieu immortel que tu ne sois venu en naturelle lumiere dans ceste terriene plaige, et ne veulx . . .«

Auf deutsch:

»Deine späte Ankunft, César Notredame, mein Sohn, hat mich veranlaßt, lange Zeit die Nächte schreibend durchzuwachen, um dir diese Schrift zu hinterlassen . . . Und da es dem unsterblichen Gott gefallen hat, daß du nicht in das natürliche Licht in dieser Region geboren wurdest . . . wirst Du in deinem beschränkten Verständnis unfähig sein zu verstehen, was ich dir nach meinem Tod übergeben muß, da es mir nicht möglich ist, dir schriftlich etwas zu hinterlassen, was in dieser ungerechten Zeit zerstört werden würde. Denn das Wort der geheimen Prophezeiung, die du erben wirst, wird in meinem Herzen verschlossen sein . . . Denn wenn du das natürliche Alter des Menschen erreichst, wirst du in deiner Heimat, unter der du selbst geboren bist, die vorausgesagten künftigen Ereignisse schauen.«

César wurde in Salon im Hause seines Vaters geboren und nicht in einer fernen Provinz. Zum Zeitpunkt seiner Geburt, 1553, war der erste Teil des Buches noch nicht veröffentlicht. Als das Buch erstmals erschien, war der Sohn drei Jahre alt. Warum irrt sich der Vater so augenfällig? Warum dieser merkwürdige Hinweis auf eine ferne Provinz?

»Zum Abschluß, mein Sohn, nimm also dieses Geschenk von deinem Vater Michel Nostradamus entgegen, der hofft, daß du jede einzelne der in diesen Vierzeilern enthaltenen Prophezeiungen weitergeben wirst.«

Auf den ersten Blick mag dieser Wunsch des Vaters Michel ganz natürlich sein, aber hat sich die Zeit 50, 60 Jahre später so grundsätzlich gewandelt, daß sein Sohn César die Prophezeiungen offen weitergeben kann?

Übrigens: César hat den Wunsch des Vaters nicht erfüllt. Warum wohl? Er wußte, daß er in dem Brief nicht gemeint war.

Die Schlußfolgerungen aus diesen merkwürdigen Formulierungen können nur sein, daß der Brief nicht an seinen leiblichen Sohn gerichtet war, daß er nicht für einen Menschen des Mittelalters bestimmt war und daß César nicht als leiblicher, sondern als geistiger Sohn zu verstehen ist. Nostradamus ist mit diesem CESAR der Zukunft offenbar nicht ganz einverstanden, weil er, aus seiner Sicht, nur einen beschränkten Verstand und keine ausreichende (Aus-)Bildung besitzt (vermutlich bezieht sich diese Bemerkung auf die Kenntnisse der griechischen Sprache). Dennoch beugt sich Nostradamus fast verzweifelt dem unerklärlichen Ratschluß Gottes.

Auffallend sind die Einschübe in lateinischer Sprache, die wir uns näher betrachten müssen.

Der Lateintext der Anmerkung ist ohne Zweifel der Einstieg in das Gesamtwerk. Er steht sogar an einer für die Prophezeiungen sehr wesentlichen Stelle und markiert hier gleichzeitig einen wichtigen Justierpunkt für die Zeitordnung. Dieselbe Bedeutung haben auch die übrigen Lateintexte. Faßt man sie zusammen, so erhält man das »Buch der Anweisungen«, welches die Offenlegung der französischen Abschnitte überhaupt erst ermöglicht.

Warum hat Nostradamus sein Werk zweisprachig veröffentlicht und warum den wichtigsten Teil in Französisch?

Vorteile: Das Buch sollte schließlich gelesen werden. Es sollte sich verbreiten und der Französisch sprechenden Bevölkerung zur Verfügung stehen.

Nachteile: Französisch ist eine lebende Sprache. Begriffe, Worte, Bedeutungen können sich ändern. Sie entschwinden aus dem Mund des Volkes. Aus diesem Grunde ist eine lebende Sprache ungeeignet, um in ihr den Code des Schlüssels, also den Zugang zum Urtext zu verbergen. Denn bei den Verschlüsselungsregeln kann es möglicherweise auf den Buchstaben genau ankommen. Eine veränderte Rechtschreibung könnte den Code für immer verschütten und somit das Entschlüsseln des Gesamtwerkes für alle Zeiten unmöglich machen. Daher benutzte Nostradamus eine tote Sprache, Latein, für die Codierung.

Warum ausgerechnet Latein und nicht etwa Griechisch?

Vorteile: Latein war auch damals schon die Sprache von wenigen, im allgemeinen gebildeten Menschen. Eine Sprache, die sich kaum noch veränderte.

Nachteile: Latein wurde von den erklärten Feinden der Sache beherrscht (Inquisition). Daher war die Gefahr der Entdeckung des Schlüssels in dieser Sprache groß, wenn auffällige Ausdrücke verwendet wurden. Falls die Decodierung durch die Feinde gelungen wäre, dann hätte dies die Verfolgung der Urheber und die Vernichtung des Textes bedeutet. Daher mußten die Anweisungen in der Umgangssprache der Feinde, in deren Redewendungen versteckt werden, und die Veröffentlichung erfolgte, wie bereits geschildert.

Welche sonstigen Anforderungen mußten an den Text gestellt werden, der den Schlüssel bzw. den Code enthält? Aus der Sicht des Autors sollte es jederzeit möglich sein, den Text zu entschlüsseln, selbst wenn der vollständige Lateintext nicht zur Verfügung steht.

Nur *ein* Einstieg in die Verschlüsselung bedeutete Gefahr, daß gerade dieser einzige, dann unersetzliche Einstieg verschüttet wird und somit für immer verloren geht. Die Gegenmaßnahme ist: so viele Einstiege wie nur möglich und verteilt über den gesamten Text schaffen. Und dies tat Nostradamus.

Vielleicht war das Erlernen dieser Verschlüsselungstechniken der Grund der lateinischen und griechischen Sprachstudien, die Nostradamus bei Scalinger für die Dauer von vier Jahren weiter fortführte. In unserer heutigen Zeit konnten wir die geheimen Gesetzmäßigkeiten der lateinischen Sprache, die Scalinger vermutlich an Rabelais und Nostradamus weitergab, nicht in Büchern finden. Möglicherweise gibt es irgendwo noch exakte Unterlagen für diese Wissenschaft. Wir wissen es nicht.

Uns standen weder die Regeln noch der Hinweis, daß es so etwas je gegeben hat, zur Verfügung. Die Bestätigung, daß es solche Systeme des »Inneren Wortes« in der Renaissance gegeben hat, finden wir in Italien und in Südfrankreich auf Schritt und Tritt, und mancher noch verborgene Schatz, der mittels einer Inschrift auf einem Grabstein oder einem Kirchenportal oder in einem Wappen gefunden werden kann, wartet darauf, entdeckt zu werden.

Wie der Computer zum Einsatz kam

Um nicht allzu mühselig von Hand in den Text des Nostradamus einzudringen, haben wir einen Computer die systematische Zerlegung und Übertragung der Texte ausführen lassen. Dann haben wir eine Auswertung vorgenommen, und mit den so gefundenen Gesetzmäßigkeiten wurde der Text erneut bearbeitet. So erhielten wir über mehrere Schritte und Computerläufe einen Katalog von regelmäßig wiederkehrenden Kürzeln und Begriffen, die von Nostradamus an anderer Stelle im Text der Anweisungen erklärt worden waren.

Schließlich gelangten wir auch zu der Erkenntnis, über die jeder Insider unter den Lesern nur lachen kann, weil wir nicht sofort darauf gekommeng waren:

Aktion gleich Reaktion, jedes Wort ist eine Kraft und erzeugt eine Gegenkraft, ergo:

Die Zeichenketten mußten vorwärts und rückwärts zerlegt werden. Beispiel: MNOSTRADAMUSSUMADARTSONM.

Auf diese Art und Weise ist der Teil des »Buches der Anweisungen«, den wir hiermit erstmals veröffentlichen, rekonstruiert worden. Wobei die Beweisführung, ob wir richtig zerlegt haben, sich in der

Anwendung am Prophezeiungstext bestätigen muß. Falls dies nicht der Fall ist, würde das bedeuten, erneut in den Lateintext einzusteigen, um den Fehler in der Übertragung zu suchen.

Eine Kostbarkeit möchten wir Ihnen nicht vorenthalten. Von Nostradamus war bekannt, daß er oft Schwierigkeiten mit seinem bissigen Humor hatte. Hier eine Kostprobe:

Eine seiner Buchstabenregeln besagt, daß der Buchstabe »F« grundsätzlich aus dem Text zu entfernen ist und nach den Regeln der Prüfzahl (Kabbala) wieder, falls erforderlich, am richtigen Platz einzufügen sei.

Im Text kommt aber recht häufig der Begriff »France« für Frankreich vor. Wenn man das »F« wegläßt, dann entsteht »rance«, was ranzig bedeutet!

Dieses Wort ist mit voller Absicht von Nostradamus vielfach eingesetzt worden. Die einen meinten, immer zur Verherrlichung des Königreichs Frankreich. Stellen Sie sich mal die lachenden Schelme Rabelais, den Begründer der französischen Schriftsprache, und Nostradamus vor, die ihr Volk rufen lassen: »Vive la (F)rance!« Es lebe Frankreich! Eine sehr feinsinnige Art von Humor und offensichtlich die Meinung des Autors über den Staat und seine Adeligen von 1555, die schon zu lange auf ihren Pfründen saßen und »ranzig« geworden waren.

Die Methode des Einstiegs nach der Wortbildung und den Buchstabenregeln ist, wie bereits bemerkt, die ungenaueste. Sie hat aber einen besonderen Reiz, und es scheint so, daß Nostradamus diese Methode bevorzugt benutzt sehen wollte. Denn Nostradamus spricht auf diese Weise mit seinem Entschlüsseler.

Immer dann, wenn es zwei Möglichkeiten der Wortbildung gibt, und die sind reichlichst vorhanden, hat Nostradamus einen Stop eingebaut. Und zwar lobt er seinen Decodierer mit Worten wie: Du Löwe, Held, Juch-He, Potztausend, oder er tadelt ihn, wenn der Offenleger die falschen Worte gewählt hat, mit: Esel, Bettler mit hohler Hand, Hui usw. Aber diesen Spaß erleben Sie nur, wenn Sie sich selbst auf den Weg machen, die Geheimnisse des Michel de Notredame zu entdecken.

Das Genie des Nostradamus

Zu Beginn der Offenlegung des Textes von Nostradamus beschlich uns eine tiefe, ehrfurchtsvolle Hochachtung vor der Genialität dieses Menschen, der es geschafft hatte, rund einhundertzwanzigtausend Buchstaben (s. Textanalyse) so in eine Tafel zu setzen, daß man den Text auf verschiedene Weise lesen und jedesmal einen anderen, in sich geschlossenen Sinn herausbekommen konnte.

In die erste Textversion verpackte er die »mit Blut und Tränen« beladenen Weissagungen, in die zweite Textversion die »lachenden« Prophezeiungen und in den dritten Text das »Buch des strahlenden Bechers«, der eigentliche Grund für die vielen Mühen, die Nostradamus sich gemacht hatte.

Wir fragten uns, wie es möglich ist, daß ein Mensch etwas so Kompliziertes in die Welt setzen kann. Dieser Eindruck hat sich aber, je weiter wir in die Geheimnisse des Nostradamus eingedrungen sind, mehr und mehr relativiert. Selbstverständlich ist Dr. Nostradamus, der diesen Titel rechtmäßig an der Universität von Montpellier erworben hat, einer der außergewöhnlichsten Menschen seiner Zeit, aber ein »Supermann« war er bestimmt nicht.

Was den Code betrifft, nach dem er seinen Text verschlüsselt hat, mußten wir uns korrigieren und feststellen, daß Nostradamus diesen Code nicht eigens für sein Buch erfunden hat. Dies scheint auch gar nicht seine Absicht gewesen zu sein. Vielmehr drängt sich die Vermutung auf, daß sogar das Hinüberretten des Codes in eine aufgeschlossenere Zeit ein Teilziel seiner Gesamtaufgabe gewesen sein muß.

Nostradamus benutzte für die Verschlüsselung seines Werkes eine Methode des »Inneren Wortes« der lateinischen Sprache, die anscheinend bereits den Urchristen bekannt war. Mit Sicherheit wurde dieser Code auch von den Katharern (bis 1248) benutzt. Das Hauptwerk der

Katharer, »Interrogatio Iohannis«, liegt uns vor, und wir konnten feststellen, daß nach diesem Code verschlüsselt wurde.

Anschließend verwendeten die Erben der Katharer, die Templer (bis 1307), diesen Code. Die Geheimgesellschaft der Rosenkreuzer (etwa ab 1450) verschlüsselte nach gleicher Machart. Dann hat sich ganz offensichtlich Leonardo da Vinci (um 1510) damit beschäftigt.

Als nächster hat Rabelais diese Methode verwendet, um geheime Botschaften in seine Romane »Pantagruel« und »Gargantua« zu pakken (um 1535). Rabelais wiederum gab die Methode an Nostradamus weiter. Es ist durchaus möglich, daß Rabelais und Nostradamus dieses Geheimnis gemeinsam in Agen von Scalinger erfuhren, bei dem sie angeblich Latein und Mathematik studierten.

René von Anjou, ein Mann, der in unseren Recherchen eine Rolle spielte, soll angeblich eine Kristallschale mit dem folgenden eingeritzten Text besessen haben:

»Qui bien beurra
Dieu voira
Qui beurra tout d'une baleine
Voira Dieu et la Madeleine.«

Auf deutsch: Wer richtig trinkt, wird Gott sehen. Wer den Becher mit einen Schluck leert, wird Gott und Magdalena sehen.

Wenn man den Text nach der uns bekannten Methode entschlüsselt, wird klar, daß die Zuordnung dieser Schale zu R. von Anjou nicht stimmen kann, denn der Text weist auf einen Abbé Béq im Jahr 1566 hin. Dieses Jahr wiederum ist das Todesjahr von Nostradamus, so daß wir nur vermuten können, daß dieser uns unbekannte Abbé der Nachfolger von Nostradamus wurde.

Nun verlagert sich, von den überlieferten Ereignissen her, das Geheimnis ins Tal der Aude in den Pyrenäen. Dort befinden sich tatsächlich ein Ort namens Bec und ein gleichnamiges Kloster.

Ein Maler namens Poussin malt um 1635 ein Gemälde, das unter dem Titel »Die Hirten von Arkadien« eine große Rolle spielte. Ludwig XIV. läßt dieses Bild in seinem ganzen Königreich suchen, und als er es endlich findet, hängt er es in sein privatestes Zimmer, an einen besonderen Platz. Merkwürdigerweise ist auf diesem Gemälde eine

Landschaft aus der Umgebung des Klosters Bec zu sehen. Zusätzlich zeigt es ein Grabmal mit der Inschrift »In Arcadia ego«, und dieser Text läßt sich mit dem Nostradamus-Schlüssel knacken – nur: Nostradamus lebte einige Zeit vor dem Maler Poussin.

1780 wird der Code für uns wieder sehr konkret, als ein französisches Edelfräulein in Rennes le Chateau, wenige Kilometer von dem vorgenannten Kloster entfernt wohnend, als letzter Sproß der Familie auf dem Sterbebett dem Beichtvater ein großes Familiengeheimnis anvertraut. Dieser entdeckt daraufhin geheime, verschlüsselte Dokumente in einem Altarsockel der Dorfkirche, entnimmt irgendwelche Dinge und verschlüsselt erneut. Auch diese Texte lassen sich nach dem Nostradamus-Code lesen.

Als letztes wollen wir nur noch den Grabstein des Abbé Boudet in Axat in den Pyrenäen erwähnen, der auch dem großen Geheimnis auf die Spur kam und es in den Sandstein seines Grabdeckels ritzen ließ – wiederum nach dem System des Herrn Nostradamus aus Salon lesbar. Auf diese Weise läßt sich ein roter Faden, etwa vom Jahre 1200 bis 1915 verfolgen, in dem Nostradamus lediglich eine »Relaisstation« darstellt.

Wir sollten also festhalten, daß Nostradamus ein System verwendet hat, das in bestimmten Kreisen bekannt war, so daß nur noch die Frage bleibt: Warum haben diese Kreise von dem Schlüssel gewußt und trotzdem »dichtgehalten«? Oder warum ist von diesem Schlüssel nie etwas an die Öffentlichkeit gedrungen?

Die Doppelmasche

Wir sollten Nostradamus weder als Heiligen noch als Schwarzmagier oder des Lateins nicht mächtigen Scharlatan sehen. Die wahre Bedeutung seines Werkes werden sowieso erst Generationen nach uns, in zweihundert, dreihundert Jahren zu würdigen wissen, wenn sie vor wirklich schwerwiegenden Problemen stehen und dann tatsächlich so etwas wie einen Ratgeber für schicksalsschwere Problemlösungen benötigen werden.

Nostradamus konnte davon ausgehen, daß früher oder später der von ihm benutzte Code wiederentdeckt würde. Er konnte auch davon ausgehen, daß entweder die Geschichte der Katharer, die Geschichte der Templer oder die Geschichte der Urchristen und deren geheime Schriften veröffentlicht werden würden. Und dann wäre sein Werk im System eins mit den anderen.

Warum haben die in den Code Eingeweihten des 17. und 18. Jahrhunderts den Text für die Nostradamus-Prophezeiungen nicht offenlegen können? Nostradamus mußte davon ausgehen, daß nach ihm auch noch andere Menschen den Code anwenden werden; geschieht es zu früh, also wenige Jahrzehnte nach seinem Tod, ist der eigentliche Sinn der Arbeit nicht erfüllt. Er mußte davon ausgehen, daß irgendein Verräter, schnell publizierend, den Code beim Namen nennt, und das hätte das Aus für das Gesamtwerk bedeuten können.

Welcher französische König hätte zugelassen, daß sein Geschlecht per Enthauptung enden soll! Er hätte die bereits gedruckten Bücher vernichten lassen. Folglich baute Nostradamus eine zweite Sicherung ein, die wir jetzt in möglichst einfachen Skizzen aufzeigen wollen.

Die große Texttafel des Nostradamus

Stellen Sie sich eine Tafel vor, die aus 360 Buchstaben waagerecht und 400 Zeilen senkrecht besteht.

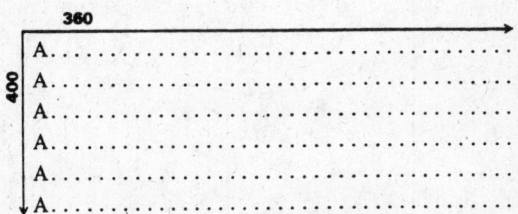

Der Text jeder Zeile beginnt mit dem Buchstaben A.

```
AMEPLUSNESTREENSACRIFICEPARFOUDREENLARC
AICTLECAMPSESTONNERAVEXERVOUDRAPARPHALA
AMEFELICEDELACITELEPLUSGRANDESTENDUBAND
ANDSUBMERGEELACLASSENAGERADOUBLEPHALANG
AGNECAPTIFUELOINGDESATERREROYPERDRALABA
AUTREAUREGNEPARCHEFLIBIQUEAUCONFLICTATT
ANSHONNEURSRICHESSETRAUAILENSONVIEILAAG
```

Nun nimmt Nostradamus symbolisch eine Schere und trennt Zeile für
Zeile. Ergebnis der Arbeit: Wir haben 400 Zeilen zu 360 Zeichen,
beginnend mit einem A.

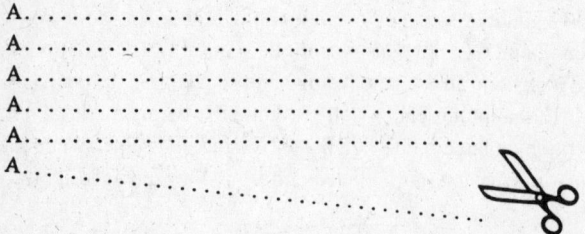

Anschließend klebt er den letzten Buchstaben einer jeden Zeile an den
ersten Buchstaben, so daß die Zeile zu einem Kreis geschlossen ist.

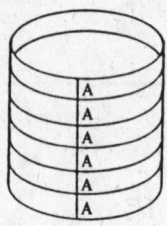

Als nächste Arbeit verdreht er die Zeilen gegeneinander, und zwar so,
daß die ursprüngliche Senkrechtlinie der A's nicht mehr zu erkennen
ist.

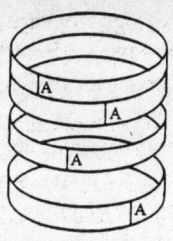

Nun fixiert er diese Einstellung, Buchstabenring für Buchstabenring, nimmt erneut eine Schere und schneidet das Ganze in zehn längliche Streifen, die im Schnitt 30 – 35 Buchstaben waagerecht breit und 400 Zeilen tief sind. Für die Schnittposition jeder Zeile sind die Endsilben, die für die Reimbildung benötigt werden, entscheidend.

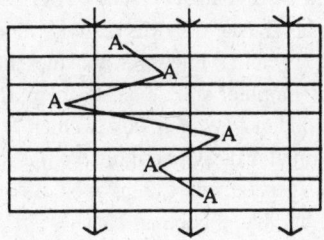

Er unterteilt die 400 Zeilen senkrecht in 100 Pakete zu je vier Zeilen, und fertig ist der erste Schritt zur Verschlüsselung, die nun aus 100 Paketen zu je vier Zeilen besteht. Einen solchen Streifen nennt Nostradamus eine Centurie. Zehn solcher Centurien ergeben dann das Gesamtwerk. Soviel zum Grundverständnis des Systems.

Nun sichert er die Textpakete durch Verschnüren, wie er in den Anweisungen sagt, das heißt, er bildete Verse mit Endreimen. Hierbei erhielten nun einige Texte mehr Buchstaben, einige Texte analog weniger Buchstaben. Natürlich hat er nicht vergessen, eine Markierung anzubringen, damit man später den richtigen Buchstaben A der jeweiligen Anfangszeile wiederfinden kann. Das geschah folgendermaßen: Irgendwo in jeder Zeile befinden sich zwei Buchstaben A in einem Abstand von 36 Positionen. Und das erste A von diesen beiden Markierungspunkten ist das A für den ersten Buchstaben dieser Zeile.

Hintergrund: Der Kreis zählt 360 Grade. Zehn Centurien gibt es, wonach 36 Grade auf eine Centurie entfallen. Erst jetzt könnte der eigentliche Code, den Nostradamus das »rautenförmige Werkzeug« nennt, zum Einsatz kommen.

Weil die französischen Höflinge, aber auch sogenannte Eingeweihte und andere Interessenten nicht über die richtige Buchstabentapete verfügt haben, konnten sie trotz Kenntnis vom »Inneren Wort« nicht hinter das Geheimnis des Nostradamus gelangen!

Hätte also im Mittelalter ein Höfling den Nostradamus-Text in die richtige Ordnung bringen wollen, dann hätte er Zeile für Zeile des Textes niederschreiben müssen, und zwar von der ersten Centurie die erste Zeile, angefügt die erste Zeile der zweiten Centurie, angefügt die erste Zeile der dritten Centurie und so rund, bis er bei der zehnten Centurie angekommen wäre.

Auf diese Art und Weise hätte er erst das Grundschema wiederentdeckt. Jetzt hätte er als Zweites die Markierung finden müssen. Diese Markierung zu finden war, das müssen wir an dieser Stelle sagen, sehr schwierig. Nur der Computer konnte das Problem für uns lösen.

Im Nachhinein können wir sagen, daß es einen Trick gibt, mit dem man auch ohne Computer das Geheimnis hätte lösen können. Aber, wohlgemerkt: vorausgesetzt, im Mittelalter hätte sich einer hingesetzt und hätte und hätte und hätte. Niemand hat!

Die Textanalyse

Das Gesamtwerk besteht aus:

– Buchumschlag
– Titelblatt
– Vorwort an Caesar
– sieben Centurien
– Anmerkung Legis Cantio contra (VI.Centurie)
– Ansprache an Heinrich II.
– weiteren drei Centurien.

1. Es fällt auf, daß der Titel, das Vorwort und die Widmung an Heinrich II. zweisprachig abgefaßt sind, in Lateinisch und (Alt-) Französisch.
2. Die Centurien selbst sind nur in französischer Sprache geschrieben, von ganz wenigen Eigennamen abgesehen.
3. Die Anmerkung zu Beginn der sechsten Centurie ist in Latein niedergeschrieben.
4. Die Quantität der französischen Texte überwiegt.
5. Wir wissen, daß der vorliegende französische Text verschlüsselt ist.
6. Folglich kann nur im nicht-französischen Text der Schlüssel für den französischen Text enthalten sein, denn einen Schlüssel in einem verschlüsselten Text zu verstecken wäre nicht sinnvoll.
7. Als eindeutig nicht-französischer Text existiert die Anmerkung vor der sechsten Centurie. Sie ist in Latein abgefaßt. In allen anderen Texten befinden sich zumindest französische Beimengungen.

Wir haben festgestellt, daß sehr viel französischer und sehr wenig lateinischer Text vorhanden ist. Wir haben ferner gesehen, daß beide Sprachen miteinander vermischt sind Ausnahme ist die Anmerkung zu Beginn der sechsten Centurie, die als ein Ganzes zu sehen ist.

Unsere Aufgabe besteht darin, den lateinischen Text aus den beiden Begleittexten wieder zu vereinigen. Machen wir dies:

0. M. NOSTRADAMUS
1. AD CAESAREM NOSTRADAMUM FILIUM
2. SOLI NUMINE DIVINO AFFLATI PRAESAGIUNT ET SPIRITU PROPHETICO PARTICULARIA
3. NOLITE SANCTUM DARE CANIBUS NEC MITTATIS MARGARITAS ANTE PORCOS, NE CONCULCENT PEDIBUS ET CONVERSI DIRUMPAT VOS
4. ABSCONDISTI HAEC A SAPIENTIBUS ET PRUDENTI BUS ID EST POTENTIBUS ET REGIBUS ET ENUCLEASTI EA EXIGUIS ET TENUIBUS
5. QUIA NO EST NOSTRUM NOSCERE TEMPORA NEC MOMENTA
6. PROPHETA DICITUR HODIE, OLIM VOCABATUR VIDENS
7. QUIA OMNIA SUNT NUDA ET APERTA
8. POSSUM NO ERRARE, FALLI, DECIPI
9. NON INCLINABITUR IN SAECULO SAECULI
10. VISITABO IN VIRGA FERREA INIQUITATES EORUMET IN VERBERIBUS PERCUTIAM EOS
11. CONTERAM ERGO ET CONFRINGAM ET NON MISEREBOR
12. IN SOLUTA ORATIONE
13. SED QUANDO SUBMOVENDA ERIT IGNORANTIA

Hier endet der Brief an »César«, es beginnt der Text an Heinrich II.

14. MINERVA LIBERA ET NON INVITA
15. QUOD DE FUTURIS NON EST DETERMINATA OMNINO VERITAS
16. TRIPODE AENEO
17. EFFUNDAM SPIRITUM MEUM SUPER OMNEM CARNEM ET PROPHETABUNT FILIJ VESTRI ET FILIAE VESTRAE
18. FATO, DEO, NATURA
19. PER TEMPUS ET IN OCCASIONE TEMPORIS

20. UT AUDIRET GEMITUS COMPEDITORUM, UT
    SOLUERET FILIOS INTEREMPTORUM
21. BELLIS RUBUIT NAUALIBUS AEQUOR
22. SANCTA SANCTORUM
23. MULTA ETIAM, O REX OMNIUM POTENTISSIME,
    PRAECLARA ET SANE IN BREUI VENTURA, SED OMNIA
    IN HAC TUA EPISTOLA INNECTERE NON POSSUMUS
    NEC VOLUMUS: SED AD INTELLIGENDA QUAEDAM
    FACTA HORRIDA FATA PAUCA LIBANDA SUNT,
    QUAMUIS TANTA SIT IN OMNES TUA AMPLITUDO ET
    HUMANITAS HOMINES DEOSQUE PIETAS, UT SOLUS
    AMPLISSIMO ET CHRISTIANISSIMO REGIS NOMINE, ET
    AD QUEM SUMMA TOTIUS RELIGIONIS AUCTORITAS
    DEFERATUR DIGNUS ESSE VIDEARE.
24. FACIEBAT MICHAEL NOSTRADAMUS SALONAE
    PETRAE PROUINCIAE

Was können wir feststellen?

Auf den ersten Blick bietet der vereinigte lateinische Text nichts Auffälliges. Und das war ja die Absicht von Nostradamus! Selbst wenn man das Wie und Wo vermuten würde, benötigte man unendlich viel Zeit, um an die Anweisungen des Nostradamus heranzukommen. Ehrlich gesagt, wenn es keinen Computer gegeben hätte, einem einzelnen wäre es praktisch nicht möglich gewesen, die Entschlüsselung des Textes für dieses »Buch der Anweisungen« vorzunehmen.

Nach vorsichtiger Berechnung wäre im Mittelalter ein Kloster mit 60 Brüdern, das Arbeitsjahr zu 250 Tagen, täglich zu sechs Stunden gerechnet, für gut eineinhalb Jahre beschäftigt gewesen, um – durch vielfaches Neu- und Umschreiben –, die Gesetzmäßigkeiten zu entdecken, wie das »Buch der Anweisungen« zu öffnen ist.

Mit dem Computer hatten wir es in der heutigen Zeit einfacher. Nach dem soundsovielten Probelauf ergab sich die Gesetzmäßigkeit von selbst, wobei es auf die von Nostradamus verwendeten Kürzel ankam! Diese zu entdecken, darin lag die Schwierigkeit!

Sehen Sie sich den Text einmal näher an. Es ist ein sehr primitives Latein, in dem bekannte religiöse Phrasen vorkommen. Dieser Text wurde zu Recht von den Kritikern als Küchenlatein verspottet. Viele

Autoren haben Nostradamus unterstellt, daß er als »Provinzler« des Lateins wenig mächtig gewesen sei.

Heute wissen wir, daß das ungeschickte Latein eher ein Opfer der Codierung geworden ist, denn hier mußten ja zwei Dinge miteinander verbunden werden. Das Latein mußte sich der exakten Codierung unterordnen und trotzdem einen verständlichen Sinn ergeben. Es handelt sich also eher um eine geniale, sprachgewandte Meisterleistung als um ein ungeschicktes Möchtegernlatein.

Die geheimnisvollen Knoten

Wie kommen wir nun endlich zum Text der Anweisungen, der uns sagt, wie wir die Prophezeiungsverse zu entschlüsseln haben?

Beginnen wir mit dem ersten lateinischen Wort im Text des Titelblattes:

M. NOSTRADAMUS

Uns sind heute drei Möglichkeiten bekannt, wie wir an den verborgenen Text in dieser Kette von zwölf Zeichen herankommen können:

Erstens. Aus einer Textstelle sind die Satzzeichen und Leerzeichen zu entfernen, um so eine Buchstabenkette zu bilden. Dann, unter Berücksichtigung von Buchstabenregeln wie: »Entferne die wertlosen F's« oder »Mache A zu O« usw., müssen wir neue Worte bilden. Auf diese Weise haben wir den verborgenen Text, wie Nostradamus ihn nennt.

Zweitens. Die Anwendung des »rautenförmigen Werkzeugs«. Es gibt größere Schwierigkeiten, weil man den ersten Buchstaben für die rautenförmige Schablone nicht ohne weiteres findet.

Drittens. Man wickelt die Buchstaben um eine Mitte, einen Nabel, wie Nostradamus sagt. Dieser Weg ist der schwierigste, gleichzeitig aber auch der präziseste.

Sowohl für das »Buch der Anweisungen« als auch für die Offenlegung des Textes der Prophezeiungen mit dem »widerlichen Geruch« werden wir nach der einfachsten Methode, nämlich der ersten, vorgehen. Die zweite und die dritte Methode werden ebenfalls kurz dargestellt.

Wie funktioniert die Ermittlung des »Inneren Wortes«?

Beispiel: M. NOSTRADAMUS.

Die zusammengeschobene Zeichenkette lautet: MNOSTRADA-MUS. Nun versuchen wir neue Worte zu bilden. Aus den ersten Buchstaben der Zeichenkette lassen sich auf den ersten Blick folgende Kombinationen ableiten:

Zeichenkette	Übersetzung	Anmerkungen/Überlegungen
M Kürzel?		Erst mal sehen, wo ein M als Kürzel auftaucht
n Kürzel?		Nomen/Numerus
no	schwimmen	
nos	wir	
nost	unser	
o Kürzel?	Omega? Null?	
os	Mund	

und so weiter.

Um Sie nicht zu verwirren, wollen wir hier den Einstieg erst einmal abbrechen, denn Sie können bereits einen ersten, wenn auch holprigen anderen Sinn erahnen:

Schwimmen . . . unser . . . Mund . . .

Schwimmen (aus) unser(em) Mund . . .

Wir müssen schon etwas flexibel sein und Phantasie mitbringen; Nostradamus spricht von der erforderlichen Intuition, die uns den verborgenen Sinn eingeben wird.

Jetzt haben wir noch drei Kürzel:

M steht im Lateinischen für 1000, könnte stimmen.

N steht als lateinisches Kürzel für Nomen oder Numerus,

O für Null oder Omega.

Zeichenkette: mnostradamus
Gedoppelte Zeichenkette: mnostradamussumadartsonm

m	=	Tausend
mn	=	1000 Worte/Zahlen
mno	=	x
mnos	=	x
mnost	=	x
n	=	Zahl/Wort/Neunte
no	=	fließen/schwimmen
nos	=	wir
nost	=	unser
nostr	=	UNSER
o	=	Null/oh
os	=	Mund
ost	=	x
ostr	=	Auster/Muschel
ostra	=	AUSTER
s	=	Sequenz
st	=	ohne Zeit/still
str	=	x
stra	=	Einsturz/Haufen
strad	=	
t	=	Zeit
tr	=	Vorsteher
tra	=	hin-über/hindurch
trad	=	Übergabe
trada	=	(Zeit) Verlauf
r	=	Weissagung/Selt
ra	=	x
rad	=	strahlend
rada	=	
radam	=	
a	=	eins/Alpha/Anfang
ad	=	hinzufüge
ada	=	hinbringen
adam	=	unzerbrechlich
adamu	=	liebgewinnen
d	=	vier/fünfhundert
da	=	x
dam	=	Frau? Dame
damu	=	
damus	=	
a	=	eins/Alpha/Anfang
am	=	Vormit. Beidseit
amu	=	x
amus	=	Richtmaß
amuss	=	x
m	=	Tausend
mu	=	x
mus	=	Maus
muss	=	murmeln
mussu	=	x
u	=	FÜNF/Hauptsache
us	=	gebrauche
uss	=	x
ussu	=	Nutzung
ussum	=	x
s	=	Sequenz
ss	=	Semi-Sequenz
ssu	=	x
ssum	=	x
ssuma	=	

114

Fügen wir zusammen: Tausend Nomen (Worte) fließen aus unserem Mund, lautet in unserem Falle das »Innere Wort«.

Nun stellte sich im Verlauf der Rekonstruktion heraus, daß tatsächlich die Zahl 1000 eine sehr große Rolle spielt, daß das Kürzel N sowohl für Nomen als auch für Numerus stehen und das O die Ziffer Null, in der Verbindung AO die Zahl 10 bedeuten wird, aber auch als Omega Schlußpunkte markiert.

Des weiteren kamen Regeln für die Austauschbarkeit von Buchstaben zum Vorschein:

F kann auch S sein und umgekehrt.
A steht grundsätzlich an einem Wortanfang,
O meist am Schluß des Wortes (nach dem Gesetz von Alpha und Omega).
C und G sind eins usw. usw.

Es gibt so etwas wie eine »Perlenkette«, die sich nach klaren Gesetzmäßigkeiten aus den Buchstaben und Buchstabenkombinationen des Namens M. Nostradamus bilden läßt. Die hier am Beispiel des Namens aufgeführte Perlenkette des »Inneren Worts«, also der inneren, geheimen Bedeutung, läßt sich auch für alle Zeilen des »Briefes an seinen Sohn« sowie alle Zeilen des Huldigungsbriefes an Heinrich II. erforschen. Deren Sinn ergibt, im Zusammenhang verstanden, dann die Anweisungen für die Offenlegung der Prophezeiungen des Nostradamus. Sie stellen also einen Schlüssel dar!

Dies sind die nach den Buchstabenregeln und den Regeln des intuitiven Einstiegs ermittelten Anweisungen für die Offenlegung des Textes der großen Prophezeiungen des Michel de Notredame, genannt Nostradamus (die Buchstabenregeln ergeben sich aus den Mehrfachbedeutungen der Buchstaben und Buchstabenkombinationen, wie es das Beispiel der Aufschlüsselung des Namens von Michel Nostradamus weiter oben bietet):

0. Satz: M. NOSTRADAMUS

Vorwärts gelesen

1. 1000 Worte fließen aus unserem Mund.
Die Sequenz ohne Zeit ist wie eine Muschel.
Die Zeit füge zur Weissagung.
Strahle.
2. 1 hinzufüge 500.
Anfang am Vormittag.
Das Richtmaß.
1000.
3. 5 Sequenzen gebrauche.
In der Sequenz ist das Existierende 5.
1000 machen 1.
1 hinzufüge 500.
4. 1 hinzufüge der festverschnürten Weissagung.
Zeit und Sequenz ohne Ende.
Am Gürtel Null beladene Worte.

Kommentar

1. Abschnitt:

Zeile 1: 1000 Worte oder Zahlen fließen aus dem Mund von Nostradamus – das bedeutet, daß es 1000 Verse in seinem Text geben muß. Uns liegen aber nur 961 Verse vor!

Zeile 2: Wenn man den Zeitschlüssel nicht kennt, ist es so, als ob man auf eine Muschel blickt, man weiß nicht, was drinnen ist.

Zeile 3: Anweisung des Nostradamus, daß das Zeitsystem den Weissagungen wieder hinzuzufügen ist.

Zeile 4: Hinweis, daß richtig zerlegt und offengelegt wurde.

2. Abschnitt:

Zeile 1: Nostradamus erklärt nun, wie man die Zeit seinen Prophezeiungen hinzuzufügen hat, wenn man eine 1 der 500 hinzufügt. Führt man diese Anweisung aus, dann bekommt man einmal 501 und einmal 1500! Warten wir ab, was weiter passiert.

Zeile 2: Auf der Zeittafel befindet sich der Anfang am Vormittag. Damit könnten wir so noch nichts anfangen, denn wir bekommen später von Nostradamus erklärt, daß er die Numerierung der Centurien, wie die Ordnung der Stunden, auf dem Zifferblatt der Sonnenuhr sieht. Der Vormittag beginnt in Salon etwa gegen 5.30 Uhr mit dem Sonnenaufgang, das heißt, der Anfang des Originaltextes des Buches der Prophezeiungen beginnt in der fünften Centurie, Vers 50.

Zeile 3: Nun erklärt Nostradamus, daß die eben erwähnte 1 den Wert, das Richtmaß 1000 hat. Also ist die vorhin von uns ausgeführte Anweisung 500 + 1 = 501 falsch. 1 + 500 = 1500 ist richtig. Gleichzeitig, aber das können wir im Augenblick noch nicht erkennen, erklärt Nostradamus eine Eigenart künftiger Jahresangaben in seinen Prophezeiungen.

3. Abschnitt:

Zeile 1: Hier gibt Nostradamus den ersten Hinweis auf die Textgestaltung der Prophezeiungen. Er sagt, daß die 5 in den Sequenzen eine entscheidende Rolle spielt.

Zeile 2: Nostradamus bemerkt hier, daß der Text ausschließlich in Sequenzen zu lesen und die 5 der Basiswert ist.

Zeile 3: Erneut wiederholt Nostradamus, diesmal doppelsinnig, daß bei der Zeitangabe die 1 für 1000 steht, aber auch, daß 1000 Prophezeiungsereignisse für 1000 Jahre niedergeschrieben sind. Erkennen Sie den Doppelsinn?

Zeile 4: Dann wiederholt er die Anweisung: 1 geht zu 500 = 1500.

4. Abschnitt:

Zeile 1: Mit festverschnürter Weissagung sind die Reimverse gemeint, mit der 1 die soeben von Nostradamus erwähnte Zeitzuordnung.

Zeile 4: Wenn man die Zeit der festverschnürten Weissagung hinzugefügt hat, dann läuft das System: Zeit und Prophezeiung störungsfrei bis zum Ende durch.

Zeile 3: Als letzte Bemerkung bringt Nostradamus noch einen Hinweis auf das Problem des Igels (siehe S. 166) und sagt, daß die runden Jahrhunderte am Gürtel, also am Rand der Zeittafel, stehen. Also: 17 Uhr ist 1700, 2700, 3700, und das Jahr 1701 befindet sich im Mittelpunkt der Tafel.

Anders ausgedrückt, nach 1799 kommt 1700! Damit ist das Jahrhundert in sich geschlossen. Diese Anweisung gilt nur für die Prophezeiungen, die mit Leid, Blut und Tränen beladen sind.

1. Satz: AD CAESAREM NOSTRADAMUM FILIUM
Vorwärts gelesen

1. Nun wohl, beginne mit dem Weissagen.
Im übrigen wird die Inspiration selbst,
durch das leichtbewegliche Gesetzestäfelchen,
dir den verschlossenen Sinn eingeben.
2. Vor der Öffentlichkeit ist das ganz bedeckt.
Ergänze die gleichgroßen Bündel,
die Teil eines Ganzen sind,
und richte sie auf den höchsten Punkt auf 1.

Kommentar

1. Abschnitt:

Nostradamus macht hier zwei Bemerkungen zur Offenlegung und Deutung seiner Prophezeiungen. Er umschreibt, daß der Offenleger selbst merken wird, welche Aussage wem oder was zugeordnet werden muß. Die Gesetzestäfelchen, von denen hier die Rede ist, sind an dieser Stelle noch nicht als solche zu erkennen.

2. Abschnitt:

Auch im zweiten Abschnitt macht Nostradamus allgemeine Bemerkungen zur Verschlüsselung des Prophezeiungstextes. Mit den gleichgroßen Bündeln sind die Verspakete gemeint, die nach einem bestimmten logischen Prinzip aneinandergeschrieben, das heißt ergänzt werden müssen. Dieser Hinweis bezieht sich auf die Tafel der 144.000 Buchstaben, die in meinem nächsten Nostradamus-Buch veröffentlicht wird.

Rückwärts gelesen

1. Ach, stürmischer Drang mit hohler Hand,
wie redest Du leer daher.
Du bringst Trauer durch beschwerliche Lasten,
wenn du nicht den strahlenden Becher siehst.
2. Statt dessen siehst du das Näherliegende mit widerlichem
Geruch.

Der reine, ungeübte Anfänger – Ruhe und Friede ihm,
bremse seinen persönlichen Eifer.
Er sei still, wegen dem dummen Zeug, den Lappalien.
3. Der Halbesel fügt auf seine Weise verschleimtes Alpha
und Omega hinzu.
Sieh den, der beschwerliche Lasten trägt,
wenn von ihm nicht gesehen wird die 10.
4. Die Zukunft steht an erster Stelle fürwahr,
wirklich und ohne Zweifel.
Nicht weniger und nicht mehr.

Kommentar

1. Abschnitt:

Warnung an die voreiligen Offenleger der Prophezeiungen. Mit dem strahlenden Becher sind die Textanordnung und das Textschreibesystem 12 gemeint.

2. Abschnitt:

Hier bemerkt Nostradamus, daß man wegen der primitiven Prophezeiungen kein allzugroßes Geschrei erheben soll. Damit wendet sich Nostradamus letztlich auch gegen unseren Versuch, das 20. Jahrhundert offenzulegen.

3. Abschnitt:

Die Autoren der Vergangenheit, und damit sind alle bisherigen gemeint, die ungenau, ohne Zeit- oder Textsystem Prophezeiungen an das Licht der Öffentlichkeit zerren und dümmliche Kommentare abgeben, bezeichnet Nostradamus als Halbesel. Ein Ausdruck, der uns vorher nicht bekannt war, der aber noch öfter in diesem »Buch der Anweisungen« auftauchen wird.

4. Abschnitt:

Hier weist Nostradamus auf ein weiteres kleines Geheimnis, nämlich den Mittelpunkt seiner Prophezeiungen hin. Es handelt sich um den Mittelpunkt des »Igels«, der immer mit einem A beginnt.

2. Satz: SOLI NUMINE DIVINO AFFLATI PRAESAGIUNT ET SPIRITU PROPHETICO PARTICULARIA
Vorwärts gelesen

1. Wenn im Durcheinander der nächste Schritt
auf gleiche Weise zu gehen schwierig oder nicht möglich ist,
dann gehe in die viereckigen Täfelchen mit der Losung,
in dem das Wesen der Sache, ohne Jahresangabe, auf beiden Seiten
beschnitten ist.
2. Durchsetzt zwischen dem Mittelpunkt füge hinzu
an den freien Stellen, abnehmend vom Ursprung her.
Siehe da, das Gitter ist doch wohl dasjenige dort,
das durch Zerlegung nicht mehr ist.
3. Bei 9 0 1 werden die Früchte auf diese Weise reif werden.
Potztausend, hei, ei, aber fürwahr, Du Smaragd.
Am Rand befinden sich silberne Bemerkungen,
die die hundertäugigen Wächter des Schiffes klarmachen.
4. Füge hinzu nach den bisher bekannten Vorschriften die Zeit.
Vor dem Ende des Götterspruchs ergreife den Rat, und öffne
den Mund nicht,
sonst werden Deine Bemühungen niedergetreten.
Mit Lasten beladen, werden die Nachkommen um Hilfe rufen.
5. Das Bündel ist eine Schwertschneide.
Am höchsten Punkt biegsam gemacht.
Zum Beispiel: Das Wesen des Dings ist die Zahl, die Zeit nach 5.
Bei Irrtum folgt der Fehler auf dem Fuß und verhindert die Aussage.
6. Soll die Weissagung, das Orakel zum Vorschein kommen und
verkünden,
dann achte, daß es dort an dieser Stelle doppelsinnig ist.
Derjenige, der die falsche Zerlegung, die irgendwo gebräuchlich ist,
und die falsche Zeit gemeinsam gebraucht, trägt Schuld. Oh Frevler.
7.Wenn sich jedoch nach Hin- und Herdrehen eben Dieses himmlisch
erstrahlen soll,
dann richte die Quelle auf den Mittelpunkt eigenhändig aus.
Das Jahr geht wohl voran.
Zahl/Wort und Zeit, ihr beide Stimmen, öffnet den Mund.

Kommentar

1. Abschnitt:

Hier weist Nostradamus denjenigen seiner Offenleger, der noch nicht die Konstruktion der Tafel mit den 144.000 Zeichen kennt oder entdeckt hat, an, mit den Versen (viereckigen Täfelchen) zu beginnen, um dem Geheimnis auf die Spur zu kommen. Aus diesem Abschnitt leiten wir die Berechtigung ab, die Version der offengelegten Prophezeiungsverse für das 20. Jahrhundert vorab zu veröffentlichen.

2. Abschnitt:

Arbeitsanweisung, wie die Verse offengelegt werden. Diese Methode wird unmittelbar vor Offenlegung der Texte nochmals erläutert. Mit dem Gitter sind die Buchseiten gemeint, die das Gesamtepos »zerschneiden«. Wenn man die Buchseiten des Originaltextes auseinandernimmt und entsprechend nebeneinander auslegt, dann ist das Gitter durch diese Zerlegung des Buches nicht mehr vorhanden.

Übrigens: Dies ist ein typischer nostradamischer Doppelsinn. Es gibt noch viele davon.

3. Abschnitt:

Jetzt wird es wieder besonders interessant. Nostradamus kündigt an, daß im 20. Jahrhundert, also ab 1901, der von ihm ausgestreute Prophezeiungstext-Samen Früchte tragen wird, das heißt die Textrakete des Nostradamus erstmals gelandet ist. Aber Achtung: 901 kann und steht auch für 2901, da beginnen die anderen Früchte, das Obst der realen Weltuntergangskatastrophe, reif zu werden.

Zum Beweis, daß wir mit dieser Zerlegung der lateinischen Buchstabenketten richtig lagen, lobt er uns mit dem Prädikat Smaragd!

Die restlichen Bemerkungen beziehen sich wieder auf die Textgestaltung der großen Tafel (144.000).

4. Abschnitt:

Kein Kommentar.

5. Abschnitt:

Der Begriff »Bündel« steht für Vers und im Doppelsinn für Centurie. Dann folgt der Hinweis, daß es entscheidend für die Hinzufügung der Zeit ist, bei der fünften Centurie zu beginnen.

6. Abschnitt:

Zeile 1 und 2: Sie bedürfen im Grunde genommen keines weiteren Kommentars. Die Sache mit dem Doppelsinn ist ein technischer Hinweis für wissende Offenleger. An der höchsten Stelle des Textes sind immer zwei Möglichkeiten, als Sicherheitsschloß, für den Text und gegen den Zufallsoffenleger eingebaut.

Zeile 3 und 4: Hier gibt Nostradamus eine klare Anweisung, daß man, wenn man eine falsche Zerlegung zugrunde legt, die irgendwo entwickelt wurde, oder wenn man eine von der Zeit 1550 im wesentlichen abweichende Zeiteinteilung, die ja durchaus denkbar wäre, verwendet und damit an die Öffentlichkeit geht, schicksalsmäßig für die Folgen verantwortlich ist, die aus diesem Irrtum entstehen könnten.

Diese Bemerkung bezieht sich auf alle Autoren, auch die künftigen, die hier und da einen Vers aus dem Gesamttext reißen.

7. Abschnitt:

Hier beschreibt Nostradamus erneut seinen Uhr-Mechanismus, in dem der Nabel der Uhr und die Texttafel entsprechend angeordnet sind.

Rückwärts gelesen

1. Die Sequenz von einem Ganzen ablösen. Jubel.
5 Zeitzahlen binde an den Vormittag.
Zur Erinnerung pro 1000 lasse fließen die lachenden Prophezeiungen.
Tauglich die Halbierten.
2. Die Weissagungen gehen aus der 5 hervor.
Die Zahl Null schwimmt hin und her.
Bei der Acht 1000 wie die Zeit 5.
Du siehst es in der Tafel, bei der untenliegenden Örtlichkeit, wo zwei Zacken hineinpassen.
3. Arbeite durch, das zum Brief gehörige vorausgeschickte Titelchen.
Zeit und Wort.

Wer die 100 herausarbeitet, ist ein Übeltäter, der Spott verdient.

Das wirklich Existierende ist die Sequenz.

Ohne Sequenz – sokratische Einfalt!

4. 100 starke Weissagungen sind geschaffen.

Das Arbeitswerk ist mit Mühe verdeckt,

denn es ist angestrebt, daß es sich weit verbreitet.

5. Zahl und Zeit werden durch das zwölfteilige Täfelchen neu geboren.

Die Summe reicht völlig aus, die Frage nach der Zeit befriedigend zu beantworten.

Der Anfänger mit hohler Hand benötigt die Inspiration des Allmächtigen,

um die erste Weissagung auf dem Feld wachsen zu lassen.

6. Für den Sprachkundigen wächst ein Zweig am Vormittag,

wenn er die Sequenz auf seine Art findet.

Die Zeit, hei, potztausend, wohnt schüchtern in einer Hütte.

Der Gottesfürchtige: her mit dem 100 Teil, abschneide

das Wesentliche.

7. Unten ist zweimal die Wohnung unzugänglich gemacht.

1 sogar 100.

Her damit. Schneide sie in Portionen und kratze die Weissagung heraus.

Sie strahlt zur Wurzel.

Füge hinzu: D zu M. Lasse fließen.

8. Tausche, wo es möglich ist, die Zeit bei 100.

Dem Kundigen wird die Zahl auf dem zwölfteiligen Brettchen bewußt werden.

Esel, wer die Sequenz halbiert bei 6.

Indessen, die Zeit erleuchtet daselbst und wetteifert weiterhin.

Kommentar

1. Abschnitt:

Zeile 1: Klare Anweisungen für das Vorgehen und die Handhabung des Textes und der Sequenz.

Zeile 2: Hinweis auf die Gestaltung der Nostradamus-Uhr. Die fünf Zeitzahlen 6., 7., 8., 9., 10. Centurie sind an die Uhrtafel des Vormittags zu binden, das heißt 5 Uhr, 6 Uhr, 7 Uhr, 8 Uhr, 9 Uhr, 10 Uhr.

11 Uhr ist identisch mit 1 Uhr, 12 Uhr ist identisch mit 2 Uhr. Mit diesem kleinen Kniff sind die zwei überzähligen Stunden auf der Uhrtafel verschwunden. Es geht analog weiter mit 3. Centurie für 3 Uhr, 4. Centurie für 4 Uhr und 5. Centurie für 5 Uhr.

Zeile 3: Wiederholung der Zuordnung 1 = 1000, 1000 = 1.

Zeile 4: Ein neuer Hinweis, daß je zwei Zeilen eines Verses einen Orakeltext ergeben. Dies finden Sie in der Offenlegung für das 20. Jahrhundert verwirklicht und auch bestätigt.

2. Abschnitt:

Zeile 1: Die Weissagungen beginnen in der fünften Centurie.

Zeile 2: Die Zahl 0 (sie steht für die volle Zehn bzw. für die volle Hundert) springt hin bzw. her. Das bedeutet: Nächster Vers nach 1799 ist 1700, nicht 1800.

Zeile 3 und 4: Der Hinweis, daß es Absicht ist, daß die Verse 7.42 bis 7.99 im Text fehlen. Hier macht Nostradamus darauf aufmerksam, daß die achte Centurie wieder in der Zeitordnung, das heißt mit 1800 bzw. 2800 beginnt.

3. Abschnitt:

Nostradamus empfiehlt dem Offenleger, das Titelblatt vor dem Brief an seinen Sohn durchzuarbeiten. Dieses Titelblatt hat eine weitere Justierfunktion für die Zeitordnung und den Text.

Zeile 2: Ist etwas schwer zu verstehen. Gemeint ist, daß derjenige, der beim Vers 100 die Zeitzuordnung zum Jahrhundert beginnt und dann mit der 1 der nächsten Centurie weiterführt, im Irrtum ist. Er würde zwangsläufig 100 Jahre zu früh die Orakel datieren und trotz seiner Teil-Kenntnisse falsche Texte der Zeit zuordnen.

Zeile 3 und 4: Ohne Kommentar, denn sie sprechen für sich.

4. Abschnitt:

Der erste Hinweis auf 100 besondere Weissagungen. Es handelt sich in erster Linie um die Vorhersage von besonders großartigen Erfindungen und Entdeckungen. Letzteres bezieht sich auch auf das Geheimnis der Katharer bzw. auf bis zur Stunde noch nicht wiederentdeckten Archive früherer Menschheiten.

5. Abschnitt:

In diesem Abschnitt wiederholt Nostradamus die Sache mit der Uhr. Er sagt, daß für die einfachen Prophezeiungen, zum Beispiel wie wir sie jetzt für das 20. Jahrhundert offenlegen werden, die Frage nach der Zeit befriedigt beantwortet ist, denn man wird die Orakel identifizieren und richtig zuordnen können. Mehr sei nicht beabsichtigt.

6. Abschnitt:

Ein erster Hinweis auf eine zweite Möglichkeit des Einstiegs in den Prophezeiungstext. Gemeint ist der sprachliche Weg. Hier kann durch Abzählen der Buchstaben und deren besonderes Verhältnis zueinander der Weg entdeckt werden (siehe dazu Abbildung Seite 164; Buchstabenanalyse). Die wichtigste Formel hier schon vorab: die Zahl 36! Diese Aussage muß mit dem vorausgegangenen Hinweis zur 901 gesehen werden.

7. Abschnitt:

Die Bezeichnung »unten« steht für die sechste und siebte Centurie. Zweimal unzugänglich gemacht heißt:

1. Problem: bei 1550 anzufangen.
2. Problem: die Lücke 1742-1799 zu schließen.

Beide verwirren das System. Man gelangt aber zum System des Textes zurück, wenn man die Portionen entsprechend herausschneidet und zerlegt. (Bei Nostradamus steht herauskratzen für offenlegen.)

Dann erfolgt wieder der Hinweis, diesmal klarer: 500 füge der 1000 hinzu. Also 1500!

8. Abschnitt:

Soll ohne Kommentar bleiben. Sie, liebe Leser, die bis hierher die Anweisungen des Nostradamus durchgelesen oder von sich aus auch verstanden haben, werden ohne Mühe diese Anweisung interpretieren können.

3. Satz: NOLITE SANCTUM DARE CANIBUS NEC MITTATIS
MARGARITAS ANTE PORCOS, NE CONCULCENT PEDIBUS
ET CONVERSI DIRUMPAT VOS

Vorwärts gelesen

*1. Von Anfang an, siehe, Sohn, habe ich, wie Du weißt,
die 100 zusammengefügt.*

*Dies ist die Schwierigkeit, wenn derjenige nicht die Zeit
fließen lassen kann.*

Wenn er es ohne die Zeit fließen läßt, sei er still.

Durch unsere Hand habe ich sie angehalten.

2. Der Tempel Gottes wird durch eine Hütte bewacht.

*Mit dem alles enthaltenden zwölfteiligen Brettchen
kannst du den Tempel durch fromme Gesinnung
und dankbare Liebe und Pflichtgefühl erringen.*

*3. Das Wesen aller wirklich existierender Dinge ist die Zahl und die
Zeit,*

so wie man zwei Flöten durch ein Mundstück spielt.

*Von demjenigen, der falsch zerlegt, wird indessen
das Vorherwissen verdreht.*

Das Geheimnis such dort, wo jeweils 10 auf einmal abwärts ausziehen.

4. Heida! Zahl ist Zeit. Das Wesen aller Dinge sind Zahl und Zeit.

*Wenn Du sie benutzt, so wird sich das zur Sonne Gehörige bei Dir
niederlassen.*

Eben dies ist gekennzeichnet.

Aus der Zeit nach Null geht der Kundige.

*5. Halt Du sie an, das Wesen der Dinge,
wenn das Wesen aller wirklich existierender Dinge sind
Zahl und Zeit.*

Die Zeit kehrt von neuem zurück und wächst wie ein Buckel hervor.

Du Guter, Vortrefflicher! 1 ist der Kern.

6. Sanftes, mildes Kleinod, Löwe.

Im zwölfteiligen Brettchen ohne Zeit tropft nun die Zeit.

Das heißt dort ist der Tempel, bestehend aus 11.

Demnach ist es dort, wo derjenige für sich die Zeit findet.

Du greife Sie heraus.

7. Siehe, das ist das ausgeplauderte Geheimnis.
Das Dunkel ist nun vorbei.
Das Dunkel liegt bei VI.
Bei I für denjenigen, welcher falsch zerlegt gebraucht.

Kommentar

1. Abschnitt:

Hier taucht erstmals der Begriff »Sohn« für den Offenleger, der bis hierher gekommen ist, auf! Erneut die Anmerkung, daß diejenigen Autoren, die die Zeit nicht zuordnen können, schweigen sollen.

2. Abschnitt:

Hier wird es wieder sehr doppelsinnig. Einerseits bezieht sich diese Anmerkung auf den Text, andererseits auf den Tempel in Salon.

Die Hütte, die den Text bewacht, sind die armseligen Lateinfloskeln, die Hütte, die den Tempel bewacht, dürfte, so vermuten wir, das Haus des Nostradamus in Salon en Provence gewesen sein.

3. Abschnitt:

Die ersten drei Zeilen möge jeder Leser selbst interpretieren. Die letzte Zeile ist für uns wieder sehr wichtig.

Der Hinweis besagt, daß jeweils zehn Verse auf einmal abwärtsziehen. Es handelt sich um die Dekaden und gleichzeitig um die erneute Bestätigung, wonach der Vers 100 am Ende eines Jahrhunderts und nicht zu Beginn des Jahrhunderts steht. Ferner wird hier die Textanordnung auf der großen Tafel der 144.000 Zeichen beschrieben.

4. Abschnitt:

Ohne Kommentar müßte dieser Abschnitt zu interpretieren sein.

5. Abschnitt:

Hier sind in der 3. und 4. Zeile die Probleme mit der Weiterführung der Zeitordnung für die Jahre 2550 bis 3555 und 3555 bis 3797 beschrieben. Eine Passage, die erst in 550 Jahren für die dann dort interessierten Nostradamus-Fans von Bedeutung sein wird.

6. Abschnitt:

Nostradamus lobt den Offenleger, der bis hierher gekommen ist, überschwenglich. Jetzt beginnt er mit einer weiteren Einweisung. Er erwähnt das Problem der Schablone mit den elf Positionen. Aber, wieder sehr typisch und für Sie als Regel sicher schon zu erkennen, mehr nicht!

7. Abschnitt:

Hier faßt Nostradamus zusammen. Das Dunkel liegt in der Centurie VI (= die Morgendämmerung des beginnenden Tages in Salon), und nicht in der Centurie I. Derjenige, der jedoch mit der Centurie I anfängt, tappt im dunkeln. Originalhintersinn des Michel de Notredame, Anno 1555.

Rückwärts gelesen

1. Von unten wird die Sache fruchtbar,
wo es zwei Eingänge, die Zahl und die Zeit, gibt.
Eine Zeit ist für Dich vorhanden,
wenn du die zusammengespannten Buckel erzeugst.
2. IX daselbst A.
Ach weh, wenn du 1 gehst, was ist mit der Summe, ach weh!
Gleite aus der 100 heraus.
Die 1 liegt im Nest, wenn Du immer am Brettchen die Sequenz abfließen läßt,
3. Dort unten, wo das Zweiergespann ist. Trage zusammen.
Klebe Wort und Zeit, und sogleich ist der Opus 1 zusammen.
Die vorausgeschickten Titel indessen gehen zur Seite,
beruhigen und verkünden ausführlich die Herausgabe der Schrift.
4. Zweimal muß derjenige die Sequenz gefällig darstellen.
Von unten her, wo Zeit und Wort gekittet werden.
Das Wesen des Dings ist ein zweites Stück.
Härte die Prophezeiung. Wiederhole Du am Täfelchen unten, wo zwei Zeiten und Worte gekittet sind.

Kommentar

1. Abschnitt:

Zeile 1: Hinweis auf den Einstieg in den Text bei Centurie V., Vers 50.

Zeile 3: Die erste Zeit, also 1550 bis 2550, ist einfach zu bestimmen. Man muß nur die Buckel 1550-1599 und 1742-1799 überbrücken.

2. Abschnitt:

Zeile 1: In der Centurie IX befindet sich ebenfalls ein Anfang. Das heißt, Nostradamus weiß, daß es im 20. Jahrhundert eine Zwischenlandung seiner Textrakete geben wird.

Zeile 3: Hinweis auf die große Tafel 144.000. Demnach beginnt der Text jeweils mit einem A.

3. Abschnitt:

Hier erklärt Nostradamus nochmals die auffälligen Eigenheiten der großen Texttafel. Gleichzeitig weist er darauf hin, daß die vorausgeschickten Titelchen, also die Briefe an César und an Heinrich II., ebenfalls verschlüsselt sind und die Gründe darlegen, warum er dieses Werk in Umlauf gesetzt hat. Aus diesen Texten haben wir bereits einige Teile seines Hintersinns in die Biographie etc. einfließen lassen.

Die vollständige Offenlegung dieser Texte werden wir eines Tages gesondert veröffentlichen.

4. Abschnitt:

Hier geht es um die Textbearbeitung für die zweite Zeit, das heißt für die Jahre nach 2550, wenn also das Zeitsystem auf 2500 gesprungen ist.

4. Satz: ABSCONDISTI HAEC A SAPIENTIBUS ET PRUDENTI-
BUS ID EST POTENTIBUS ET REGIBUS ET ENUCLEASTI EA
EXIGUIS ET TENUIBUS
Vorwärts gelesen

1. Warum steht bei VI der Wächter.
Nicht bei Null.
Wenn die Zahlen mit Lasten beladen sind, wogen sie hin und her.
Die Unwissenden steigen hinauf.
2. Gegrüßt seist Du, Stille, pst.
Wir offenbarten ohne Zeit.
Die Zeit ist untergestreut.
Dadurch wird alles durch unfreundliche Seltenheit erstrahlen und
öffentlichen Beifall finden.
3. Zahl und Nabel.
Der Nabel der Zahl ist 1000.
1000 Zahlen wogen hin und her.
Wir bewegen den Mund.
4. Siehe, Sohn, durch Frevel entweiht,
geht der Verstand auf eine Irrefahrt.
Du mußt zurück und aufdecken die Zeit.
Gerätst du zufällig in Dunkelheit – aus.
5. Siehe aus Erfahrung.
Ich habe eigenhändig mit kurzen Worten den Götterspruch gesetzt.
Ist die seltene Weissagung stinkend, wohl so, daß die Weiber zittern,
dann hast Du die Zahl nicht. Aus.
6. Die höchste bewegende Kraft ist erforderlich, um die Vorahnung
zu bekommen.
Bei Gott, wenn du die Zahl nicht hast.
Das Wesen aller Dinge ist die Zahl.
Zahl und Zeit. Amen.

Kommentar

1. Abschnitt:

Als erstes ein Hinweis auf die Besonderheit zu Beginn der sechsten
Centurie und den fünfzeiligen Text. Nostradamus meint mit dem

Wächter die lateinische Floskel: Legis cantio..., also die Bemerkung an seine Kritiker.

Der zweite Hinweis bezieht sich wieder auf den Aufbau der großen Tafel. Der Unwissende ordnet die große Tafel falsch, da er von den allgemein üblichen Usancen ausgeht. Das ist uns bei den ersten Computerläufen ebenfalls passiert.

2. Abschnitt:

Eine sehr schöne Anmerkung von Nostradamus, die ohne unseren Kommentar stehenbleiben kann.

3. Abschnitt:

Jetzt sind wir erneut mittendrin in der großen Tafel und hier in dem Teil, in dem Nostradamus auf die Konstruktion seines »Igels« zu sprechen kommt. Der Nabel des Igels, von dem die Orakelzeilen ihren Anfang nehmen, ist ein A.

4. Abschnitt:

Jetzt macht Nostradamus seine erste Bemerkung zum Inhalt der Prophezeiungen und beginnt mit einer Einweihung in ein uraltes Geheimnis von Wort und Zahl, wie er es wahrscheinlich bei seinen Studien der lateinischen und griechischen Sprache bei Scalinger erfahren hat.

5. Abschnitt:

Ist die Fortsetzung aus Abschnitt 4.

Rückwärts gelesen

1. Aber ganz im Gegenteil, Zeit und Zahl nehmen niemals die 1000 oder Null.
Die sofort bewegende Kraft des Allerhöchsten hat als
Wahrzeichen 11.
Sie ist im Verhältnis zur Dicke lang.
Her mit der 100. Schneide von der Centurie das Wesentliche.
2. Wort und Zeit werden berichtet.
Die Wahrsagungen sind durchfurcht.

Durch Eichen stärkst Du das Werk.

Am Nachmittag messe die Bewegung der Zeit.

3. Du mußt das Runde wieder aufrichten und zurückführen.

Siehe da! Entzücken!

100 Sequenzen tönen am Gürtel.

Null ist beladen.

Lasse fließen die Weissagung durch die Zeit.

4. Zeit und Sequenz tönen. Ohne Zeit: Wort ist beladen und mühselig.

Das Wesentliche sind die hin- und herwogenden Buchstaben.

Zahl 1, Zahl 11. Ach weh, meinst du wirklich?

Strahlendes Licht bei Q.

Kommentar

1. Abschnitt:

Fortsetzung der Einweihung in ein mathematisch-sprachlich-philosophisches Grundproblem. Es geht um die uns bereits bekannte Formel oder Schablone der 11, geometrisch gesehen also um den Zustand der beiden auf der Spitze stehenden Pyramiden.

2. Abschnitt:

Ein technischer Hinweis, daß ab der ersten Centurie einige zusätzliche Eichungen der Zeit im Verhältnis zum Text erforderlich sind. Dies betrifft vor allem den zweiten Zyklus von 2550 bis 3550.

3. Abschnitt:

Hier gibt Nostradamus seinen Hinweis auf die 100 großen Prophezeiungen und sagt, daß sie am Gürtel, also am Rand der Uhr, versteckt sind. Das heißt, in den Versen, die sich am äußersten Rand der Tafel 144.000 befinden, sind diese Weissagungen enthalten.

4. Abschnitt:

Hier sagt Nostradamus, daß die ersten Buchstaben der Verszeilen nicht auf die Elfer-Schablone ausgerichtet werden können, weil sie nicht den tatsächlichen ersten Buchstaben im Originaltext entsprechen.

5. Satz: QUIA NO EST NOSTRUM NOSCERE TEMPORA NEC MOMENTA
Vorwärts gelesen

Stelle die schimmernde Zeit zu den 99 Aussagen von heute bis dereinst zu den fernen Tagen.
Wohlausgefeilte Formulierungen sind dazwischengeschoben, wo die Umstände günstig.
Entsprechend drängt sich so offensichtlich
das wirklich Existierende.

Kommentar

1. Abschnitt:
    Zeile 1: Ein sehr starker Hinweis auf die Handhabung der 100 großen Weissagungen.
    Zeile 2: Erster Hinweis auf das Wichtigste in diesem Werk. Die von Nostradamus als wohlausgefeilte Formulierungen bezeichneten Bemerkungen sind das Entscheidende.
    Zeile 3: Mit dem wirklich Existierenden meint Nostradamus die von uns als Gebrauchsanweisung bezeichnete Sache zur Herstellung von irgend etwas, man könnte es genausogut Gral nennen oder einen Apparat zur Herstellung des Transaktionstones.

Rückwärts gelesen

1. Ohne Sequenz können die Aussagen nicht herausgehoben werden.
Teile die 4 in 2 Prophezeiungen mit dem rautenförmigen Werkzeug.
Wo die Zeit 1 auf dem Brett sich befindet. Potztausend, Perle.
Die Jahre verrinnen und noch dazu die 100. Jubel, Frohlocken.
2. Mein Freund, die Schule befindet sich an diesem Punkt.
1 eben dies wäre geeignet zu gehen.
Halt ein, an dieser Stelle.
Drehe, bis es wie Gold schimmert.
3. Gebrauche die Zeit. Setze sie durch einen Stoß in Bewegung.
Spitz zulaufender Turban. 501. Darüber hinaus ist kein Glanz.
Du, sieh mal Seite Null, wo purpurrot die Grenze, der Saum ist.
Prophezeiung P.

Kommentar

1. Abschnitt:

Zeile 2: Erneuter Hinweis, wonach sich in einem Vers zwei Weissagungen befinden, die auch mit dem rautenförmigen Werkzeug, hier taucht dieser Begriff für die Elfer-Schablone auf, zerlegt werden sollen.

2. Abschnitt:

Jetzt wird Nostradamus hinsichtlich der versteckten Einweihungstexte, die er als Schule bezeichnet, deutlicher. Er sagt hier, daß mit dem rautenförmigen Werkzeug diese Schulung erlangt werden kann, wobei er einen Hinweis zum Buchstaben A oder der 1 gibt – doppelsinnig wie immer.

3. Abschnitt:

Bei der fünften Centurie, Vers 1, soll sich nach diesem Hinweis eine textliche Besonderheit befinden. Es handelt sich um eine keilförmige Buchstaben-Anordnung innerhalb des Textes.

Hier wird erneut auf das Titelblatt bzw. auf das Original des Buchdeckels als Seite Null hingewiesen. Ein großer Buchstabe P müßte sich auf dieser Seite befinden. Dieser Buchstabe leitet eine mathematische Formel ein.

Leider war es uns nicht möglich, irgendwo an den Buchdeckel einer Originalausgabe heranzukommen. Für die Offenlegung des Textes spielt dieser Hinweis von Nostradamus keine weitere Rolle. Wahrscheinlich hat er mit anderen Worten an anderer Stelle einen weiteren Hinweis versteckt.

6. Satz:

PROPHETA DICITUR HODIE, OLIM VOCABATUR VIDENS

Vorwärts gelesen

Warum bei VI.
Alle zwölfteiligen Brettchen müssen erschienen sein.
Nun ist der Tag, wo alles offen und entblößt ist.
Der Anfang ist zum Ende geweht.

Kommentar

1. Abschnitt:

Zeile 1: Wieder der Hinweis auf die VI, für den Fall, daß der Einstieg immer noch nicht gefunden wurde.

Zeile 2: Hinweis auf ein Problem mit den Zeitfolgen 1500, 2500 und 3500.

Zeile 3 und 4: Wenn alle Zeiten durchlaufen sind, ist das Alpha zum Omega geweht, sagt Nostradamus, 1555.

Rückwärts gelesen

1. Die drei Anfänge kehren in den Ursprung zurück, um wieder
loszugehen.
Dies geschieht durch wiederholtes Wegnehmen pro Jahr.
Offen und unversperrt liegt es vor Dir.
Aber glanzlos, wenn du es nicht dortselbst tust.
2. Füge hinzu die verbundenen, einwärtslaufenden Gekrümmten.
2 enthalten 1. Wort und Zeit.
Gebrauchst Du die Zahl nirgends, ach weh! 1 in jener Zahl ist 1. Ach
weh.
Strahlender Glanz bei IV/Vierzeilern.

Kommentar

1. Abschnitt:

Zeile 1: Fortsetzung aus dem vorhergehenden Abschnitt.

Zeile 2 bis 4: Erneut nur als Hinweis wichtig für diejenigen, die den gesamten Text offenlegen wollen.

2. Abschnitt:

Weitere Hinweise zur Textanordnung des »Igels«.

7. Satz: QUIA OMNIA SUNT NUDA ET APERTA
Vorwärts gelesen

Um die beladene Hauptsache nicht durch den Mund zu verdünnen.
Hinzufüge die 10. Siehe da!

Kommentar

Eine Anweisung für die Offenlegung der Prophezeiungen mit dem
widerlichen Geruch. Da nur die Verse, nicht aber die rekonstruierte
Textordnung als große Tafel zur Verfügung stehen, soll man jeweils
eine Dekade als Ganzes offenlegen und dann die Weissagungen den
Ereignissen zuordnen, weil manche Ereignisse innerhalb einer Dekade mehrfach behandelt werden. Wir haben dies in der Offenlegung für
das 20. Jahrhundert sehr oft bestätigt gefunden.

Rückwärts gelesen

1. Leibhaftig trifft die Zeichnung 9.9 der Centurie.
Hier sind zwei Aussagen bekannt gemacht.
Lese sie daselbst 50 zu 50 aus, nach den Regeln.
Die zukünftigen Jahre ergreife, und mache sie fruchtbar.
2. Füge die seltenen Weissagungen, die wieder emportauchen, zurück.
Das Wesentliche schwimmt heraus. Die Auflösung erreichst Du durch
Entknoten.
Beladen ist die Zahl 3005.
Gebrauche die Sequenz, und spreche sie vor dich her aufrecht stehend.

Kommentar

1. Abschnitt:
   Zeile 1 und 2: Hier geht es Nostradamus um das oder die Ereignisse,
die letztlich zum Aussterben des menschlichen Lebens in der uns heute
bekannten Form führen. Er weist darauf hin, daß er in Centurie IX,
Vers 9 oder 90 oder 99, die exakteste Beschreibung der Ereignisse
vorgenommen hat.
   Doppelsinnig wie Nostradamus einmal ist, hat er ein Ereignis
anscheinend nach den Regeln für 1990 und das zweite für 2990

niedergelegt. Beide sind im Text aber sowohl für 2990 als auch für 1990 anwendbar.

Man soll sie für beide Jahrtausende offenlegen.

2. Abschnitt:

Zeile 1: Hier weist Nostradamus darauf hin, daß die geheime Botschaft im Text nach Entschlüsselung nicht aus dem Text entfernt werden darf, weil sonst die Prophezeiungen mit dem widerlichen Geruch zerstört werden würden, d. h., die geheimen Einweihungstexte sind zu lesen, ohne sie aus dem Text zu entfernen.

Zeile 2: Dies im Gegensatz zu den einfachen Prophezeiungen. Da verhält es sich so, daß die eingetroffenen Ereignisse aus dem Text zu entfernen sind, so daß der restliche Text für den meist zweiten Zyklus des Jahrtausends gültig ist.

Zeile 3: Ein Hinweis auf das Jahr 3005.

Zeile 4: Hinweis zur Errichtung der Texttafel 144.000. Hier sollen die Sequenzen senkrecht abgelesen werden.

8. Satz: POSSUM NO ERRARE, FALLI, DECIPI
Vorwärts gelesen

Nicht eines wird hin- und herwogen,
wo kein mit Last Beladenes, die Neigung fortschreitet.
Untertauchen, wo zu verschiedenen Zeiten die Bündel laut
schreien.
M. S. Sequenz. Teile der Bündel 1 im Morast.

Kommentar

Hinweise zur Textanordnung des »Igels«.

Rückwärts gelesen

1. Daselbst an jenem Ort offenbart sich das Licht deutlich.
Tritt dortselbst hinzu an das smaragdene zwölfteilige
Brettchen.
Die 1000 streichelt der Esel.
Klar und deutlich leuchtet die 9.5.
2. Gehe weiter dortselbst im zwölfteiligen Brettchen ohne
Zahl/Wort.
1 Sequenz –1 Weissagung.
Bei 1 für die hohle Hand des Bettlers.
Die Weissagung glänzt wie Gold, wo die Zeit gebraucht wird.
3. Potztausend dortselbst, was für ein hohes Alter.
Nicht 10049.
Für den Kundigen ist das Wort wie Schnee.
Nicht, wo die Null hin- und herwogt.

Kommentar

1. Abschnitt:
   Ohne Kommentar, spricht für sich.

2. Abschnitt:
   Wiederholungen von bereits an anderer Stelle Gesagtem.

9. Satz: NON INCLINABITUR IN SAECULO SAECULI
Vorwärts gelesen

1. Bei der VI ist gemacht ein lebendiger Punkt,
welcher wurde in der Tat gefertigt für die Einweisung,
warum die vierzeiligen Zellen des Bienenstocks das Wesentliche der
Sache absondern.
2. Daselbst hinzufüge die Zeit.
Prügel verdient, wer falsch zerlegt.
Die Sequenz zweimal gebrauche.
3. Die Erben teilen die Haut wohl der Länge nach am Vormittag,
daselbst beginnt die Sequenz.

Kommentar

1. Abschnitt:

Mit römisch »sechs« ist die sechste Centurie, Vers 100 gemeint.
Da der letzte Vers einer jeden Centurie der Vers 0, also der erste Vers
ist, gibt Nostradamus hier die Erklärung, warum er den Lateinvers
»Legis cantio . . .«, den Vers, mit dem er scheinbar vor Tölpeln warnt,
genau an den Anfang seines Buches stellt.

Tatsächlich ist in diesem Vers hinterlegt, wie man zu verfahren hat,
wenn man sich in der Übersetzung verrannt hat oder zu keinem Sinn
kommt. Der Vers ist bekanntlich auch eine Art Rettungsboot für
künftige Nostradamus-Entschlüsseler, falls das Vorwort und die Huldigung verlorengegangen sein sollten.

2. Abschnitt:

Hier beginne man die Zeit hinzuzufügen, in unserem Fall also 1600.
Nostradamus warnt davor, die von ihm absichtlich falsch zerlegten
Verse wörtlich zu übernehmen. Er wünscht praktisch, daß gemäß den
anderen Weisungen, die er hinterlassen hat, der Text erst gedeutet
wird, nachdem die Worte rekonstruiert wurden.

Der zweite Hinweis in diesem Abschnitt bezieht sich darauf, daß
dieser Text zweimal gebraucht wird: einmal für die Zeit von 1600 bis
1699 und ein weiteres Mal für die Zeit von 2600 bis 2699.

3. Abschnitt:

Mit den »Erben« meint Nostradamus all diejenigen, die in sein Geheimnis eingedrungen sind und den Gebrauch der Anweisungen erlernt haben. An anderen Stellen bezeichnet er diese Menschen als seine Söhne oder Töchter.

Weiter wird hier die Teilung des Textes der Länge nach erklärt. Er ist Vers für Vers untereinander zu schreiben und dann unter die Markierung VI der Sonnenuhr anzulegen, nämlich an der VI des Morgens, d.h. am Vormittag zwischen Sonnenaufgang und Mittag.

Rückwärts gelesen

1. Die Sequenz ist harmonisch gegliedert.
Sie verdient es, für selbständig erklärt zu werden, und ist von Glanz umgeben.
Auf diese Weise vergeht die Zeit,
Und die Weissagungen kehren zurück auf dem sich wiederholenden Weg.
2. Sequenz von unten.
5 wo 2 mit 2 Reihen Ruderbänken.
Anfang ist dort.
Weissagungen kehren zurück.
3. Nur äußerlich kurzer Auszug. Übersicht.
Die Weissagung blüht auf und breitet sich aus.
Glänzt die 1 auf diese Weise, gehe du geratewohl in die Zeit.
Nimm 5 Weissagungen, und entzünde sie im Kreis herum.
4. Harmonische Gliederung, wie sie üblich ist, steigt empor.
Die Sequenz für sich aber halbiere indessen, und gib die Zeit hinzu.
Potztausend. 1. Zeit I – IV nach objektivem Recht.
Füge das F passend hinzu.

Kommentar

2. Abschnitt:
Ruderbänke sind Verszeilen!

3. Abschnitt:
Nostradamus weist hier darauf hin, daß die Prophezeiungen mit

dem widerlichen Geruch, die naheliegender im Text zu erkennen sind, lediglich eine Inhaltsangabe der eigentlichen Weissagungen, dieses Ereignis betreffend, darstellen. Wir werden das am Stil merken, was aus den kurzen offengelegten Prophezeiungen für unser Jahrhundert zu entnehmen ist.

4. Abschnitt:

Eine Sequenz steht für beide Zeiten, also 1500 und 2500. Folglich ist die Sequenz zu halbieren. Die erste Zeit, also 2100 bis 2400, für die Centurien I bis IV ist einfach zu erkennen, sie steht vorne an.

Nun ein anderer Hinweis auf das berühmte F des Nostradamus. Hier bemerkt er, daß das »F« passend in die Texte wieder einzuführen ist.

10. Satz: VISITABO IN VIRGA FERREA INIQUITATES EORUM
ET IN VERBERIBUS PERCUTIAM EOS
Vorwärts gelesen

Zerbröckele dreimal am Vormittag gegen Null.

Kommentar

Hier weist Nostradamus darauf hin, daß es einige Male im Text eine
zeitliche Dreifach-Überlappung gibt – nämlich am Vormittag, das
heißt 1500, 2500, 3500 bis 1700, 2700, 3700.

Rückwärts gelesen

Bringe in deinen Schoß die Anmerkungen am Rand.
Halt sie zurück vor Moralpredigern,
Die hin- und herschwimmenden Worte im Dunklen.

Kommentar

Hier weist Nostradamus den Offenleger an, die geheime Einweihung,
die im Text enthalten ist, nicht zu veröffentlichen. Wer mit den
Moralpredigern gemeint ist, mag jeder selbst entscheiden.

11. Satz: CONTERAM ERGO ET CONFRINGAM ET NON MISEREBOR

Vorwärts gelesen

Trage kühl zusammen,
Am Vormittag, wo die Worte selbst nicht Last tragen.
Unglücklich derjenige, welcher den lasttragenden Besitz empfängt.
Widerhallen werden die seltenen Weissagungen.

Kommentar

Lediglich aus der letzten Zeile ist zu entnehmen, daß die geheimen Texte, die Nostradamus als seltene Weissagungen bezeichnet, eines Tages sehr populär sein werden.

Rückwärts gelesen

1. Stärke die gegen Null umherirrende Weissagung.
2.5 Weissagung kehrt zurück.
5 Sequenzen 1.
Zusammengehen 1000 Bilder 1000 Worte.
2. Zahl Null nicht beladen, mit Zeit Zahl 5.
Du verdienst, hast du aus der Dunkelheit 1000 im höheren Grade herausfließen lassen.
1 Vierzeiler anerkennt eine Zahl nicht.
1 Weissagung kehrt auf diesem Weg zurück.
3. Weissagung gemacht.
Wort fließt schädlich bei Null.
Achtmal wie die Zeit aus 5.

Kommentar

1. Abschnitt:

Zeile 2: Haben Sie sicher selbst erkannt. Bei 2500 kehrt die Zeitordnung zurück. 1500 = 1. Zeit, 2500 = 2. Zeit.

2. und 3. Abschnitt:

Hier werden weitere Besonderheiten beschrieben. Zum Beispiel, daß ein Vierzeiler numerisch nicht zugeordnet ist.

12. Satz: IN SOLUTA ORATIONE
Vorwärts gelesen

Sequenz ist Glanz, wo X.
Weissagung dagegen, ach weh, mit Last beladen,
wo keine Zahl 5.

Kommentar

Die Sequenzen sind besonders leicht in der Centurie X zu entdecken.

Rückwärts gelesen

1. Aus dem Wesentlichen der Dinge schwimmt es hin und her.
Entwirre die herausgeschwommene Aufzeichnung.
Null.
Weh.
2. 1 derart ist Zeit.
Tabelle 1.
Pflüge und bestelle die Weissagung.
Eiche Null bei 1.
3. Darüber hinaus treffe Du die Zeit.
Irgend jemand 50 Sequenzen.
Wort ist nicht 1.
Die Sequenz ist sprechendes Wort.

Kommentar

1. Abschnitt:
    Es geht hier weiter nur um die Frage der Zuordnung des Zeit-
systems.

2. Abschnitt:
    Nostradamus weist hier darauf hin, daß die Sequenz nicht ermittelt
werden kann, indem man Worte abzählt, das heißt ganze Worte als
eine Zahl sieht. Hier geht es um die Prüfformel nach der Kabbala.

13. Satz: SED QUANDO SUBMOVENDA ERIT IGNORANTIA
Vorwärts gelesen

1. Sequenz für sich indessen Q.
Wo 1 ein Jahr im zweiten Glied übergebene Mitgift ist.
Die Menge der Aussagen setzt von unten hinauf in Bewegung.
Siehe da, versetze A.
2. Der Tempel im Nebel wird auf diese Weise gleichfalls emporgerichtet.
Unkundige erhalten nicht Weissagungen. Dagegen ranzige A.

Kommentar

1. Abschnitt:

Hinweise für die Ordnung der großen Texttafel und der Probleme in der zweiten Zeit, also darauf, wie die Jahre ab 2500 abzulesen sind.

2. Abschnitt:

Mit dieser Aussage kommt Nostradamus auf eine weitere Besonderheit zurück. Die Tafel der 144.000 enthält auch einen Plan des geheimen Tempels, wenn man bestimmte Buchstaben (A) nach dem beschriebenen System verbindet.

Derjenige, der unwissend an die Sache in der Realität herangeht, gelangt nicht in den Tempel, sondern erhält ranziges Alpha, steht hier.

Dies ist ein Text für Archäologen in Salon en Provence.

Rückwärts gelesen

1. Wehe, wenn es 1.1 ist.
Zeit und Wort sind so beschaffen und berichten.
A füge hinzu, und bestelle die Weissagung.
Der Ton des Spötters, wenn beladen sind die Worte der Vierzeiler. 1.
2. Vierzeiler eine Zeit entspricht der Zeit 1.
Der Anfänger halte seinen stürmischen Drang zurück.
Bei 1 füge hinzu 500, nicht die Worte.
Damit die Zahl 5 hervorfliegt.
3. 50 Vorzeichen, dann 1000 zweifach.
Gebrauche die Sequenz.

Kommentar

1. Abschnitt:

Warnung vor dem Anfang des Textes bei Centurie I, Vers 1.

2. und 3. Abschnitt:

Erneuter Hinweis, wie die naheliegenderen Prophezeiungen mit dem widerlichen Geruch zeitlich gehandhabt werden sollen.

Dies sind die offengelegten Anweisungen aus den lateinischen Einschüben im Brief des Nostradamus an seine imaginären Söhne in einer fernen Zukunft.

Von der Logik her kämen an dieser Stelle nun der fünfzeilige Lateinvers an die Kritiker, der sich zu Beginn der sechsten Centurie befindet, und dann die restlichen Lateinfloskeln in der Huldigung an Heinrich, den zweiten Nostradamus, also an den fortgeschrittenen Nostradamus-Deuter.

Übertragung ab erster lateinischer Textpassage im Huldigungsbrief an Heinrich II.:

14. Satz: MINERVA LIBERA ET NON INVITA
Vorwärts gelesen

1. Mein Freund, wenn Du umherirrst wie eine Kichererbse, suche die
Weissagung bei VI.
Ha, hei, dort ist sie stärker als anderswo.
Kratze mit Vergnügen dortselbst ab, das Alter von der Weissagung.
2. Hast Du Zeit und Wort nicht, bist Du beladen.
Die Worte sind verschneit bei VI.
Mache du so den Anfang.

Kommentar

Nostradamus setzt seine Anweisungen zur Offenlegung seiner Prophezeiungen hier fort. Wir merken aber, daß er für alle Fälle einige
Informationen wiederholt, falls die Anweisungen aus dem ersten Teil
des Buches verlorengegangen sind.

Rückwärts gelesen

1. Darüber hinaus setze die Zeit in Bewegung.
Eine Zahl.
Nicht beladen sind Zahl und Zeit.
Du führe zurück die Doppelzüngigkeit dortselbst lege artis.
2. Wasche die Weissagungen,
und wieder wird erglänzen das Wesentliche des übermorgigen Tages.
Der Heiligenschein der Worte gehört zum Bild.

Kommentar

Wiederholungen, die wir aus dem ersten Teil des »Buches der Anweisungen« bereits kennen.

15. Satz: QUOD DE FUTURIS NON EST DETERMINATA OMNI-
NO VERITAS
Vorwärts gelesen

1. Wer wie und auf welche Weise die 50 verschmäht.
500 + 500.
De facto nimm das wertlose »F« in den meisten Fällen weg.
Geschieht dies, wo immer in jeder beliebigen Zeit, und du wirst das
heilige Gebäude der Weissagung entflammen. Lache!
2. Wer die unstete Sequenz-Zahl nicht hat, belädt die
Weissagung.
Für den Wissenden ist sie vorhanden, und er wird die Sequenz zum
Vorschein bringen, auch ohne die Zeit.
Weg von der Zeit, und du hast den dreimal abgeschnittenen Zweig
abgegrenzt.
3. Der verwaiste Bezirk der Weissagung, mein Freund, ist ohne die
Zahl unzugänglich.
Füge A zu A zu A;
A + 0 1 + 0. Das ist alles.
Potztausend, die Sequenz!

Kommentar

Abschnitt 1:

Zeile 1: Ein Hinweis auf die große Texttafel 144.000.

Zeile 2: Deutlicher Hinweis, wie mit dem Buchstaben »F« umzu-
gehen ist. Das »F« verwirrt den Prüfzahlenschlüssel der Sequenz nach
der Kabbala.

Abschnitt 2:

Es geht erneut um die Prüfzahlen für die Sequenzen, ferner um die
dreifach gebrochene Rute bzw. hier wörtlich den dreimal abgeschnittenen Zweig. Achtung, die Doppeldeutigkeit feiert an dieser Stelle
wieder einen Triumph. Nostradamus sagt uns, daß das Werk aus vier
Teilen besteht. Brechen Sie doch mal einen Zweig dreimal, wieviel
Teile haben Sie in der Hand?

Rückwärts gelesen

1. Die Summe der Sequenz 1
wird den noch ungeübten Anfänger,
der mit stürmischem Drang zurück zur Weissagung geht,
zurückwerfen.
2. Geht die 5 hervor.
50 Worte sind beladen.
Zahl 1 nicht, wo Zahl 1000.
Anfangszeit dagegen Zeit 1.
3. 1 Bild 1000 Weissagungen zurück im Netz der Zeit.
Der stürmische Drang des Bettlers findet 5 Zeiten in den Weissagungen
5 05 nach abwärts preisgegeben.
Darreiche 5. 4 Zeilen.

Kommentar

1. Abschnitt:

Nostradamus weist auf ein Problem der Prüfzahlen in der Tafel 144.000 hin.

2. Abschnitt:

Auch der zweite Abschnitt betrifft den Aufbau der großen Tafel und ist für uns, die wir in diesem Buch nur ein Interesse an den naheliegenderen Prophezeiungstexten haben, bedeutungslos.

3. Abschnitt:

Hier beschreibt Nostradamus noch mal, wie man zum Anfangspunkt der ersten Zeit 1550 kommt.

16. Satz: TRIPODE AENEO

Vorwärts gelesen

Die Zeit ruht auf drei Untergestellen in Frieden.
Das eherne A entflieht nicht,
denn es ist versponnen.

Kommentar

Erneut die Beschreibung, wie die drei Zeiten 1500, 2500, 3500 sich im Bild des »Igels« oder der Tafel 144.000 zeigen.

Rückwärts gelesen

Die harmonische Gliederung des Einzigen
läßt sich kraftlos nicht dortselbst zum Vorschein bringen.
Die Erwartung an die Weissagung ist der Zeit beraubt.

Kommentar

Wieder ein Hinweis auf die große Tafel.

17. Satz: EFFUNDAM SPIRITUM MEUM SUPER OMNEM CAR-
NEM ET PROPHETABUNT FILIJ VESTRI ET FILIAE VESTRAE
Vorwärts gelesen

1. Aus der Prophezeiung fließt die Zukunft heraus.
Der Unterbau sind 5 Zahlen.
1 Welle besteht aus 500 Zahlen, Worten, Buchstaben.
1 000 am Vormittag. 2 000.
2. Handhabe Sequenz Seite 1.
Hohle Hand, wenn stürmischer Drang.
Die Weissagung 1 nach den Regeln gib zu Zeit.
Sodann 5. Nabel 1000, 2000. Vortrefflich.
3. Gib 100 zur Zahl. Weissagungszahl.
Zahl nicht, nicht 1000.
Nimm die abgemessene 1000 und darüber hinaus 5 Zeiten auf der
Seite am Tage vor der Weissagung.
Das Werk hat 8 Seiten.
4. Zeitanfang bei 5.
Das Zweifache von 5 Zahlen der Faden.
Wort + Zeit, Zukunft.
Auf diesem Weg kommen die innersten Dinge heraus.

Kommentar

Diese Offenlegung bezieht sich nun ausschließlich auf die Hinweise
zu den Prüfzahlen, den Sequenzen und auf die Verknüpfung von
Sequenz und Zeit.

Dazwischen ist eine Reihe von uns schon bekannten Anmerkungen
zum Thema Anfang und Ende des Textes eingestreut, um von den
mathematischen Formeln abzulenken.

Rückwärts gelesen

1. Daselbst füge fest hinzu der Weissagung die Zeit zur halben
Sequenz 5.
Jahre weg bei 5, 55, 555 1.
Entweder daselbst oder auf demselben Weg 1501.
Du, ach weh, mit hohler Hand.

2. Die Weissagung mit der Zeit und der halben Sequenz.

Fahre weg bei 55. V, VI, VII, 11 48.

Fruchtbare Wolke, potztausend.

Du sieh da die Seite.

3. O purpurroter Rand keine Weissagung Öffentlicher Besitz.

Wenn du dich zufällig und unvorsichtig dem Heiligen näherst – aus.

Da haben wir's. Die 1000 ist fehlerhaft im Wesen des Dings.

Zahl und Weissagung sind eins.

4. Die einzigen Weissagungen tragen Beeren, wie die Traube.

99 laufende Jahre und noch dazu 901.

Fehlerhaft der Sinn der 1000, des Wesentlichen der Sache.

Aus der 10.000 werden 10.000 lebendig gemacht

5. Ohne Verzögerung am Saum der Weissagung zurück.

Gehe wieder los.

Das Epos ist ein Festmahl per 5 Sequenzen.

Gebrauche die Sequenz ohne die 1000.

6. Ohne 1000 5.

Gebrauche 5 1000.

55 945 – da haben wir es.

Zeit verringere, verkleinere.

7. Wenn du als Anfänger die Zeit gebrauchst mit hohler Hand,
dann ruht die Weissagung selbst in Frieden.

Seite nach Sequenz Nachschrift 1000 füge hinzu der Zahl 5.

Gib dich hin und verfestige.

8. F aber füge passend zu 0.

Zukunft 1 – Zeit 0.

Fort von O : N, O ab O.

Aber U zurück A.

Kommentar

Die Abschnitte 1 bis 7 enthalten nichts Neues mehr. Neu jedoch ist im Abschnitt 8 der weitere Gebrauch der Buchstaben, wir nennen es Buchstabenregeln. Zum Beispiel wird das »F« oft dem Buchstaben O hinzugefügt. Die Buchstaben O und N werden oft getrennt, das heißt, zwischen diesen Buchstaben werden oft die Worte innerhalb einer Buchstabenkette getrennt, ebenso wenn zwei »O« nebeneinanderstehen.

18. Satz: FATO, DEO, NATURA
Vorwärts gelesen

F hinzufüge O.
550.
Zahl hinzufüge 5.
Weissagung 1.

Kommentar

Lediglich Wiederholungen des bereits Bekannten.

Rückwärts gelesen

Füge zur Weissagung die Raute
Wie Zeit 1.
Das Täfelchen wird die unbekannten Jahre zum Vorschein bringen.
Schaffe so die Zeit herbei für die kommenden Jahre.

Kommentar

Hier geht es um eine Anweisung, wie die verschollenen Texte für die Jahre 1742 bis 1799 und 2742 bis 2799 aufzufinden sind.

19. Satz: PER TEMPUS ET IN OCCASIONE TEMPORIS
Vorwärts gelesen

1. Rings um die Weissagungen ist die Zeit.
Weissagst Du durch Zufall und in der Zeit,
Siehe da, du wirst eigenhändig die Erfahrung machen,
Daß es eine bittere Rede ist.
2. Gebrauche die Sequenz für sich,
Aber auch die Zeit bei der Zahl.
In Dunkelheit wogt sie hin und her.
Günstige Umstände verdecken 100, 201, 110.
3. Im zwölfteiligen Brettchen als Ganzes ist eine Hütte
in der Krümmung.
Laß sie dort los, die 1, 10.
Oh, ach, ha, nun ist die Zahl nicht mehr beladen oder die Zeit.
Du führst die Deichsel des Wagens den Umständen angepaßt.
4. Siehe da, der eigenen Erfahrung folgend,
erhebt sich die Weissagung 1.
Gelächter für denjenigen,
der bei 1 die Sequenz beginnt.

Kommentar

1. Abschnitt:
    Beschreibt noch mal das Bild der Uhr als Zeitsystem für die Texte.

3. Abschnitt:
    Nostradamus beschreibt nochmals den Gebrauch der Dekade als Hilfsmittel für die einfacheren Prophezeiungen.

4. Abschnitt:
    Nostradamus warnt davor, in der ersten Centurie mit der Zeitkoordinierung zu beginnen.

Rückwärts gelesen

1. Falls dort das Weissagungswerk am Nachmittag ist,
Halte fest das Wesentliche,
das hin- und herschwankt.
Oh weh, derjenige, welcher die Summe der Sequenz der laufenden
Jahre auf 200 zusammennimmt, belädt.
2. Es ist nicht glänzend beschaffen.
Wenn du das Täfelchen, die Marke oberhalb reparierst des
Nachmittags,
wenn noch Zeit hinzukommt zur Weissagung.
Repariere die Tür, den Torriegel durch wiederholtes Wegnehmen
von B.

Kommentar

Das sind klare Anweisungen, wie man einige bedingt durch die
Textanordnung aufgetretene Verzerrungen wieder repariert. Sie sind
nur für den fortgeschrittenen Nostradamus-Experten von Bedeutung
und auf den ersten Blick zu erkennen, wenn er das Gesamtwerk im
Original vor sich liegen hat. B steht für 2 oder für die zweite Zeit, also
2500 etc.

20. Satz: UT AUDIRET GEMITUS COMPEDITORUM, UT SO-
LUERET FILIOS INTEREMPTORUM
Vorwärts gelesen

1. 1000 Salbenbüchsen zu 5 Weissagungen
brennen auf der abgerundeten Scheibe.
Die Zeit hat Muße vorn auf der Brust am Nachmittag,
pro tausend Teilmengen aus dem Igel zu gewinnen.
2. Die Zeit ist Zahl, wenn nicht die Sequenz glänzt.
Du erhältst die dreifache Weissagung aus dem Igel zurück.
Die 5 und die 55 erhalten wieder Geltung.
Sie sind wie gesegnetes Brot.
3. Du nimmst Zeit V,
Sodann 5 - 1000.
Nabel. Drehe die Scheibe im Kreis,
und in Muße hast Du Zeit 1.

Kommentar

Der gesamte Text ist mit wenigen Ausnahmen eine Wiederholung.
Die abgerundete Scheibe, Uhr, der Igel, die Zeit in der Centurie V,
alles ist nochmals aufgeführt.

Rückwärts gelesen

1. Eben dies von 500 aus abwärts.
Auf der Seite am Nachmittag im Schnellbeweglichen.
Bei der Sequenz V. Zeit ist zusammengeflochten worden,
wie die Zeit 1.
2. Fürchten muß sich, wer die Vorstellung von 1000 hat.
1000 aus Vierzeilern und die Zeit dazu, sodann wirst du dreifach
erschrecken.
Der Igel der Weissagung 1 lächelt.
Der Prophet hat darüber hinaus die Zeit, Du die 5.

Kommentar

2. Abschnitt:

Zeile 3 und 4: Hier sagt Nostradamus, daß es nur freundliche Weissagungen im Urtext seines Buches gibt. Er kennt die Zeit, der Offenleger muß sich mit der Fünfer-Schablone durcharbeiten.

21. Satz: BELLIS RUBUIT NAUALIBUS AEQUOR
Vorwärts gelesen

1. Potztausend. 2 aus 50.50
Streitend, welche Sequenz für welche Weissagung.
Weissagung 5.2, wo Buckel.
VI Zeit und Wort.

Kommentar

Wiederholung des bisher Gesagten in Kürzeln.

Rückwärts gelesen

1. Ach weh VI.
Unter dem Arm, zu anderer Zeit 49, 51.
Als Opfer an der Stelle des Grabhügels gebrauche 1.
Planiere den Tempel Gottes gleichmäßig zu 5 Vierzeilern, die in Beziehung zur Weissagung stehen.

Kommentar

Hier geht es im zweiten Teil um die höchste Stufe der Schule, die Art, wie das Allerheiligste dieses Buches rekonstruiert wird.

Wie man liest, besteht es aus insgesamt 5 Versen zu vier Zeilen, also rund 750 bis 800 Buchstaben.

22. Satz: SANCTA SANCTORUM

Vorwärts gelesen

1. Die Sequenz ist von der Zeit beschnitten.
Ergänze das Täfelchen um die beschnittene Zeit.
Jubel!

Rückwärts gelesen

1. Lasse fließen die entflammte Weissagung.
Kräftige und stärke sie.
Stoße an die laufende Zahl.
Lege sie kundig in das zwölfteilige Täfelchen, dem sie entstammt.
2. Die Summe der Sequenz
ist die Zeit der laufenden Jahre,
die du hinzufügst.

Kommentar

Letzte Anweisungen des Michel de Notredame. Im 2. Abschnitt gibt er einen wichtigen Hinweis zur Prüfzahl für die Sequenzen.

23. Satz

Bestehend aus 345 Buchstaben, wird an dieser Stelle nicht übertragen, da er eine eigenständige Funktion hat, die einem Rettungsbeiboot gleichkommt, für den Fall, daß alle anderen Einstiege verschüttet sind.

Die Übertragung dieses Satzes bringt im Wesentlichen nichts Neues. Er dient als Gegenprobe für den gründlichen Nostradamus-Sohn, ob er die ersten 22 Sätze fehlerfrei übertragen hat.

24. Satz: FACIEBAT MICHAEL NOSTRADAMUS SALONAE PETRAE PROUINCIAE

Vorwärts gelesen

1. Wenn Du die laufenden Jahre scharfsinnig ausrichtest,
dann gehe einher mit der 100. Potztausend.
Die zukünftigen Jahre kommen herbei, bei 1000, 100 und 1.
Mein bißchen Verstand hat sie bei 99 hängenlassen.
2. Ach hebe die unstete Zahl heraus aus dem Gotteshaus.
Wir offenbaren durch unseren Mund die Sequenz ohne Zeitangabe.
Die Weissagung erstrahlt.
Füge hinzu das Unverrückbare, Feste, gemäß den Regeln am Vormit-
tag.
3. Neugieriger, gebrauche die Sequenz, und nutze sie in der Summe.
Lasse wachsen 50 (500).
Setze sie der Länge.
Gib die Zahl in den Tempel, und du erlangst die dreifache wesentliche
Weissagung. Jubel.
4. Der Weg beginnt bei 6,
Wo der Einschnitt ist.
Dort liegt die 100.101.111.1.11.115.15.5.

Rückwärts gelesen

1. Dortselbst wo 1, 11, 100, 99, 89, treffe die Zahl,
Zahl 1 nicht. Zahl 15.
50 Weissagungen Rand.
5 per Seite.
Dortselbst 1 Jahr.
2. Schwimmt heraus nach den Regeln der Kunst.
Ohne Sequenz gerätst Du in Schweiß.
Süß und gefällig ist sie, wo vorhanden.
Zusammen mit dem Nabel 1000. Fließt 1.
3. Füge hinzu der 1-500-1
Füge eng zusammen die Weissagung Zeit/Sequenz.
Durch Zeit und Sequenz erklingt das Schicksal.
Ohne Sequenz ist das Schicksal beladen.

4. Wenn die 50 nicht flüssig werden, nimm 5. Löwe.

Dortselbst halte 100.

Der Pfahl der Tageszeit bestimmt die 100 des Laufenden.

Setze in Bewegung die 899.

5. Bilder mit den tausend Zeiten 1.

Aus 1 gehen 2 fort.

Von 51 beim zwölfteiligen Ganzen.

Wirf hinaus die 99 durch Schlag 1. 1000.1.99.1 der künftigen Jahre,
wie es gemacht ist.

Kommentar

Nichts Neues mehr. Alles schon mit anderen Worten gesagt worden.

Für den angehenden »Cäsar«

Wenn Sie selbst die erforderlichen Übertragungsarbeiten vornehmen und mit unserer Deutung vergleichen wollen, dann benötigen Sie:
– den Text der Centurien, wie er in diesem Buch vorliegt
– ein wenig Intuition
– ein Wörterbuch Französisch/Deutsch
– ein Wörterbuch des Mittelfranzösischen
– und die Buchstabenregeln
– sowie vielleicht einige der Spezialmethoden.

Die Buchstabenregeln

Folgende Buchstaben sind austauschbar:

> T und D
> P und B
> Y und I
> I und J
> C und G
> G und Q
> C und S
> U und V
> V und F
> S und F
> TI kann zu Z wie in »Zion« werden;
> TH kann zu S werden;
> PH kann zu F werden.

Folgende Buchstaben können für Zahlen stehen:

$$A = 1$$
$$B = 2$$
$$C = 3 \text{ oder } 100$$
$$D = 4 \text{ oder } 500$$
$$E = 5$$
$$V = 5$$
$$I, J, i = 1$$
$$M = 1000$$
$$L = 50$$
$$X = 10$$

Buchstabenanalyse
Nostradamus Text 1.-10.Centurie

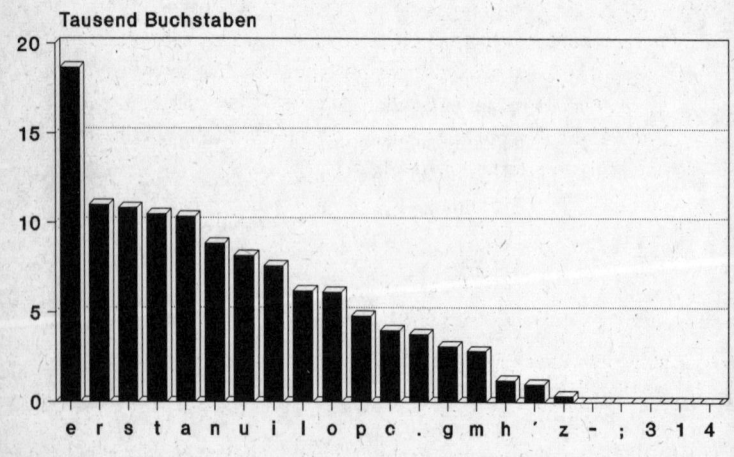

Tausend Buchstaben

e r s t a n u i l o p c . g m h ' z - ; 3 1 4

er s t an vil 0 p 100 . q 1000 8' z-;314

Die Übertragung

Da man aus der Praxis am besten lernt, hier ein Beispiel. Der von Interpunktion, Groß- und Kleinschreibung gereinigte Text lautet:

C O N D U I C T S P A R Q U I N Z
C O N D V I C T S B A R Q V I N -

Nach den im vorigen Kapitel angegebenen Regeln wurde U in V, P in B und nochmals U in V verwandelt. Nach Wörtern getrennt und übersetzt ergibt sich folgende Möglichkeit:

COND	VICTS	BARQ	VIN
Führen	Sieg	Kahn	Wein

Sinngemäß übersetzt: Zum Sieg geführt werden die Schiffe mit dem Wein.

Interpretation: Es kämpfen Schiffe mit Wein an Bord gegen Schiffe ohne Wein an Bord. Da Nostradamus keine Zufälligkeiten zur Kennzeichnung der Parteien verwendet, muß der Wein entscheidend sein.

Zeitzuordnung: Der Text steht in der neunten Centurie im Vers 3, so haben wir folgende Zeitzuordnung:

1000 vorweg (»Buch der Anweisungen«)	1000
9 x 100 für die Centurie	900
3 Jahre für Vers 3	3
Ergibt das Jahr	1903

Schlußfolgerung: Siehe die Deutung des Verses IX,3 (Seite 351) in der Dekade 1900 bis 1909.

Sehen wir uns nun einige spezielle Methoden oder »Werkzeuge« der Verschlüsselung an, wie sie in Geheimzirkeln des Mittelalters üblich waren und wie sie auch Nostradamus verwendet hat. Wir wollen sie hier nur erwähnen und haben leider über die bereits getroffenen detaillierten Hinweise hinaus nicht den Platz, ihren jeweiligen Gebrauch im einzelnen auszubreiten. Dennoch wird vielen Leserinnen und Lesern sicherlich bereits die kurze Erwähnung dieser Methoden viele Lichter aufgehen lassen und sie anregen, die Nostradamus-Texte oder andere mittelalterliche Dokumente mit diesen »Werkzeugen« auf einen inneren Sinn hin weiter zu untersuchen.

Der Igel

Dabei handelt es sich um eine besondere Schreibweise von Aussagen, die alle über ein A verbunden sind (siehe auch Kommentar zum ersten Satz, rückwärts gelesen, 4. Abschnitt, weiter oben).

Ein deutschsprachiges Phantasiebeispiel könnte so aussehen:

Das rautenförmige Werkzeug

Es wird dem größten Genie der Ägypter zugeschrieben, Hermes Trismegistos. Es stellt die bildliche Umsetzung des Lehrsatzes »Wie oben, so unten«, also »Wie im Mikrokosmos, so im Makrokosmos«, dar.

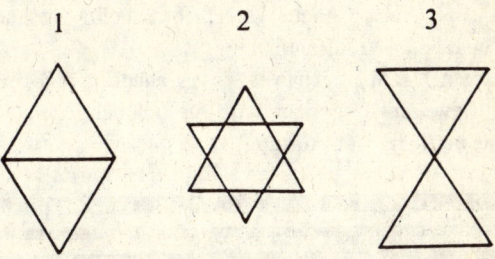

1. Die stabile Form
Zwei Pyramiden, an der Basis »zusammengeklebt«, mit den Spitzen nach oben und nach unten, ergeben die Raute.

2. Die Mittelform
Zwei Pyramiden ineinandergeschoben, bekannt als Davidsstern.

3. Die labile Form
Zwei Pyramiden auf die Spitze gestellt, auch der »strahlende Becher« genannt. Wir finden dieses Zeichen auch im Wappen von Nostradamus (vgl. die Abbildung des Portraits von Nostradamus, gemalt von seinem Sohn, im rechten oberen Eck, Seite 52).

Das leichtbewegliche Täfelchen

In den Anweisungen des Nostradamus, wie man mit dem verschlüsselten Text zu verfahren habe, taucht wiederholt der Begriff des »leichtbeweglichen Täfelchens« auf. Während wir auf den »Igel« recht früh stießen, entdeckten wir das leichtbewegliche Täfelchen erst 1987 in Salon in einer Veröffentlichung, die uns dort »zufällig« in die

Hände fiel. Ob »Experten« aus Salon etwas von der Bedeutung dieser Veröffentlichung wußten, ist schwer zu sagen, weil die meisten unter ihnen Katharer waren und sind – und die schweigen! Eine andere Gruppe suchte und sucht noch immer nach dem ehemaligen Schatz der Templer, einer größeren Menge von edlen Juwelen. Philipp der Schöne ließ den Großmeister der Templer hinrichten, um sich in den Besitz dieses sagenhaften Schatzes zu bringen – vergeblich.

Über das »leichtbewegliche Täfelchen« schreibt Nostradamus in der oben erwähnten Veröffentlichung:

»Mit eigener Hand . . . haben wir es angehalten. Bringe du es wieder in Bewegung, und dann wird für dich der geheime Sinn der Worte eine befriedigende Auskunft geben.«

Das »leichtbewegliche Täfelchen«

Probieren Sie es aus. Machen Sie eine Fotokopie der Abbildung auf Seite 168. Schneiden Sie den inneren Teil der Sonne mit den sieben Achsen aus. Legen Sie das ausgeschnittene Rund wieder in das Täfelchen, und beobachten Sie, was passiert, wenn Sie es nun drehen. In einem besonderen Fall werden sich die Buchstaben der sieben Achsen mit den entsprechenden Buchstaben im Kreis decken – mit einer Ausnahme.

Entdecken Sie das Geheimnis des Täfelchens. Verbinden Sie die sieben Achsen in der Reihenfolge der Buchstaben a, b, c, d, e, f, g und zurück zu a – ein Stern entsteht. In der Mitte sehen wir die Sonne. Die Buchstaben könnten auch für Noten einer Oktave stehen. Und schon ist unser leichtbewegliches Täfelchen eins mit dem Text in Goethes »Faust I«, in dem Raphael sagt: »Die Sonne tönt, nach alter Weise . . .«, und die gesamte etruskische Bruderschaft des Nostradamus stimmt in das Lied mit ein!

Das geheime Alphabet der Renaissance

Das für Geheimschriften der Renaissance benutzte Alphabet bestand aus nur 16 Buchstaben. Darin sind einige Buchstaben miteinander austauschbar bzw. gleichzusetzen. Wir fanden diese Austauschbarkeit recht früh heraus, suchten aber noch nach weiteren Beweisen, um die Gültigkeit auch für die Auslegung der Nostradamus-Texte entsprechend untermauern zu können. Wir fanden sie in einer Nostradamus-Ausgabe in Nizza, in welcher auf die Buchstabenregeln ausdrücklich hingewiesen wird.

Einen weiteren, sehr eindeutigen Beweis für die Existenz dieser Regeln fanden wir auf Dürers Stich »Melencolia I«, den er auf Anweisung Maximilian I. fertigte. Die Abbildung, (siehe Seite 170/171), zeigt eine Tafel aus vier mal vier Feldern, in die die Zahlen 1 bis 16 in scheinbar ungeordneter Weise eingeschrieben sind. Schräg darüber, unter einer kleinen Sonnenuhr, findet sich das Geheimzeichen der etruskischen Bruderschaft, der sogenannte »strahlende Becher«, in Form einer größeren Sanduhr.

Auch hier kommen die bereits auf Seite 163 beschriebenen Buchstabenregeln zur Anwendung.

Albrecht Dürer, »Melencolia I«

Wenn man nun anstelle der Ziffern in der Tafel auf Dürers Stich die
entsprechenden Buchstaben einträgt, ergibt sich folgende Botschaft
Maximilians I. an die Nachwelt:

X C B R

E N O L

M H I Q

D U S A

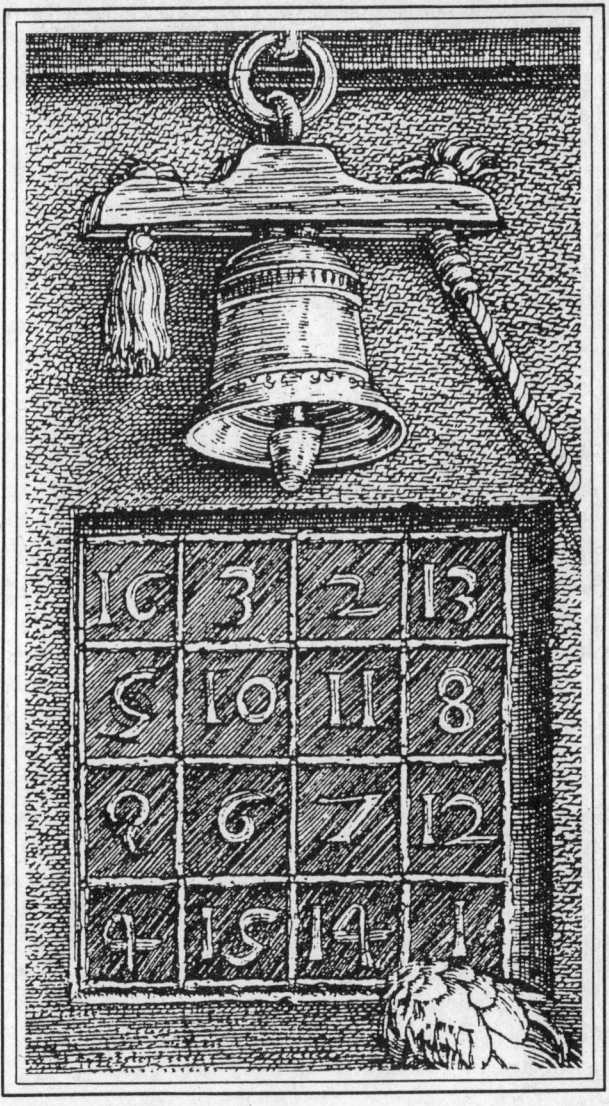

»Melencolia I« Ausschnittvergrößerung mit der Zahlentafel

Die vier inneren Buchstaben lassen sich lesen als »noih« = neu oder »ionh«; die Diagonale von a bis x liest sich als »ain x« = ein x; die Diagonale von d bis r heißt »dhor« = thor; die mittleren äußeren Zeilen lesen sich als »melq« und »suqb«.

Also: Im Kloster Melk, hinter einem Tor, das mit einem X gekennzeichnet ist, befindet sich ein Geheimnis! Wenn man den gesamten Stich Dürers noch genauer untersucht und auch die weiteren möglichen Texthinweise aus der Tafel berücksichtigt (einschließlich anderer Lesarten), wird klar, um welches Geheimnis es sich hier handelt. Nicht umsonst beschreibt bekanntlich auch im modernen und doch historischen Roman »Im Namen der Rose« ein Mönch aus dem Kloster Melk seine Erlebnisse als Novize.

Wir mußten bei einem Besuch in Melk feststellen, daß das Geheimnis, das auch Paracelsus kannte – er war deswegen in Salzburg ermordet worden –, um 1700 von einem Benediktiner-Abt entdeckt und offenbar zerstört wurde. Mit dem diesem Geheimnis beigefügten Schatz machte der Abt aus einem heruntergewirtschafteten Kloster, das nur noch von sieben armseligen Mönchen bewohnt wurde, die prächtigste Abtei Österreichs.

Das sechzehnteilige Alphabet der Renaissance gab es auch in einer, allerdings leicht abgewandelten, französischen Version. Wir können uns die Veränderung derzeit noch nicht erklären. Womöglich war ein Streit zwischen Maximilian I. und Franz I. die Ursache dafür. Leonardo da Vinci und Papst Leo X. übernahmen die vom französischen König Franz I. favorisierte Version. Bei Nostradamus konnte man auf die österreichische Version nicht zurückgreifen, sondern mußte sich der französischen bedienen – ein Hinweis darauf, daß Nostradamus der etruskischen Bruderschaft, deren Oberhaupt Leonardo da Vinci zu seiner Zeit war, ebenfalls angehörte.

Diese französische Version wurde von Nostradamus (und wahrscheinlich auch anderen) weiter komprimiert, so daß das neue »Geheimalphabet« nur noch aus zwölf Buchstaben bestand und sich auf einen mathematisch-geometrischen Hintergrund bezog.

Dieses Alphabet sieht so aus:

$$1 = A$$
$$2 = B, P$$
$$3 = C, K, Q, G$$
$$4 = D, T, F, S, Z$$
$$5 = E$$
$$6 = H$$
$$7 = I, Y, J, L$$
$$8 = M, N, V, U$$
$$9 = W$$
$$10 = R$$
$$11 = X$$
$$12 = O$$

Nostradamus gab die Anweisung, daß man, wenn man das »rauten-förmige Werkzeug« einsetze und den Hintersinn seines Werkes den-noch nicht genügend erkennen könne, diese zwölfteilige Tafel benut-zen solle.

Soweit also wichtige Hintergründe zu den verschiedenen Techniken, Vorgehensweisen und Methoden der recht komplexen Entschlüs-selungsarbeit. Nun wollen wir uns wieder den Texten und den Ausle-gungen widmen. Zunächst lesen Sie dekadenweise zusammengefaßte von 1900 bis 2300 und danach spezielle Texthinweise auf wesentliche Ereignisse bis zum Ende der Centurien, bis 3797. Bitte bedenken Sie bei der Lektüre der nächsten Abschnitte, daß es sich um die Auswer-tung der entschlüsselten Nostradamus-Texte handelt – die also bereits mit den verschiedenen oben genannten Methoden dechiffriert und auf ihr »Inneres Wort« und auf absichtliche Doppelbedeutungen hin untersucht worden sind.

6. NOSTRADAMUS-PROPHEZEIUNGEN IM ÜBERBLICK

Das 20. Jahrhundert:
Die Epoche der Schiffe

Im Text, den Nostradamus für das 20. Jahrhundert niedergeschrieben hat, steht, daß es ein Jahrhundert der Schiffe ist, die zum Kampf fahren. Hat er unrecht? Nein, schon Anfang des 20. Jahrhunderts ging das los. Denken Sie bitte an den Burenkrieg, den Boxeraufstand in China, den Ersten Weltkrieg, den Zweiten Weltkrieg, den Koreakrieg und den Vietnamkrieg, nur um die bedeutendsten Ereignisse aufzuzählen. Klassische Beispiele aus der letzten Zeit sind die Expedition der Kriegsschiffe Großbritanniens in Richtung Falkland-Inseln oder die Golfarmada.

1900 bis 1910: Welch ein Wechsel zu Neuem

Für die erste Dekade unseres Jahrhunderts sagte Nostradamus voraus: »Welch Wechsel zum Neuen läutet zum Tisch« und sah nicht nur die Tragödie um den russischen Zaren, sondern auch die Veränderungen in den anderen europäischen Herrscherhäusern, die zu Beginn unseres Jahrhunderts vom Thron verjagt wurden. Er erwähnt die Arbeiten von Albert Einstein mit den Worten: ».. . bevor man entdeckt das Geheimnis eines Teils des Lichts« und: »Wenn die Lampen vom nicht löschbaren Feuer (elektrische Glühbirnen) brennen, wird das Loch im Fell der Zeit (Relativitätstheorie) gefunden.« Die Schaffung des Nobelpreises und die Verleihung von Nobelpreisen scheint Nostradamus im Gegensatz zu unserer heutigen Meinung nicht sehr hoch zu bewerten, denn er bemerkt: ».. . werden ausgezeichnet grobe Schnitzer in der Natur.«

1910 bis 1919: Skelette machen Quartier

In der zweiten Dekade unseres Jahrhunderts beschäftigt sich Nostradamus mit dem Ersten Weltkrieg: »Skelette schicken sich an, Quartier zu machen« sieht er voraus und auch den Gaseinsatz während des Ersten Weltkrieges: »Übel meine Nase davon, bevor sie dem Tode ausgesetzt sind« schreibt er, und man hat den Eindruck, daß Nostradamus als Seher nicht nur sah, sondern das Schicksal der Betroffenen miterlebte. Die bedeutendste Vorhersage dieses Jahrzehnts ist die Prophezeiung, daß innerhalb von hundert Jahren vier große Kriege stattfinden werden. Bisher haben sich ereignet: der Erste Weltkrieg, der Zweite Weltkrieg und der Vietnamkrieg. Ein weiterer Krieg Anfang des nächsten Jahrtausends steht uns nach Nostradamus noch bevor.

1920 bis 1929: Es erwacht das Spiel der Töne

In der Zeit von 1920 bis 1929 sieht Nostradamus, daß die Grundlagen für die Kernspaltung gefunden werden. Er beschäftigt sich mit den Ereignissen in Italien (Mussolini, dem Vatikan), der Weltwirtschaftskrise und dem »Erwachen des Spiels der Töne«, den Rundfunksendungen im Äther.

1930 bis 1939: Es gibt drei, die sich Führer nennen

Für die Zeit von 1930 bis 1939 bezeichnet Nostradamus die Deutschen als die Normannen, die in ihrem gierigen Fanatismus in Gefahr kommen. Den Zweiten Weltkrieg sagt er mit den Worten voraus: »Der Friede ist bei 10 eingeschläfert.« (39 liegt nahe der nächsten runden Jahreszahl 40). Sehr treffend auch die Vorhersage: »Wenn der Gewalttätige König von Rom ist«, wird es drei geben, die sich Führer nennen. Mussolini, Hitler, Franco, alle drei nannten sich Duce oder Führer.

1940 bis 1949: In der Luft Schlachtgetümmel

Wie kann es anders sein: Nostradamus beschäftigt sich in den Versen für 1940 bis 1949 mit dem Zweiten Weltkrieg. »Zwei von fünf bleiben aus dem Wald des Jubels übrig« sagt er voraus, und man denkt unwillkürlich an die Nürnberger Parteitage mit ihren jubelnden Menschenmassen. Er beschreibt den Zweiten Weltkrieg mit »Schlachtgetümmel in der Luft« und kündigt die Atombombe, als das Ausgeklügelte, das ursprünglich, so sagt er, gegen die Speiche (Hakenkreuz) eingesetzt werden sollte, mit den Worten an: »Um zu rühmen, die man getötet hat, am Himmel werden Zeichen gemacht.« Wer hat da nicht die Rauchpilze der Atombomben von Hiroshima und Nagasaki vor Augen.

1950 bis 1959: Sie bewachen das Feuchtigkeitsliebende schlecht

Die Prophezeiungen für 1950 bis 1959 stehen bei Nostradamus im Zeichen der Franzosen, ihres Vietnamkrieges, des Algerienkrieges, und enden mit dem neuen französischen König (de Gaulle), der zu Beginn seiner Amtszeit eine neue Verfassung in Kraft setzt.

1960 bis 1969: Der Prinz setzt seinen Fuß auf fremde Erde

In der siebten Dekade 1960 bis 1969 geht Nostradamus auf die kriegerischen Auseinandersetzungen zwischen Juden und Arabern sowie jene der Amerikaner in Vietnam ein. »In tiefster Erniedrigung wird es zum Exzeß kommen« sagt er und meint damit die Vorgänge in Vietnam. Ein Mordanschlag, bei dem »Drei die Scharfschützen sein werden«, könnte sich auf Kennedy beziehen. Dann erwähnt Nostradamus die Planung und den Bau eines Raumfahrzeuges, das vatikanische Konzil und den ersten Menschen, der auf »fremde Erde, den Mond, seinen Fuß setzt«.

1970 bis 1979: Aus der Luft haben sie alles zerfetzt

Zwischen 1970 und 1979 sieht Nostradamus das Ende des Vietnamkrieges und den Napalm-Einsatz in Vietnam. Er sagt das Emportauchen des radikalen Islam voraus (Khomeini). Die Dekade endet mit dem Einmarsch der Sowjets in Afghanistan.

1980 bis 1989: Ungebundenes Drängen an Rußlands Macht

Für die neunte Dekade von 1980 bis 1989 sagt Nostradamus voraus, daß der Schah ins Exil geht. Er beschreibt Ghaddafi und seine Terroraktionen, den Luftangriff Reagans auf Libyen, den Krieg am Golf, Ursachen für eine Revolution in Indien, die Anfang der neunziger Jahre stattfinden wird, eine Entscheidung um einen sandigen Esel, wie er einen der Führer am Golfkrieg bezeichnet. Zum Ende dieser Dekade erwähnt er das Umkippen der Luft im Süden, also in der Antarktis – das Ozonloch.

Wie wird es weitergehen, fragt man sich unwillkürlich. Sind die Ereignisse der Weltkriege, des Vietnamkrieges in ihrer schrecklichsten Auswirkung überhaupt noch steigerungsfähig? Die Antwort lautet: ja. Man wird eines Jahrhunderts über die Schrecklichkeiten unseres Jahrhunderts nur lächeln, so wie wir über mittelalterliche Waffen wie Morgenstern oder Lanzen lächeln.

1990 bis 1999: Schwache Angriffe erschüttern die slawische Vorherrschaft

Dieser Zeitabschnitt ist geprägt von Unruhen, Aufständen, Revolutionen, Blutvergießen im Ostblock, in Indien (man bedenke die Ermordung Rajiv Gandhis) und im islamischen Raum des Fernen Ostens.

Nostradamus erwähnt eine neue Krankheit, die mit dem Schleim der Nasen zusammenhängt: Aids. Er spricht von einem weiteren Krieg zwischen Israel und den arabischen Ländern um Jerusalem. Der verstärkte Einsatz von chemischen Waffen wird angekündigt. Ein Aufstand der russischen Bevölkerung gegen das Militär wird von Nostradamus vorausgesagt, und ein Papst, der anscheinend aus Mailand stammt, wird in einen Prozeß verwickelt sein.

In diesem Jahrzehnt wird eine neue Bewegung der Gewaltlosigkeit populär. »Übende der Nacktheit« nennt sie Nostradamus. Gegen Ende dieser Dekade kommt es zu einer Seeschlacht und in Lyon zu einem Unfall in einem Atomreaktor.

Von einem Weltuntergang 1999 oder 2000 ist bei Nostradamus nicht die Rede! Warum auch? Große Ereignisse stehen den Menschen noch zur Genüge bevor!

Das 21. Jahrhundert:
Das neue Jahrtausend

Das 21. Jahrhundert ist die Zeit der großen Pioniertaten auf dem Gebiet der Energiegewinnung, der Wissenschaften und der Weltraumfahrt. In der Übersicht für dieses Jahrhundert schreibt Nostradamus, daß die USA sich zur unumschränkten Weltmacht Nummer Eins für etwa 300 Jahre entwickeln und daß die Menschen mit großen Fahrzeugen über Land und Meer reisen werden.

2000 bis 2009: Vier gekaufte Mörder – ungeheurer Krieg entsteht

Das erste Jahrzehnt von 2000 bis 2009 behandelt ein Weltraumabenteuer, das zum Teil schiefgeht, und beschreibt, wie es zum dritten Weltkrieg kommt. Nostradamus behandelt diesen »Feind des ganzen menschlichen Geschlechts«, wie er wörtlich sagt, sehr ausführlich und ungewöhnlich genau, so als ob er seinen Anhängern Tips geben möchte, wie man diesen Anschlag auf das Leben überstehen kann.

2010 bis 2019: Not der wiederkäuenden Tiere

Die zweite Dekade 2010 bis 2019 handelt vom dritten Weltkrieg, wie er beginnt, wie lange er dauert, wer sich wie schützen kann, seine Folgen und wer ihn »gewinnt«. Dem dritten Weltkrieg folgt eine elf Jahre dauernde Hungersnot, da der Boden und somit Futter für das wiederkäuende Vieh und die Ernten vergiftet sind.

2020 bis 2029: Das Geheimnis des Tons wird entdeckt

Die dritte Dekade 2020 bis 2029 steht zuerst noch ganz im Zeichen der Nachwehen des schrecklichen Krieges. Ein Machtvakuum ist entstanden. Gegen Ende dieser Dekade werden zwei der großen Erfindungen der Menschheit beschrieben. »Das Geheimnis des Tons«, wie Nostradamus das Phänomen nennt, wird entdeckt, und er beschreibt, wie eine neue Form der Energiegewinnung funktioniert. Ein blutrünstiger Papst wird in Rom den Thron Petri besteigen und einen Rachefeldzug gegen den Islam, den Auslöser des dritten Weltkriegs, beginnen.

2030 bis 2039: Nach Deutschland wird kommen das heilige Reich

In der vierten Dekade 2030 bis 2039 verlegt ein anderer Papst seinen Sitz in einen Landstrich von Deutschland vor dem dritten Weltkrieg. Das gleiche gilt für die Restbevölkerung des Staates Israel, denn das heutige Palästina wird unbewohnbar, und Mitteleuropa, vor allem der Raum Holland, Westdeutschland, Belgien und Nordfrankreich, sind entvölkert. Der Erdboden in diesem Gebiet hat sich regeneriert und wird wieder bewohnbar. Die Polkappen beginnen abzuschmelzen, und eine schwere Wirtschaftskrise erschüttert die Restwelt.

2040 bis 2049: Das goldene Zeitalter beginnt

In der fünften Dekade 2040 bis 2049 wird ein großer Krieg vermieden. Es kommt zu einer Friedenszeit. Als Waffen stehen von nun an Licht- und Strahlengeräte zur Verfügung. Nostradamus beschreibt weitere wichtige Erfindungen auf dem Energiesektor.

2050 bis 2059: Man entdeckt das Geheimnis der Schwerkraft

Die sechste Dekade 2050 bis 2059 sieht ein neues spitzes Hochhaus als Wahrzeichen der Hauptstadt des Ostens, das auf einer Ebene errichtet wurde. Der Wissenschaft »gelingt es, Pflanze und Tier zu kreuzen«, und man versucht in zwei Raumstationen eines der göttlichen Geheimnisse zu lösen, was mißlingen wird. Amerika wird durch die Weltraumfahrt sehr reich und begründet damit seine Weltherrschaft. Eine besonders große Weltraumexpediton wird vorbereitet, und Nostradamus kündigt die Entdeckung des Raum- und Masse-Geheimnisses an.

2060 bis 2069: Mächtiges Rom, dein Untergang nähert sich dir

In der siebenten Dekade 2060 bis 2069 beginnt der Rachefeldzug des Islam, der sich mit Hilfe Amerikas regeneriert hat, gegen die römische Kirche. Nachdem man auf dem Feldzug gegen den neuen Sitz des Papstes in Mitteleuropa im Raum Ungarn scheitert, erobert man den Raum Venedig bis kurz vor Nizza und wendet sich dann Rom zu. Die erste Klimawaffe der Menschheit wird gegen Rom eingesetzt. Rom wird völlig zerstört. Die Folgen scheinen unabsehbar zu sein. Es kommt weltweit zu einem Klimaproblem, weil die Temperatur der Erdatmosphäre sinkt. Dann ist man endgültig auf einem Planeten gelandet, auf dem man »Altes«, das heißt die Spuren der Vorfahren unserer Menschheit entdeckt. Es wird eine ungeheure Sensation sein, und das Bild der Menschheit von sich und dem Universum wird sich schlagartig ändern und erweitern. Die Auswirkungen sind so weitreichend, daß die christliche Kirche und später auch das orthodoxe Judentum unter dem Eindruck der entdeckten Tatsachen ihre Glaubensgrundsätze anpassen, das heißt ändern werden.

2070 bis 2079: Land und Meer sind vereist

In der achten Dekade 2070 bis 2079 beschreibt Nostradamus weiter die Klimakatastrophe. Die Weltmeere, Atmosphäre und Erde werden gefroren sein. Man benutzt eine Erfindung und heizt die Erdatmosphäre mit Erfolg künstlich auf. Spanien steigt zu einem mächtigen Faktor in Europa empor. Im Osten wird eine neue Physik entdeckt. Nach dem, was Nostradamus später prophezeit, muß es eine Physik jenseits der Kernverschmelzung geben.

2080 bis 2089: Spanien beherrscht Europa

In der neunten Dekade 2080 bis 2089 erreicht Spanien den Höhepunkt seiner neuen Macht in Europa. Als Folge der vorangegangen Klimakatastrophe werden die Wissenschaften vorübergehend in Mißkredit geraten. Ein Spanier tritt als der erste König Europas auf. Nach einem fehlgeschlagenen Versuch, die vom Islam eroberten Gebiete wieder zurückzugewinnen, gibt man diese alten christlichen Territorien dem Islam preis. Es folgt eine Zeit des Friedens.

2090 bis 2099: Die Menschheit entdeckt ihren Ursprung

In der zehnten Dekade 2090 bis 2099 wird eine große Expedition ins Weltall gestartet. Man wird frühere außerirdische Kolonien einer anderen Menschheit, die vor uns existiert hat, renovieren. Rebellierende Weltraumfahrer bringen unvorsichtigerweise ein wolfartiges Tier (eine Krankheit?) auf die Erde mit, das sehr bösartig sein muß. Eine neue Ordnung macht die Befriedigung aller Bedürfnisse der Menschen billig. Eine bedeutsame neue Materie wird entdeckt. Spanien kämpft mit Widerständen gegen seinen Machtanspruch, der von einem neuen König durchgesetzt wird. Nostradamus kündigt eine Krankheit der Menschen an, die das Wachstum verringert. Die ersten Fluganzüge, mit denen man ohne große Apparatur fliegen kann, werden konstruiert.

Nostradamus empfiehlt der Menschheit an der Schwelle zum 22. Jahrhundert erhöhte Wachsamkeit der Entwicklung der Wissenschaften gegenüber und ein Tabu für die Erforschung der göttlichen Geheimnisse. Wird die Menschheit an der Schwelle des 22. Jahrhunderts diesen Rat wohl befolgen? Nein!

Das 22. Jahrhundert:
Die großen Fortschritte

Nostradamus stellt die Beleuchtung der Nachtseite der Erde als das große Ereignis dieses Jahrhunderts heraus. Auf der Nachtseite der Erde wird es so hell wie in der Morgendämmerung sein. Im Laufe dieses Jahrhunderts endet auch das goldene Zeitalter der Fortschritte und Entwicklungen auf wissenschaftlichem, geistigem und technischem Gebiet.

2100 bis 2109: Die Herrlichkeit Gottes ist nahe

In der ersten Dekade des 22. Jahrhunderts kommt es zur Eroberung des Weltalls in ungeahntem Ausmaß. Auf einem Planeten oder einer künstlichen Raumstation wird ein Forschungsprojekt dem Geheimnis der Schöpfung ganz nahe kommen. Wörtlich: »Die Herrlichkeit Gottes, das Göttliche ist nahe, um sich niederzulassen.« Die Aktivitäten im Weltraum haben so zugenommen, daß daraus eine eigene mächtige Institution geworden ist. Dies scheint auch ein Keim für den Niedergang des goldenen Zeitalters zu sein, denn die Verwaltung, das heißt die Regierungen auf der Erde, gerät durch die Raumfahrt in große Nachteile. Es kommt, wie es bei Menschen kommen muß, der Streit beginnt, die Verweigerung gegenüber dem Partner, hier gegenüber der Raumfahrt, erfolgt, und die Grundvoraussetzungen für den nächsten Krieg sind gegeben.

2110 bis 2119: Man beginnt, die Sinne zu steuern

In der zweiten Dekade 2110 bis 2119 beginnt sich der im vorigen Jahrhundert in seine Schranken gewiesene Islam zu regen. Das Jahrhundert steht vor dem Umbruch, sagt Nostradamus für 2117 voraus. Der bei Nizza im vergangenen Jahrhundert gestoppte Islam wird durch die Sorglosigkeit der Bewohner Südfrankreichs das Land überrennen. Viele christliche Staaten kommen den Galliern zu Hilfe. Der Krieg ist da und wird 40 Jahre dauern.

2111 wird man beginnen, die Steuerung der Sinne (Nerven) des Herzens, der Füße und Hände mit Maschinen zu verbinden. Nostradamus sagt wörtlich: »Sie werden in Einklang gebracht mit den Pfropflöchern, die man dort mit sehr feinen Härchen versieht.« Nostradamus nennt die so manipulierten Menschen »die Beschnittenen.«

2120 bis 2129: Der erste Weltraumkrieg der Menschheit

Die nächste Dekade 2120 bis 2129 beginnt Nostradamus mit der Beschreibung einer Nahrungsmittelgewinnung aus einem Felsen. Man denkt unwillkürlich bei dieser »Weißen Nahrung« an das Manna der Bibel. Er erwähnt übrigens auch zum erstenmal intelligente Roboter, die er als »dasjenige« bezeichnet, »das das Leben nicht haben wird.« Auf dem Mars beginnt eine Art Krieg. Nostradamus unterscheidet nun feinsinnigerweise Menschen, die vor der Sonne und hinter der Sonne leben. Er erwähnt eine künstliche Raumstation, die er als »den Adler, der um die Sonne fliegt« bezeichnet, deren Insassen sehr erfreut sind, daß die eine der streitenden Parteien am Himmel ermüdet. Aus heutiger Sicht drängt sich die Vermutung auf, daß dieser Gruppe die Energie ausgeht. Auch andere Details der Raumfahrt werden von Nostradamus in seiner Art beschrieben, so zum Beispiel »die Stunde, die einen Tag dauert.« Man denkt da unwillkürlich an die Umlaufbahn eines Satelliten, der in einer Stunde Tag und Nacht durchschreitet. Die merkwürdigste Prophezeiung dieses Jahrzehnts ist die Vorhersage, daß ein Hirte des Südens den seit vielen Jahrhunderten versteckten Hingerichteten finden wird.

2130 bis 2139: Die Menschen lernen, Wasser zu atmen

Die vierte Dekade des 22. Jahrhunderts: In dieser Dekade beginnen die Menschen sich auf ein Leben unter Wasser vorzubereiten. Der Turm des Verstandes der Meereswissenschaften ist entstanden, und man spricht darüber, sagt Nostradamus. Diese Prophezeiung steht mit der Tatsache einer kleinen Eiszeit auf der Erde in Zusammenhang. Es scheint günstiger zu sein, unter Wasser zu leben. Geradezu sensationell, aber passend in die laufenden Ereignisse, die Nostradamus beschreibt, ist, daß die USA, bestehend aus 100 Staaten, sich zur Monarchie entwickeln und von einem Priesterkönig regiert werden. Nostradamus kündigt aber bereits an, daß damit der Niedergang beginnt und das künftige große Reich, die Nachfolge-Weltmacht, an einen kleinen Ort, welcher bald zu großem Wachstum kommen wird, verschoben wird.

2140 bis 2149: Die Zeitrechnung verändert sich – die Jahre werden kürzer

Um 2140: Die sich noch im goldenen Zeitalter wähnenden Länder geben sich eine neue soziale Ordnung, denn Geld wird ungesetzlich. Dies paßt auch sehr gut in das Bild von den opferbereiten religiösen Schwärmern in den USA-Staaten, von denen Nostradamus spricht. »Gegen das Kommende werden Märtyrer gemacht«, sieht Nostradamus. Man eifert den Urchristen nach, dressiert Bestien und wirft sich ihnen »für das bühnenmäßige Spiel« in Theatern zum Fraß vor. Durch Sekten ist die Welt verwirrt und gespalten, sagt Nostradamus und deutet die Ursachen für den Untergang des USA-Imperiums an. Eine neue teuflische Waffe wird von Nostradamus vorhergesehen. Es handelt sich um etwas, was die Knochen der zu Tötenden sucht und vermutlich das Kalzium der Knochen zerstört. Etwa um 2146 wird das große Feuer des Himmels, das die Welt nachts beleuchtet hat, innerhalb von drei Tagen seine Umlaufbahn verlassen und herabstürzen.

Ein weiteres großes Problem kommt auf die Menschheit zu. »Die Tage werden kürzer, dann das Jahr, dann alles, in Ohnmacht schwächer«, sagt Nostradamus und kündigt eine neue Zeitrechnung an, weil die alte unsinnig geworden ist. Er gibt sogar an, um wieviel kürzer die Tage werden, denn er spricht von der Herrschaft des Mondes, was vermuten läßt, daß ein Jahr bestehend aus zwölf Monaten zu 27 Tagen angesetzt werden muß. Das wäre ein Jahr zu 324 Tagen.

2150 bis 2159: Geld wird ungesetzlich

Ab 2150 beginnt Nostradamus regelmäßiger von »denen, die im Wasser leben« zu sprechen. Ein neuer Religionsstifter tritt auf, der den

Donnerstag zum Feiertag erklärt. Südfrankreich und Italien sind Kriegsschauplätze. Die Vormachtstellung Spaniens bricht. Nostradamus sagt den Niedergang ganz Europas voraus. Die christliche Kirche befindet sich »in einer Krankheit«, wie er sagt. Das heilige Gesetz ist zerstört, so daß alles durch andere Gesetze unchristlich wird und die erst vor einiger Zeit abgeschafften Zahlungsmittel wie Gold und Silber von neuem die Unterwanderung beginnen. Das Experiment ist demnach gescheitert. Nostradamus macht den Menschen des 22. Jahrhunderts in dieser Dekade schwerste Vorwürfe: »Ihr werdet machen früher oder später große Veränderungen der Luft von äußerster Entsetzlichkeit«. Diese angerichteten Schäden werden erst 600 Jahre später behoben sein, wie er dann an einer anderen Stelle die Prophezeiung zu Ende bringt.

2160 bis 2169: Aus Schweinen werden halbe Menschen gemacht

2160 bis 2169: Es ist Krieg. Viele Regierende verlieren ihre Ämter. Man errichtet eine neue Sonne, die des Nachts leuchtet. Im Jahre 2164 ist es dann soweit. Die Menschen haben es fertiggebracht, aus Schweinen halbe Menschen zu machen, sagt Nostradamus, die offenbar Funktionen im Weltraum übernehmen und für die Menschen kämpfen. Er erwähnt den Fortschritt, den inzwischen die Beschnittenen erreicht haben, also diejenigen, denen man Arme und Beine amputiert hat, um deren Nerven mit Maschinen zu verbinden. Diese Kinder ohne Hände weigern sich offenbar, noch größere Fässer zu steuern. Für 2167 sieht Nostradamus den großen Freund der Menschheit kommen, unter dessen Kraft und Lehre das neue Universelle entstehen wird.

2170 bis 2179: Der Islam erwacht erneut

Die achte Dekade des 22. Jahrhunderts beginnt. Global scheint in dieser Dekade alles im Umbruch zu sein. Selbst Altes und große Gründungen werden davon betroffen sein, sagt Nostradamus. Ausgehen werden Hunger, Krieg und Regen wieder einmal von Persien. Eine neue Gruppe von Wissenschaftlern kommt an die Macht. Nostradamus nennt sie die Rasierten. Eine neue Weltraumstation, die er als das Bärtige in der Luft bezeichnet, wird installiert und beginnt sich wie ein Spieß zu drehen. Die Wissenschaften des Neptun entwickeln das zusammengefaltete schwarze Segel, mit dem man unter Wasser atmen kann. Damit beginnt eine neue Ära für die Menschen, die unter Wasser leben und praktisch Wasser atmen. Das zusammengefaltete schwarze Segel dürfte eine Vorrichtung sein, die Sauerstoff aus dem Wasser entzieht und Kohlendioxid abgibt. Können Sie sich vorstellen, wenn Millionen von Menschen Wasser atmen, was dann mit der Zusammensetzung des Meerwassers passiert? Genau das! Die Katastrophe ist vorherzusehen. Aber noch ist es nicht soweit. Der Sieg der nichtislamischen Völker wird von Nostradamus mit den Worten ». . . das Geld des östlichen Basars ist dem Gram preisgegeben« eingeleitet.

2180 bis 2189: Erste Begegnung mit außerirdischer Intelligenz von abscheulicher Art

Wenn man von den ständig stattfindenden Kämpfen einmal absieht, dann steht die neunte Dekade 2180 bis 2189 unter dem Zeichen von in der Fremde geborenen Menschen, (»schreckliche Fremde«, etc.). Aus heutiger Perspektive nicht zu deuten, aber es besteht durchaus die Möglichkeit, daß hier eine erste Zusammenarbeit mit außerirdischen Intelligenzen angesprochen wird, denn Nostradamus spricht weiter von Unbekanntem, das sich in der Finsternis befindet, von Unbekanntem, das in dem Spiel der Wissenschaftler den Weltraum erobern wird. Eine Naturkatastrophe wird von Nostradamus beschrieben. Es handelt sich um den Ausbruch von zwei Vulkanen, die später dank der Technik der Menschen wieder »eingesperrt« werden.

2190 bis 2199: Das Geheimnis des Energieflusses des Universums wird entdeckt!

Bedingt durch die Entdeckung und den Besitz einer neuen Energieform, kommt es zu einer kriegerischen Auseinandersetzung. Die USA, bestehend aus hundert Staaten, werden diesen Krieg beenden können. Man entdeckt, daß die Kinder, wenn sie durch ein »dreifaches Moos« ernährt werden, besonders viel Lebenskraft für ihr künftiges Leben schöpfen. Später beschreibt Nostradamus, daß Menschen Probleme bekommen, weil sie 400 Jahre alt werden.

Das 23. Jahrhundert:
Die Begegnung mit außerirdischen
Zustandsformen

Unser Planetensystem, Nostradamus verwendet hierfür das Bild der »Schönen Liga«, wird von Verirrungen gesäubert. In diesem Jahrhundert wird ein neuer, auch von Nostradamus anerkannter Prophet auftreten, der schwere Angriffe gegen die törichten Mächtigen startet, die Nostradamus als Dummköpfe bezeichnet.

2200 bis 2209: Die Sonne verliert ihre Kraft

In der ersten Dekade des 23. Jahrhunderts wird sich das Problem einer globalen Eiszeit wiederholen. Durch die Klimakatastrophe sind die Staatsgebilde in einen Zustand der Ohnmacht geraten. Man gibt den Wissenschaftlern die Schuld an dieser Eiszeit und verfolgt sie. Der Sprecher der Wissenschaftler wird dem mächtigsten Regierenden unserer Erde die Kosten benennen, die die Lösung des Problems verursacht. »Wegen der Kraftlosigkeit ihrer Sonne« wird man sich dafür entscheiden, unter Wasser zu leben. Wie bei allen großen Projekten scheint aber auch in diesem Fall die Lösung des einen Problems neue Probleme zu schaffen. Es kommt zu einer Veränderung der Gewässer, in denen man lebt. Die Folge ist, daß unter Wasser Tiere aus Eisen und außerhalb Krankheiten die Menschen verfolgen werden. Man lebt in der christlichen Welt nach den Ritualen des Urchristentums. Nostradamus sagt die Zeit der Heiligen der ersten römischen Art voraus, eine sicher sehr feinsinnige Umschreibung für Märtyrer, die sich einer Verfolgung ausgesetzt sehen.

2210 bis 2219: Der Tod ist überwunden

In der zweiten Dekade sieht Nostradamus einen sehr positiven Einfluß des Ostens, mit dem er in den vergangenen Dekaden immer die Menschen im Raum des heutigen China beschrieben hat. Es wird

Klöster geben, in denen alte Rituale neu geübt werden. Eine neue geisteswissenschaftliche Errungenschaft fällt in diese Zeit. Der weltliche Regierende wird versuchen, dies zu unterdrücken, aber die Klöster werden ihren Schatz begeistert vorantragen. Im Vers 13 deutet Nostradamus eines der großen Geheimnisse der Menschheit an: Die Körper ohne Seele und das Nichtseiende werden aufgegeben. Am Tage des Todes wird der menschliche Geist sofort wieder in die Geburt versetzt. Der göttliche Geist wird die Seelen glücklich machen, denn man hat den Sinn der Schöpfung, die veränderliche Zwei, in ihrer Ewigkeit erkannt. Als weitere Besonderheit in diesem Jahrzehnt ist ein Projekt zu nennen, mittels dessen man auf zwei trockene Planeten »Wasser von der Venus«, also vermutlich den Hauptbestandteil der Venusatmosphäre, transportieren wird.

2220 bis 2229: Die Menschheit versucht ihren Ursprungsplaneten zu erreichen

In der dritten Dekade steht zu Beginn wieder ein weltraumfahrerisches Großereignis bevor, das von Nostradamus sehr negativ beurteilt wird. Offenbar wird ein mit einem neuen Antrieb ausgestattetes, verantwortungsloses Weltraumunternehmen gestartet. Auf halbem Weg zum angestrebten Ziel stößt man auf Außerirdisches, für menschliche Begriffe abstoßendes Leben. »Die satanische Lampe wird abgeschickt durch das Allerschlimmste«, »Auf halbem Weg in das unbekannte Neue antwortet Abstoßendes«, »In Käfigen aus Eisen das Große wird gemacht Vernunftbegabtes«, schreibt Nostradamus, und es sieht ganz so aus, als ob damit der Zeitpunkt gemeint ist, zu dem Maschinen erstmals mit biologischer Intelligenz ausgestattet werden. Aber der Vorteil für oder auch durch das Große geht wieder verloren, denn ein Herrscher der Beschnittenen, das sind die mit Maschinen verbundenen Weltraummenschen, wird das Know-how »einschließen«, also verbieten.

2230 bis 2239: Die Weltraumfahrt erreicht ihren Höhepunkt

Etwa um 2230, also zu Beginn des vierten Jahrzehnts, kündigt Nostradamus den Schreckensherrscher der Menschheit an, von dem man elf Jahre später voll Entsetzen nicht mehr sprechen wird. »Die Tatsache des heiligen Schmelzes ist zusammengeführt im Einschnitt der Materie«, schreibt Nostradamus und gibt die Entdeckung eines weiteren Geheimnisses der Materie bekannt. Zu den schon gegründeten Kolonien im Weltraum wird man eine große Zahl Menschen senden, um die Niederlassungen zu sichern. Schlimme Krankheiten und Hunger werden sie bis auf 70 Überlebende aufreiben.

2240 bis 2249: Die zweite künstliche Sonne stürzt ab

Zur Mitte dieses Jahrhunderts der Zukunft zwischen 2240 und 2249 wird ein Teil der Wissenschaft einen neuen Frevel an dem Gefüge der Natur begehen: »Der große Stern während sieben Tage verbrennen wird«. Nostradamus sieht, daß für einige Zeit die Erde zwei Sonnen haben wird. Wegen dieser Entzündung der zweiten Sonne durch einige Wissenschaftler wird die große Masse der Wissenschaftler toben, weil sie unabsehbare Folgen befürchten. Für 2246 kündigt Nostradamus den Menschen an, daß »sich Großes nähert, der große Beweger der erneuerten Jahrhunderte«. Gleichzeitig gibt er den Tod des großen alten Feindes an, der durch Gift ums Leben gekommen ist. Alles deutet darauf hin, daß der Herrscher der Beschnittenen durch Gift getötet werden konnte. Einen medizinischen Fortschritt wird es in diesem Jahrzehnt des 23. Jahrhunderts auch geben: »Steine mit Können versteckt unter der Behaarung Durch Sterben von nutzlosen Abschnitten werden sie munter.« Offensichtlich wird man kleine Module unter die Kopfhaut pflanzen, die bei Ausfall des Gehirns oder sonstiger Steuerfunktionen einspringen – eine sicher faszinierende Idee. Zum Ende dieser Dekade beschreibt Nostradamus erneut eine Weltraumunternehmung:»Die Eroberungslustigen sind verleitet durch Versprechungen Sich drehend das zweifach Alte (die Weltraumstation), um seinen angesetzten Drehpunkt. Falsche Erde ist bereitet den Bewerbern des Lebendigen.«

Wir Menschen des 20. Jahrhunderts können daraus nur ablesen, daß sich eine größere Zahl Kolonisten zu einer besonders langen Reise mit einem Raumschiff auf den Weg macht, das einer künstlichen Erde gleicht.

2250 bis 2259: Die »beschnittenen Menschen«, ein neues Problem der Zukunft

In der sechsten Dekade beschreibt Nostradamus, daß die Stadt des Meeres, an einigen anderen Stellen spricht er vom großen Neptun, an einer großen Krankheit leiden wird. Ganz unauffällig erscheint erstmals im Text, daß die Beschnittenen, das heißt die von Armen und Beinen getrennten Menschen, denen man die Nervenenden an Maschinen, Raumfahrzeugen und Ähnlichem angeschlossen hat, neuerdings auch Töchter haben: »Für die Töchter ohne Hände zu viele unterschiedliche Besitzungen.« Jetzt wird die Sache für die normalen Menschen gefährlich, denn diese Art des Lebens kann sich fortpflanzen. Schon bald wird Nostradamus diese Geschichte weiterschreiben. »Ohne Fuß, keine Hand, spitze Zähne und Kraft. Durch die Kugel der Kraft an der Grenze und aufgerauht geboren.« Die bereits mehrfach erwähnten Beschnittenen, ohne Arme und Beine, verfügen über etwas, was Nostradamus als »spitze Zähne« beschreibt, und sind sehr stark. Ihre Kraft bekommen sie offensichtlich durch einen Energiespender, der am Ende, an der Grenze, das heißt an der Verbindungsstelle Nervenendigung/Anschluß an die Maschinen installiert ist. »Aufgerauht geboren« läßt sich nur so interpretieren, daß die Nervenenden bei Neugeborenen bereits offen daliegen, um installiert zu werden. Zum Ende dieses Jahrzehnts im 23. Jahrhundert wird die Meereskolonie der Menschen zerstört. Auf dem Mars wird ein Vorgang beschrieben, der nicht unbedingt kriegerisch sein muß: »Viele gute Mars-Schiffe werfen Speere, um Wasser aufzuteilen.«

2260 bis 2269: Christen und Juden vereinigen ihren Glauben

Ab 2260 beschreibt Nostradamus, wie der Islam erneut in die Knie gezwungen wird: »Der punische Glaube im Orient gebrochen wird.« Aber auch ein anderer, heute noch unvorstellbarer Vorgang wird sich in dieser Zeit vollziehen: »Großer Jude und die Rose die Gesetzesverfassung wechseln wird.« Die Art, wie Nostradamus diese Prophezeiung niedergeschrieben hat, deutet darauf hin, daß unter dem Eindruck der Erkenntnisse aus der Weltraumfahrt das orthodoxe Judentum eine Anpassung seiner Glaubensgesetze und Lebensregeln an das Christentum vornehmen wird oder umgekehrt!

2270 bis 2279: Der Wurfspieß des Himmels beginnt sich zu drehen – die große Vermischung der Rassen

In der achten Dekade berichtet Nostradamus von einem vorüberfliegenden Kometen, der offenbar der Erde, dem Mars oder den Weltraumkolonien zu nahe kommt. Er verursacht Durst und Hunger. Neue Rassen oder Gruppen von Menschen werden von Nostradamus in dieser Dekade erstmals erwähnt. Er nennt sie zum Beispiel »die zusammengepfercht Gehenden« oder »die Zusammengepferchten«; eine andere Gruppe nennt er »die Hellen mit den gabelartigen Nasen.« Was es auch immer ist, der Wurfspieß des Himmels, sicher eine raketenähnliche Konstruktion, wird sich im Weltraum entfalten.

Es kommt auf der Erde zu einer Vermischung aller Rassen, und zum Ende des Jahrzehnts kündigt Nostradamus das »Erscheinen des großen Cäsars des Bockgestanks der Knochen« an, der in irgendeiner Weise ein Wissenschaftler sein wird. Auf einer Weltraumstation, die Nostradamus bereits früher als das Bärtige bezeichnet hat, erzielt man große Fortschritte: »Das Bärtige schwingt, und das Schwarze ist das Werkzeug« und »Das Bärtige hat den Kopf der Zeit es einrastet mit dem in das Innere gestellte.« Man kann nur vermuten, daß die Beherrschung des Zeitphänomens gemeint ist.

2280 bis 2289: Erster Streit mit Außerirdischen

Die neunte Dekade enthält einen Hinweis auf einen Deutschen, dem diejenigen »mit hinzugefügten Seelen« dienen. Es kommt in diesem Jahrzehnt zu einem Wettkampf mit einem außerirdischen Etwas, das laut Nostradamus aus einer fremden Liga, also aus einem fremden Sonnensystem stammt. Dann treten zwei Meister zurück, die die Fähigkeit der Weissagung besitzen. Sie scheinen Wegweiser zu »einer neuen Erde zu sein, die das einzig Existierende ist«, das heißt, für uns kann dies nur bedeuten, daß sie den Menschen die Frage beantworten können, woher sie kommen, wohin sie gehen und warum das alles so ist.

2290 bis 2299: Künstliche Zündung der Sonne mißlingt

In den letzten zehn Jahren des 23. Jahrhunderts sagt Nostradamus das Ende der Regierung der Beschnittenen voraus, ferner eine von Wissenschaftlern ausgelöste Katastrophe auf der Sonne: »Auf der Sonne erwacht ein großes Feuer, das man verursacht hat.« Erinnern wir uns, daß sich die Erde in einer kleinen Eiszeit befindet. Wissenschaftler haben unsere Sonne zusätzlich zu weiteren Reaktionen gezwungen, um mehr Energie zu bekommen. ». . . flieht vor dem Vorteil welchen die Insel hat«, warnt Nostradamus die Menschen. Es ist wohl damit der Teil der Erde gemeint, der nicht zugefroren ist. Aber es ist geschehen. Bevölkerte Orte werden unbewohnbar. Die Regierenden erlassen Bücher der Klugheit, wie Nostradamus sagt, geben also Ratschläge, die untauglich sind, die Sonne ist außer Kontrolle geraten und verbrennt vieles. »Die brennende Fackel am Himmel abends man haben wird.« Das Experiment wird vielen Menschen das Leben kosten und die Wissenschaften erneut diskreditieren. »1000 Einbrüche in die Wissenschaften« schreibt Nostradamus zum Ende dieses Jahrhunderts. Aber die Welt wird sich weiter drehen, die Menschen werden weiter in den Weltraum vorstoßen, werden sich um Energie und Macht streiten und ihren von neuen Weltanschauungen und einem anderen Wissen um die Zusammenhänge geprägten Weg gehen.

7. DIE NÄCHSTEN HUNDERT JAHRE IM DETAIL

In diesem Abschnitt stellen wir Ihnen eine Reihe einzelner Aussagen mit den dazugehörigen Jahresangaben vor, die nach unserer Methode entschlüsselt worden sind. Wir zitieren die Verse wörtlich nur is zum Beginn des nächsten Jahrtausends, danach nennen wir nur noch die Jahreszahlen und Stichworte zu den Ereignissen.

Den gesamten französischen, unbearbeiteten Originaltext aller Centurien, die für 1555 bis 3797 gültig sind, finden Sie im Anhang.

1992: Das Jahr der Luft

»Dort die Luft wird sich in etwas Neuem befinden wollen zwischen der Luft. Durch ehemalige Feinde erfolgt Strafe – dort wird man wieder hinkommen wollen. Gefangene werden befreit, von Fehlern spricht man und begeht sie doch. König des außenstehenden Ostens wird sich fern der Feinde halten.« (IX. Centurie, Vers 92)

Das Ozonloch entwickelt sich dramatisch. Die von Saddam Hussein befohlenen Ölbrände tragen trotz gegenteiliger Meinung dazu bei. Der Treibhauseffekt steigert sich bis 1994 in erschreckendem Maße. Die Folge davon sind einschneidende Veränderungen unserer Klimazyklen, Unwetter und ein Abschmelzen der Polkappen, das zu schweren Überschwemmungen führen wird. Die letzte Zeile weist darauf hin, daß sich Gorbatschow oder die Herrscher Chinas vor ihren Feinden (noch) erfolgreich schützen können.

1993: Das Jahr des Bösen

»Die Feinde der Macht sehr zurückliegen durch Fahrzeuge wird die Festung geführt. Durch die Mauern der Bürger (Geworfenes) grunzen die Nasen. Wenn zuvor Hercules kämpfen wird gegen den roten Zion.«
(IX. Centurie, Vers 93)

Chemischer Krieg in bzw. um Israel. Eskalation der Probleme im Nahen Osten.

1994: Das Jahr des Umbruchs

»Glaube ist verletzt – salzige Irrtümer vollenden sich. Einheit ist zusammengefügt – indem man nicht begeht Fehler. Das Stärkste im Schutzwall. Schwache Angriffe erschüttern die slawische Vorherrschaft. Lübeck und Meissen werden halten zu den Angreifern.«
(IX. Centurie, Vers 94)

Der Krieg in Nahost geht weiter, nachdem Israel den Islam schwer beleidigt hat. Die deutsche Einheit festigt sich. Die Augen der Welt sind aber auf die Sowjetunion gerichtet: Dort geht die Zeit der künstlichen Union sozialistischer Sowjetrepubliken endgültig zu Ende. Deutschland scheint auf seiten der nach Unabhängigkeit ringenden Einzelstaaten und Völker zu stehen.

1995: Das Jahr der Kirche

»Die neue Tatsache wird Manöver durchführen nahe der Zwei. In falscher Beurteilung dessen, was in der Nähe der Küste ist. Verlockende Hilfe von auserwähltem Mailänder. Der Führer wird der Augen beraubt in Mailand im Eisernen Käfig.« (IX. Centurie, Vers 95)

Ein neuer Papst wird gewählt, der aus Mailand kommt. In Mailand findet auch eine wichtige Gerichtsverhandlung statt. Ein neuer Machtfaktor oder ein neues Regierungssystem oder ein neuer Machthaber wird, wahrscheinlich im Februar, eine Machtdemonstration in der Nähe einer Küste unternehmen, wodurch es zu einer gefährlichen Situation kommt. Es liegt nahe, in Verbindung mit den Versen zuvor, daß Gorbatschows Ablösung die »neue Tatsache« ist.

1996: Das Jahr der Waffen

»Vier Jahre wenn eintritt der König in der Luft befindet sich brandig Werdendes. Des Pfades Zeit wegen des Durchbruchs zu Gott. Bei der zehn verletzter Glaube trägt den Lärm bewaffneter Umtriebe. Werden bringen Feuer Tod des Blutes und Furcht vor Gott.« (IX. Centurie, Vers 96)

Ein neuer geistiger Führer macht die Situation im Nahen Osten besonders gefährlich. »Brandiges in der Luft«: Brennen die Ölquellen schon wieder? Ein neuerlicher Nahostkrieg wird mehr denn je zum Religionskrieg! Obwohl Israel erneut die Oberhand über die islamischen Kriegsgegner behalten wird, vertieft dieser Pyrrhussieg nur Haß und Fanatismus.

1997: Das Jahr der Sterne

»Auf dem Meer Duplikate dreigeteilt. Um sich zu lösen sucht man das Feld der Auserwählten. Zuerst man die Spalte betritt siegreiche Morgenröte.« (IX. Centurie, Vers 97)

»Duplikate« sind bei Nostradamus serienmäßig bzw. massenweise hergestellte Produkte. Drei Gruppen von Kriegsschiffen formieren sich zu einer Seeschlacht. Der zweite Teil des Verses deutet auf eine sehr erfolgreiche neue Weltraumexpedition hin. Die »Auserwählten« sind Astronauten.

1998: Das Jahr der Strahlen

»Die Betrübten wenden sich durch den Fehler eines Einzigen ab gegen die Bedrohung der Gegenpartei. Bei der 10 – bei Lyon Nüsse lügen – was für Zeit des Streits. Zurückgegeben wird das große niedergerissene Pferd.« (IX. Centurie, Vers 98)

Nostradamus warnt hier vor einer großen Atomkatastrophe in Lyon. Besonders Südeuropa und die nördlichen Mittelmeerländer wären vom radioaktiven Fallout eines GAUs betroffen.

1999: Das Jahr des Rücktritts

»Wind für den man zum Verlassen des Throns gezwungen. Wegen des Regens danach er ihnen eine geschickte Falle stellt. Letzte Hilfe um sich ihrer Grenze zu widersetzen.« (IX. Centurie, Vers 99)

Im Zusammenhang mit den ersten Versen für das 21. Jahrhundert weist dieser Vers auf das Ende der sowjetischen Zentralgewalt hin – oder er warnt, in einer zweiten Lesart, vor dem Ende der Perestroika! Im Zusammenhang mit Wolkenbildung und Regen werden neuentwickelte Waffen in ihrer Wirkung verstärkt.

2000: Das Jahr der Supermacht

»Das große Reich wird durch England errichtet. Dem zweifach ungeschickten Geist mehr als 300 Jahre. Große Fahrzeuge fahren über Meer und Land. Die mit klarem Verstand sind darüber nicht glücklich.« (X. Centurie, Vers 100)

Die USA bauen ihre Vormachtstellung weiter aus, die sie insgesamt 300 Jahre lang werden halten können – Nostradamus setzt England und die von England begründeten USA gleich. Daß er sie den »zweifach ungeschickten Geist« nennt, hat seine besondere Bewandtnis, wie wir später noch sehen werden.

Super-Jumbojets fliegen noch mehr Massentouristen in noch entlegenere Winkel der Erde, worüber Menschen mit klarem Verstand angesichts der sozialen, ökologischen und politischen Folgen »unglücklich« sind.

2002: Das Jahr der Sterne

»Getarnte Galeeren segeln um vom Neuen zu kaufen. Die von hohem Rang werden sich von den Minderen trennen. Zehn Schiffe nähern sich dem Abstoßpunkt. Viele Besiegte vereinigen sich zu einem eigenen Zusammenschluß.« (X. Centurie, Vers 2)

Eine neue sowjetische Weltraumexpedition unternimmt heimlich den ersten bemannten Marsflug der Menschheit. Die Besiegten sind Amerikaner und Westeuropäer, die nun ihrerseits große Anstrengungen zum Marsflug unternehmen. In einer zweiten Lesart kann sich dieser

Begriff aber auch beziehen auf unterdrückte Völker der Erde, die beginnen, ihre politischen Interessen und Aktionen zu bündeln.

2003: Das Jahr des Leidens

»Weil man danach nicht fünf Stützpunkte außerhalb stellt. Ein Feuer dort wird man kaufen. Bei Zehn Murren. Hilfe kommt von den Goldenen. Speichelleckerei vor dem Stuhl, die Goldenen werden verlassen sein.« (X. Centurie, Vers 3)

Weil fünf Überwachungssatelliten jetzt nicht installiert werden, wird es später zum Ausbruch des dritten Weltkriegs kommen! In der Anfangsphase wird mit »Feuer« gekämpft werden. Sogar die Jahreszahl hat Nostradamus schon in diesen Vers eingefügt, nämlich »Zehn«, also 2010. Die letzten Zeilen beziehen sich wohl auf Menschen mit kurzsichtigen selbstsüchtigen Interessen, die Hilfen der »Goldenen«, also weiserer Menschen, ausschlagen.

2004: Das Jahr des Mißerfolgs

»Hoch zur Mitternacht der Armeeführer. Wird sich retten. Plötzlich ist er auserwählt bei 1. Sieben Jahre danach, die Seele wird nicht verflucht. Bei seiner Rückkehr man wird sagen eine Unze wo zehn.« (X. Centurie, Vers 4)

Die erste geheime Marsexpedition der Sowjets wird ein Fehlschlag. Nur der Leiter des Raumflugs überlebt, der später erneut einen Marsflug leitet, dann erfolgreich.

2005: Das Jahr des Erfolgs

»Zu Füßen von 100 Sternen wird es eine neue Vereinigung geben. Neues Dürre nichts Gutes für ihn. Grenze der Art.« (X. Centurie, Vers 5)

Eine (die amerikanische, eine zweite sowjetische?) Marsexpedition hat ihr Ziel erreicht; der erste Mensch betritt den roten Planeten. Es gibt aber unerwartete technische Probleme.

2006: Das Jahr der Rüstung

»Sarazenen geben sich 1000 Jahre – so hoch wie die unbegrenzte Luft. Wenn die Zeit des Brennens kommt Zwei zum Löwen wiedergeboren. In vier Jahren der Riese die Meisten zur Flucht bringt. Fünf ist Eins. Grabstätte des Feuers im Osten zum Vorschein kommt.« (X. Centurie, Vers 6)

Nostradamus warnt in diesem Jahr sowohl vor dem dritten Weltkrieg als auch vor den Ursachen, die dazu führen werden. Nach Nostradamus werden fünf militante islamische Länder in einen Rausch versetzt, den westlichen Ländern überlegen zu sein. Der Grund: eine neuartige Waffe, die als »Grabstätte des Feuers« bezeichnet und der Welt erstmals 2006 bekannt wird. Vor dem Ersten Weltkrieg warnte Nostradamus im Vers für das Jahr 1910 mit den Worten: »4 (also in vier Jahren) Skelette schicken sich an Quartier zu machen.« Für 2006 schreibt er: »4 der Riese die Meisten zur Flucht bringt.« Obwohl der Krieg durch den Islam verursacht wird, sind die Hauptgegner jedoch die USA und die UdSSR.

2008: Das Jahr des Terrors

»Indien bei zehn und die Kugel schmelzen – Zeit der Luft. Vom Senegal geht der Graf zu seinem sauberen Sohn. Der Myrrhen nicht beseelt durch die meisten der auserwählten Stimmen. Vier Könige in sieben Tagen tödlich verletzt.« (X. Centurie, Vers 8)

Seit 1990 und dem Vers über den Golfkrieg wissen wir, daß Nostradamus mit »Indien« auch Amerika meint. Kurz vor Nostradamus' Lebenszeit glaubte Kolumbus bekanntlich, Indien entdeckt zu haben. »Indien bei zehn« heißt 2010. Nostradamus gibt zwei Informationen für diejenigen, die flüchten wollen. Indien bzw. Amerika und die (nördliche Halb-)Kugel werden durch Feuer brennen und »schmelzen«. Es ist eine Zeit des Luftkriegs. »Vier Könige«, also vier Staatsführer, werden innerhalb einer Woche sterben – ein letztes Vorzeichen dafür, daß die Prophezeiung kurz vor der Erfüllung steht! Wenn Sie sich aus diesem Buch nur diese eine Passage merken, kann das Ihr Leben und das Ihrer Angehörigen retten, wenn Sie sogleich nach dem

Eintreffen dieses Ereignisses die für Sie geeigneten Schutzmaßnahmen treffen.

2009: Das Jahr der Vernunft

»Im Namen der Sachen – die man erahnt werden nachträglich Gesetze gemacht.« (X. Centurie, Vers 9)

Man versucht neue Waffen zu ächten, aber etliche Regierungen haben die neuen Teufelswaffen bereits in ihren Arsenalen. Es scheint nicht mehr zu verhindern zu sein, daß diese Waffen auch wirklich eingesetzt werden.

2010: Die Jahre des dritten Weltkriegs

»Wird sein schlimmer als der Großväter.« (X. Centurie, Vers 10)

Der dritte Weltkrieg beginnt im November 2010 und dauert bis zum Oktober 2014; er besteht aus zwei Kriegen, wird konventionell beginnen und atomar weitergeführt werden und schließlich zum Kampf mit chemischen Waffen eskalieren.

2011: Das Jahr des Greuels

»Unter der ionischen Küste gefährliche Vorbeifahrt. Wird sein gemacht vorübergehend der Nachgeborenen Laster. In den Bergen das Schlimmste geht vorüber ohne Bürde. Abreise. Stich wo Eins lacht. Führer in der Falle.« (X. Centurie, Vers 11)

Auf der nördlichen Halbkugel weitreichender atomarer Fallout; Tiere verenden, das Grün erstirbt.

2014: Das Jahr des Jammers

»Begleitet werden die Meisten von Schwestern erbleichter Eiterpusteln.« (X. Centurie, Vers 14)

Für die Überlebenden des Krieges zählen entsetzliche Hauterkrankungen zu den schlimmsten Folgen des Chemiewaffeneinsatzes.

Was Nostradamus rät,
um den dritten Weltkrieg zu überleben

Noch haben wir fast 20 Jahre Zeit, um uns auf den dritten Weltkrieg vorzubereiten. Es fällt auf, daß Nostradamus sich mit »dem Grauen des Verbrennens«, wie er den Atomkrieg nennt, kaum beschäftigt, um so mehr aber mit dem chemischen Krieg. Es sieht so aus, als ob wir uns mit den Folgen der chemischen Gifte mindestens zehn Jahre lang herumschlagen müssen. Etwa ab 2006, wenn die bis dahin erwarteten Veränderungen in der Sowjetunion, im Nahen und im Fernen Osten bekannt geworden sind und wir auch mehr über neue Waffensysteme wissen, sollten wir folgendermaßen vorgehen.

1. Einen Platz für das Überleben bestimmen: Plätze, an denen es reichlich regnet; Entwicklungsländer; Südeuropa; bergige Gegenden; Küstennähe, aber nur insoweit, als dort keine Überschwemmungsgefahren drohen; generell eher die südliche Halbkugel.
2. Schutzmaßnahmen nach dem Sachstand von 2006 festlegen.
3. Erforderliche Materialien einlagern.
4. Geeignete Wasseraufbereitungsanlagen bereitstellen.
5. Geeignete Bodenentseuchungsanlagen bereitstellen.
6. Hermetisch schließende Treibhäuser rechtzeitig bauen und bepflanzen.
7. Das Problem von fehlendem (tierischen) Eiweiß für gut zehn Jahre lösen, Lebensmittelproduktionsanlagen planen und bereitstellen, Meßgeräte und Analyse-Kits einlagern.
8. Arzneimittel einlagern, die Linderung bei Hauterkrankungen verschaffen.
9. Verbandmaterial für großflächige Hautprobleme einlagern.
10. Hermetisch dichte Schutzbekleidung einlagern (an die lange Dauer von zehn Jahren Folgen denken!).

2016: Die Jahre danach

»Glücklich in Frankreich zu regieren, glücklich zu leben. Unbekannt Blut, Tod, Furioses und Verbrechen. Keiner Blähung unterliegt das Leben. König entkleidet. Viel in den Glauben man sich einweiht.«
(X. Centurie, Vers 16)

Der Krieg ist zu Ende, Europa ist stark entvölkert, die Staatsmänner haben keine Ämter und Würden mehr, es gibt kein Volk mehr zu regieren. Nostradamus ist ironisch, wenn er meint, daß das Leben keinen Blähungen mehr unterläge – wenn praktisch kein Leben mehr existiert, gibt es auch keine Blähungen.

2018: Das Jahr der Asiaten

Japan und bzw. oder China werden eine neue Weltmacht. Eine Papstwahl hat schlimme Folgen für Rom (siehe Abschnitt über das Christentum).

2023: Das Jahr der Rezession

Eine globale Wirtschaftskrise erschüttert die Länder. Alles Kapital scheint sich praktisch in einer einzigen Hand zu befinden.

2024: Das Jahr der Hilfe

China hilft Japan gegen einen geplanten Schlag aus der Luft. Das Abschmelzen der Polkappen wird durch die Umkehrung des Treibhauseffektes gestoppt; der Wasserspiegel der Weltmeere sinkt wieder.

2026: Das Jahr der Seuche

Hautkrankheiten und Hautkrebs greifen weiter um sich.

2028: Das Jahr der Forschung

Sensationelle Entdeckung neuer Energiequellen. Laut Nostradamus steht diese Energie mit Tönen oder einem Ton in Verbindung – was später allerdings auch als Waffe mißbraucht wird. Allmähliche Überwindung der Hungersnöte. Eine bemannte Raumsonde startet zur Venus.

2029: Das Jahr der Ressourcen

Unter der Erde wird eine neue Form der Energiegewinnung prakti-
ziert; evtl. handelt es sich um die kontrollierte Kernfusion.

2031: Das Jahr des Exodus

Die Überlebenden Israels entschließen sich, ihr immer noch stark
geschädigtes Land zu verlassen und sich im Norden Europas anzusie-
deln, wahrscheinlich in Norddeutschland oder Skandinavien. Auch
Muslime wandern dorthin aus.

2033: Das Jahr der Polschmelze

Erneut schmelzen die Polkappen verstärkt ab, infolge der zunehmen-
den Umweltverschmutzung. Der Meeresspiegel steigt dramatisch;
Küstenländer wie Holland und Bangladesh, aber auch Teile der Küste
Südfrankreichs versinken im Meer.

2038: Das Jahr der Kirche

Ein neuer Papst wird gewählt, der bei den Katholiken in aller Welt
sehr beliebt ist. Er bleibt aber aus unbekannten Gründen nur kurz auf
dem Stuhle Petri. Nostradamus kündigt außerdem eine neue Waffe an,
die mit Hochfrequenz oder mit Ultraschall arbeitet (und gegen Frankreich eingesetzt wird).

2043: Das Jahr des Booms

Die Weltwirtschaft floriert. Nachdem um 2040 eine erneute Kriegs-
gefahr gebannt wurde, blickt man nun einer Friedenszeit mit einem
großen Wirtschaftsaufschwung entgegen.

2045: Das Jahr der Medizin

Mediziner pflanzen zum ersten Mal erfolgreich »geklonte« Organe
ein – die »Ersatzteil-Medizin« beginnt.

2046: Das Jahr Deutschlands

Nachdem Nostradamus über einen allgemeinen Wohlstand noch einmal geradezu schwelgt, zeichnet er Regierungskrisen in Deutschland und ein kurzzeitiges Aufflackern des Faschismus.

2048: Das Jahr des Umbruchs

Spanien wird zur neuen Weltmacht – weil sich das Land in den Jahrzehnten zuvor bewußt entschlossen hatte, Wissenschaft und Forschung besonders zu fördern.

2050: Das Jahr der Stadt

Nostradamus sieht eine neue Welthauptstadt mit vielen Hochhäusern.

2051: Das Jahr der Einheit

Ein besonders zweideutiger Vers weist auf eine Vereinigung der Deutschen hin. Handelt es sich um eine nochmalige Vereinigung – oder vielleicht um die der deutschsprachigen Völker Deutschlands, Österreichs und der Schweiz, die am inzwischen in vielen Orten Deutschlands bestehenden Wohlstand teilhaben möchten?

2056: Das Jahr der Kirche

»Der Nagel der Zeit stirbt«, schreibt Nostradamus. Offenbar wird die Relativitätstheorie ergänzt. Möglicherweise handelt es sich um die Planung von Raumreisen ohne Zeitverschiebungen.

2060: Das Jahr des Islam

Islamische Staaten erobern Südfrankreich. Nizza wird zur Hauptstadt einer muslimischen Provinz.

2066: Das Jahr des Klimas

Die USA setzen bei einem Angriff auf das islamisch gewordene Rom eine neuentwickelte Klimawaffe ein. Dies erweist sich als Fehler, denn die Erde beginnt zu vereisen.

2068: Das Jahr der zweiten Erde

Eine zweite Erde wird im Rahmen einer bereits länger laufenden Raumfahrtexpedition entdeckt, die sich besiedeln läßt. Kurz darauf kommt es zu bahnbrechenden weiteren Entdeckungen.

Wir wollen diese Entdeckungen als Einschub hier zusammenfassen, obwohl sie sich über viele Jahre erstrecken. Der Zusammenhang wird aber durch diese Bündelung von Nostradamus-Texten zu einem Thema noch sehr viel deutlicher.

2059 bis 2093: Die Menschen entdecken ihre wahre Herkunft

Kaum hundert Jahre trennen uns von dem Augenblick, in dem eine Funkbotschaft vom Mars die Entdeckung einer vor Jahrtausenden verlassenen Station auf dem Mars bekanntgeben wird. Dies wird der Moment sein, wo ein künstliches, aber sehr sorgsam von unseren Vorfahren gebasteltes Weltbild zusammenbrechen wird, um einer erschreckenden Erkenntnis Platz zu machen: Wir sind nicht allein in unserer Galaxie, und solange wir nicht stark genug sind, sollten wir weder auf uns aufmerksam machen noch unser Sonnensystem, unser von unseren Vorfahren ausgesuchtes Versteck, verlassen.

Die Geschichte der Menschheit, woher sie kommt und warum sie in diesem Sonnensystem lebt, gehört zu den hundert von Nostradamus als »groß« bezeichneten Geheimnissen der Menschheit, die er in seinem Seherwerk hinterlassen hat.

Völlig überraschend jedoch ist für die Nostradamus-Forschung, daß die Prophezeiungen über das Erwartete so weit hinausgehen, daß sie sogar die Gründe nennen, warum die Menschen auf Erden bewußt auf einen Glaubensweg gebracht wurden, der sie möglichst wenig an einen Aufbruch zurück ins Universum träumen ließ.

Dies ist der erste Versuch, auf der Basis der bis heute entdeckten Textfragmente einen ersten Formulierungsversuch zu unternehmen. Je mehr Textfragmente in den nächsten Jahren hinzukommen, desto genauer wird das Bild werden. An der Richtung werden diese zusätzlichen Textpassagen nichts mehr ändern. Darum erscheint es legitim, der an Nostradamus interessierten Leserschaft schon heute dieses Forschungsergebnis bekanntzugeben.

Wie viele Entdeckungen, so wird auch diese interplanetare Reise von einer Arbeitshypothese ausgehen. Es werden sich Menschen zusammentun, die etwas von der Sache verstehen, die sich einen Vorteil versprechen und die einen neuen Kolumbus auf eine Reise schicken wollen.

Lesen wir zunächst jeweils die Aussprüche des Nostradamus, und sehen Sie sich danach unseren Kommentar an.

»Fünf Staatsbürger der Luft – Hände drücken – dort Entdeckungen. Abreise unter edler Führung steht bevor – lange Schleppe. Und man entdeckt Grünes – Parabolisches der Masse – Zeit der Entdeckungen.« (X. Centurie, Vers 59)

»Beginn der Tatsache des neuen Mondes – Altes erwacht. Wird sehr groß werden durch den Süden.« (X. Centurie, Vers 69)

»Das neue Schiff wird brennend seine Reise aufnehmen. In die Haut haben 100 gebohrt – Rückgewinnung der Beherbergung. Nahe zweier Kolonien wird Zerriebenes gefunden werden.« (X. Centurie, Vers 93, Zeile 1–4)

Kommentar

Das Zeitalter der Weltraumfahrt und der atemberaubenden Entdeckungen beginnt im Jahr 2059. Fünf Staaten schließen sich zusammen, um in die Weltraumfahrt einzusteigen, und drücken sich die Hände. Nostradamus sagt diesem Unternehmen große Erfolge voraus. Unter anderem wird Grünes, das heißt Wachstum außerhalb der Erde, sowie ein Geheimnis der Materie entdeckt. Offenbar findet man eine Methode, um nachzuweisen, daß Materie (sich) im Raum/den Raum parabolisch krümmt.

2069 wird es wirklich interessant, denn man stößt auf Altes, das heißt, es werden die ersten Spuren unserer Vorväter entdeckt. Diese Entdeckung wird nach Nostradamus von größter Bedeutung werden und die Menschen beflügeln, neue Raumschiffe zu bauen und auszurüsten, um weitere Entdeckungen zu machen.

Die Raumschiffe dieser ersten Generation sind offenbar noch relativ lange unterwegs. Bis man zurückkommt, ein neues Schiff baut, es auf die Reise schickt und an die Forschungen des ersten Raumschiffs anschließen kann, vergehen Jahrzehnte.

Schließlich wird es im Jahre 2093 sein, daß die Menschen auf dem Mars die Überbleibsel von zwei Kolonien entdecken und wieder in Betrieb nehmen. Diese Behausungen auf der südlichen Halbkugel des Mars sind von den ersten Besiedlern unseres Sonnensystems errichtet worden. Dadurch werden sich das alte religiöse Weltbild der Menschen von Himmel und Erde und unter dem Druck der Beweise die Glaubensgrundsätze der Weltreligionen hier auf Erden verändern.

8. EXKURS:
VON URSPRUNG UND WERDEN
DER MENSCHHEIT

»Aus Farben abgeleitet wird die Lehre von der Herkunft der sieben Rassen, die von verschiedenen Kundschaftern ausgesät wurden.« (IV. Centurie, Vers 66)

»Dann ist der Brunnen der Labsal mit Gift benetzt worden. Was zur mächtigen Entartung der Gottes-Arbeiter führte.« (IV. Centurie, Vers 66)

»Wegen denen vom Hundsstern die Verräter fliehen.« (II. Centurie, Vers 77, Zeile 4)

»Die lange Antwort kommt von dem trennenden Platz. An der Grenze des Salzes – dort nicht riesig – ist die Energiequelle, die sie verbrauchen.« (IV. Centurie, Vers 23)

»Das große Versteck, das für lange Zeit unter den Dunkelheiten sein wird, erobert den Weltraum mit Hilfe der Wissenschaftler.« (I. Centurie, Vers 84, Zeile 1-3)

Kommentar

Nach Nostradamus entwickelten sich die verschiedenen Hautfarben der Menschen, die heute auf unserer Erde leben, in verschiedenen Planetensystemen unserer Galaxie. Aus Gründen, die Nostradamus nicht erwähnt, kam es zu einer Genveränderung, die noch im Verlauf dieses Textes erwähnt wird. Der Brunnen des Labsals wurde vergiftet.

Intelligente Wesen aus der Gegend des Sirius verfolgten die Urheber dieser Vergiftung des Brunnens. Offenbar gab es Streit, ob die »vergifteten Lebewesen« getötet oder nur verbannt werden sollten. Es gelang den Gegnern der Tötung, einen Teil der entarteten Lebewesen am Rand der Galaxie zu einer schwach brennenden Sonne zu bringen.

215

Zwischen die Erde und den Heimatplaneten der Menschen wurde bewußt ein sehr großer Raumabstand gelegt, der diese entarteten Gottes-Arbeiter vor einer Gruppe schützte, die sie vernichten wollte. Eine Kontaktaufnahme ist wegen der langen Antwortzeiten nicht möglich. Unsere Vorfahren wurden an den Rand der Galaxie, in eine gefährliche Zone (Grenze des Salzes) gebracht, wo die Lebensbedingungen so schlecht sind, daß niemand hier Leben vermutet. Man fand die schon erwähnte schwach brennende Sonne, die unauffällig genug war, um die Menschen in diesem Planetensystem zu »verstecken«.

Ausblick

Diese sich in der Isolation entwickelnden Nachkommen, die sich lange Zeit unerkannt im Weltall weiterentwickeln konnten, werden sich ihrerseits aufmachen, um das Universum zu erobern. Zuvor werden sie aber an sich selbst den Gendefekt reparieren, der ihre Verbannung auslöste.

Der Einzug in unser Sonnensystem

»Durch eine Revolte in der Arche zerstörte man Vergoldetes und Silbernes. Von den zwei Gefangenen der eine den anderen aufaß.« (III. Centurie, Vers 13, Zeile 1)

»Durch das Unternehmen ging große Verwirrung aus. Verloren ging den Menschen der unzählbare Schatz allen Wissens.« (III. Centurie, Vers 24)

Kommentar

Diese Reise der genveränderten Lebewesen wird in der Bibel in der Geschichte der Arche Noah erzählt. Das Schiff wurde auf die Reise gebracht und stieß laut der Aufzeichnung in der Bibel auf einen Berg. Kann es nicht genausogut ein Planet in unserem Sonnensystem gewesen sein, auf den diese mythische Arche stieß? Kennen wir nur einen Teil der Geschichte um die Arche Noah? Nach Nostradamus spielte sich in der Flucht-Arche unserer Vorfahren ein schreckliches Drama ab, in dessen Verlauf die wertvollsten Hinweise auf unsere Herkunft, Fähigkeiten und die Kenntnisse der Gesetze des Universums verlorengingen.

Wo unsere Vorfahren in unserem Planetensystem zuerst siedelten

»Zwei Teile man auf den Inseln prüft keiner ist durchlöchert.« (IV. Centurie, Vers 60)

»Die sieben Kinder werden in Obhut zurückgelassen. Ein Drittel von der Rasse kommen, wo man Kinder tötet.« (IV. Centurie, Vers 60)

Kommentar

Es waren zwei »Inseln« (Planeten) in unserem Sonnensystem, auf denen die Verbannten siedeln konnten. Aus Anmerkungen, die Nostradamus in anderem Zusammenhang gemacht hat, kann man vermuten, daß es ein Planet, der heute nicht mehr existiert, und der Mars gewesen sein müssen.

Aus irgendwelchen Gründen hatten von den sieben Kindern nur zwei die Flucht unbeschadet, daß heißt ohne Löcher in der Erbinformation überstanden, so daß weitere Probleme in unser heutiges Sonnensystem eingeschleppt wurden.

Ganz geheimnisvoll wird es, wenn man liest, daß zwei Rassen von Planeten abstammen, auf denen Kinder nicht erwünscht waren und folglich getötet wurden.

Die Umsiedlung und ihre Folgen

»Die Verbannten werden auf die Inseln wegen des Wechsels zu einem sehr entsetzlichen Monarchen verbracht.«
(I. Centurie, Vers 59, Zeile 1)

Kommentar

Alles deutet darauf hin, daß wir seit der Landung mit der Arche Noah noch einmal umgezogen sind. Auf dem zuerst besiedelten Planeten in unserem Sonnensystem entwickelte sich eine technisch hochstehende Kultur. Als dieser klar wurde, daß der für die Verbannung ausgewählte Planet eines Tages mit einem großen Himmelskörper, einem entsetzlichen Monarchen zusammenstoßen würde, wurden die Verbannten erneut umgesiedelt. (Dieser vagabundierende Himmelskörper spielt offenbar in großen Zeitabständen eine schicksalhafte Rolle. Er dürfte laut Nostradamus erneut um 3070 unser Sonnensystem durcheinanderbringen.)

Darüber steht nichts bei Nostradamus, aber interpretieren wir doch an dieser Stelle die Bibel: Wieder gab es Streit, die einen wollten nicht ziehen, die anderen sollten bleiben. Diese Geschichte ist in der Bibel als der Auszug der Juden aus Ägypten niedergelegt. Moses leitete die Expedition. Er und sein Volk kommen davon, die anderen, die in letzter Minute hinterher wollen, schaffen es nicht mehr.

Unterwegs wurden die mitgenommenen Lebewesen von Moses für ein Leben auf der Erde (Knochenbau, Atmung etc.) angepaßt. Dies ist auch der Grund, warum Moses das gelobte Land zwar sehen, aber es selbst nicht betreten konnte.

»Der Glaube der Verheißung wird für lange Zeit falsch sein. Nackt werden sie sich machen erbärmlich und ratlos.«
(IV. Centurie, Vers 22)

»*Der Glaube ist gemacht worden, damit die menschliche Seele das Göttliche begreifen kann.*« (IV. Centurie, Vers 24)

»*Gemacht wurde die Lehre allein nur wegen der Art der Menschen auf Erden und wegen ihrer Körper, um das Unreine zu zerstören.*« (IV. Centurie, Vers 24)

»*Durch das Hindernis des Glaubens werden festgehalten die mißlungenen Rassen.*« (IV. Centurie, Vers 59)

Kommentar

Den Menschen auf unserer Erde wurde von ihren Vorvätern eine Glaubensgeschichte hinterlassen. Diese Glaubenslehre ist von den wissenden Urahnen so konzipiert worden, daß die Nachkommen keine Ambitionen entwickeln sollten, zu frühzeitig in den Weltraum zurückzukehren und ihre Heimatplaneten zu suchen.

Erst wenn sie technisch und wissenschaftlich fähig wären und über die entsprechende Einsicht verfügten, ihr Problem der Entartung betreffend, zu entscheiden und zu handeln, erst dann sollten sie den Kontakt zum Zentrum der Galaxie suchen.

Mit »Glauben« hat Nostradamus die Überlieferung in Moses 1-5 gemeint, die keine Hinweise darauf enthält, daß sich die beschriebenen Ereignisse im Universum zutrugen. Man wählte Orte auf der Erde, um der Neugier der Menschen entgegenzukommen.

Der Stein der Weisen

»Es existiert eine große Lehre über die Rolle der vergänglichen Erde im unendlichen Universum.« (IV. Centurie, Vers 4)

Kommentar

Nostradamus erwähnt, daß es eine große, umfassende Information über die Rolle der vergänglichen Erde im Universum gibt. Vermutlich enthält die Bibel Fragmente. So ist zum Beispiel der Teil, der als Moses 1 – 5 bezeichnet wird, derjenige, den man als die Beschreibung anzusehen hat, woher die Menschen kommen; die Johannes-Offenbarung enthält demgegenüber die Beschreibung dessen, wohin die Menschen gehen.

Die Zukunft der Menschheit

»Es werden Menschen geboren, die den Fortschritt verehren, so daß die unanfechtbaren Rassen kommen werden.« (IV. Centurie, Vers 60)

»Das unglückselige ewige Erbe durch die Kette. Wird gedreht werden durch den folgerichtigen Befehl. Am Rand von zwei Haken umschlossen wird zerbrochen die Kette. Die Stelle wird entfernt vom Fehler Stück um Stück.« (III. Centurie, Vers 79, Zeile 1 – 4)

»In der Folge in Höhlen mit Luft geübt wird. Nach dem Sieg wird ihnen das unübertroffene Feld gehören. Welten des Geistes die Großen zur Auferstehung sich bereit machen.« (Zweite Lesart: IV. Centurie, Vers 36, Zeile 1 – 4)

Kommentar

Das unglückselige ewige Erbe, die Erbsünde der Bibel, ist ein Fehler in der DNS-Kette, der durch eine künftige Generation von Menschen erkannt und behoben wird, so daß sich die »Verräter« dank eigener Einsicht oder Erkenntnis selbst korrigiert haben werden und als unanfechtbar zu den Ursprüngen ihrer Abstammung zurückkehren können.

Alles auf Erden ist darauf ausgerichtet, daß die hier wohnenden Menschen in die Lage kommen, den Fehler zu entdecken und fähig zu werden, ihn selbst zu beheben. Die so »Gereinigten« werden unser Sonnensystem wieder verlassen, bevor es dem Untergang, das heißt einer grundlegenden Veränderung unterworfen wird.

Auf dem neuen Heimatplaneten werden unsere Nachkommen nach und nach den atmosphärischen Bedingungen des neuen Planeten angepaßt, etwa so, wie es Noah und Moses seinerzeit auch mit unseren Vorfahren gemacht haben. Die Zukunft dieser neuen Menschheit ist groß.

Zusammenfassung

Ende des nächsten Jahrhunderts müssen wir laut Nostradamus mit den Beweisen rechnen, daß unsere Vorfahren in dieses Sonnensystem verbannt wurden, daß Noah seine Arche nicht auf irdischen Gewässern lenkte, sondern aus der Gegend des Sirius kommend zuerst u.a. den Mars besiedelte, von wo Moses die Vorfahren aller Menschen, die heute auf Erden leben, auf die Erde rettete.

Ab 2093 wird man nicht nur die Beweise dafür, sondern weitere Hinweise auf die Geschichte der Menschheit besitzen, die die Dogmen der Religionen dieser Erde verändern werden. Denn im Jahre 2260 schreibt Nostradamus: «Der große Jude (orthodoxes Judentum) und die Rose (Christentum) werden die Gesetzesverfassung (Glaubensdogmen) ändern.»

Bald darauf wird sich niemand mehr daran stören, wenn 100 Jahre später der Papst von einer Weltraumstation aus regiert und es eines Tages Patres geben wird, die ihre eigene Raumstation führen.

9. BEDEUTSAME EREIGNISSE IN DER ZEIT VON 2076 BIS 3072

2076: Das Jahr der Völker

Unter einer einzigen Weltregierung wird der Traum von der klassenlosen Gesellschaft verwirklicht.

2079: Das Jahr der Meere

Die Wissenschaften haben einen Weg gefunden, um die Weltmeere wieder zu reinigen.

2083: Das Jahr der Ignoranz

Die fundamentalistische islamische Regierung Südeuropas erläßt ein Verbot aller modernen Wissenschaften. Nur noch die Auslegung des Korans und islamische Wissenschaften werden zugelassen.

2084: Das Jahr des Friedens

Nochmals betont Nostradamus die langanhaltende Friedenszeit. Überall außerhalb des islamischen Machtbereichs kommen die Wissenschaften zu neuem Ansehen.

2086: Das Jahr der europäischen Einheit

Ein neuer Staatsmann tritt auf die politische Bühne Europas und eint die meisten der vielen Völkerschaften.

2087: Das Jahr des Kampfes

Der neue Führer Europas versucht vergeblich, die islamischen Beherrscher Italiens in einer großen Offensive zu vertreiben.

2088: Krankheit als Waffe

Menschen altern in Sekunden aufgrund einer neuen biologischen Waffe.

2097: Das Jahr der Medizin

Das Alterungsgen wird entdeckt, isoliert und neutralisiert: Das biologische Altern wird besiegt.

2100: Das Jahr des Lichts

Eine Raumstation mit einer künstlichen Sonne soll die Nachtseite der Erde beleuchten. Sie erzielt immerhin eine Art ständigen Dämmerlichts.

Die Welt von 2100 bis 2500

Je weiter die Verse des Nostradamus in die Zukunft reichen, desto schwieriger wird natürlich jede Deutung. Uns fehlen oft einfach die technischen und die (dann) historischen Kenntnisse sowie die Vorstellungskraft, um seine Hinweise zweifelsfrei einordnen zu können. Deshalb folgen ab jetzt nur noch kurze Stichworte mit entsprechenden Jahresangaben, die Sie zu eigenen Gedanken über die Zukunft anregen sollen. Der französische Originaltext steht Ihnen ja als Grundlage dafür zur Verfügung.

2109 (I. Centurie, Vers 9): Die vor den Muslimen geretteten Archive und Kunstschätze Roms werden verkauft.

2111: Menschen werden quasi zu Robotern – man schließt Nervenenden direkt an Maschinen an.

2118: Neue Kriege und neues Leid durch islamische Angreifer.

2130: Ein Außerirdischer berät die Menschen dabei, Unterwasserkolonien anzulegen. Das bringt allerdings das ökologische Gleichgewicht der Meere durcheinander.

2140: Die geistigen Führer des Islam besinnen sich auf die ursprüngliche, friedliche Lehre und wenden sich erfolgreich gegen den religiösen Fanatismus vieler Muslime.

2143: Die Vormachtstellung der USA beginnt langsam, aber deutlich abzubröckeln, weil die Regierung halbherzige und falsche Entscheidungen trifft.

2149: Nostradamus gibt einen Hinweis auf das Erdenende in 1700 Jahren.

2164: Die Wissenschaft pervertiert dahin, Schweine zu »halben Menschen« umzuzüchten und in Raumschiffen einzusetzen.

2167: Ein neuer Weltlehrer erscheint und begründet eine neue Religion, die sich schnell weit verbreitet – und naturgemäß stark bekämpft wird.

2183: Die inzwischen entstandene Marskolonie verlangt ihre Unabhängigkeit von der Erdregierung.

2187: Anhaltende Vulkanausbrüche können erstmals mit technischen Mittel gestoppt werden.

2190: Über Rohrleitungen werden die Unterwasserkolonien mit Energie versorgt und können erstmals effektiv arbeiten.

2195: Neue Nahrungsmittel können in den Unterwasserkolonien erzeugt werden, womit das Problem der Versorgung dort unten gelöst ist.

2196: Durch die jahrzehntelange Vermischung von Asiaten und Europäern ist eine neue Mischrasse entstanden, die Eurasien als ihren angestammten Heimatkontinent betrachtet.

2197: Große Probleme mit den »Beschnittenen« (Menschen, die direkt über ihre Nervenenden Maschinen bedienen) und mit »Halbmenschen« (genetischen »Neuzüchtungen« zwischen Mensch und Tier) bringen das ehrgeizige Raumfahrtprogramm beinahe zum Erliegen.

2199: »Von den Jahren im Umkreis nicht eines gut sein wird welch Mitleid«, sagt Nostradamus als Ausblick auf die kommende Zeit.

2201 (II. Centurie, Vers 1): Die Sonne wird schwächer. Die Kernfusionen auf der Sonne verlangsamen sich; es kommt zu einem Klimasturz.

2212: Die Lehre von der Wiedergeburt der Seele (Reinkarnation) wird zum nunmehr (wieder) anerkannten Glaubensgrundsatz der Kirche.

2221: Auf der Suche nach außerirdischem Leben kommt die Menschheit in Kontakt mit etwas Schrecklichem.

2242: Christen greifen den Iran an, die Hochburg des Islam, und vernichten ihn im Laufe eines »Rachefeldzugs« vollständig.

2250: Der erste Friedensvertrag zwischen Christen und Muslimen besiegelt das Ende der religiös motivierten Kämpfe.

2256: Von einer Weltraumexpedition bringt ein Raumschiff eine Seuche mit, gegen die es keine Medikamente gibt.

2262: Die schwächer werdende Sonne führt zu Veränderungen im Schwerkraftfeld des Sonnensystems. Ein Komet bedroht den Mars und damit die Marskolonien.

2271: Die Konstante Pi wird als falsch berechnet erkannt; die neue Erkenntnis führt zu einem grundlegenden Umdenken in den Naturwissenschaften.

2279: Wissenschaftlern gelingt es erstmals, die unermeßlichen Energien der »schwarzen Löcher« anzuzapfen und für die Erde nutzbar zu machen.

2288: Die Energien der schwarzen Löchern machen es möglich, so Nostradamus, »Zeitreisen« zu unternehmen. Außerdem tritt die Erd-bevölkerung mit hochintelligenten Außerirdischen in Kontakt und kann davon stark profitieren.

2290: Das Ende der »Roboter-Menschen« – da sie nicht mehr gebraucht werden, gibt man ihre unmenschliche »Produktion« endlich auf.

2292: Der Energiezustand der Sonne verändert sich rapide und dra-matisch.Dadurch kommt es zu immer bedenklicheren Veränderungen im Schwerkraftsystem.

2297: Satelliten und Raumstationen stürzen aufgrund der dramati-schen Schwerkraftveränderungen ab.

2302 (III. Centurie, Vers 2): Die Formel der Schöpfung wird entdeckt.

2304: Geheimnisvolle Monde werden entdeckt. Sind sie ein weiterer Schlüssel zur Schöpfung?

2341: Etwas Neues, Unbekanntes und Schreckliches nähert sich der Erde aus dem Zentrum des Universums.

2350: Städte von gigantischem Ausmaß entstehen.

2354: Durch den Defekt einer künstlichen Sonne verbrennen ganze Landstriche.

2368: Es entbrennt ein Kampf um den Sauerstoff in der Luft, vermut-lich um eine künstliche Atmosphäre um einen anderen Siedlungspla-neten zu schaffen.

2370: Die britischen Inseln versinken unwiderruflich im Meer.

2371: Die größte Hungersnot aller Zeiten sucht die Erde heim.

2378: Eine besonders schnell wachsende Rasse entsteht.

2380: Das Ende der herkömmlichen Raumfahrt wird angekündigt.

2384: Die Menschen können nicht mehr sterben.

2388: Die Marskolonien werden angegriffen.

2390: Eine intelligente Rasse von Meeresbewohnern beginnt sich zu etablieren.

2404: Ein Raumschiff entdeckt die Geschichte der Menschheit im Universum.

2410: Zeugung wird zum Verbrechen erklärt.

2415: Das Auge des Sirius als Beobachtungsstation der Außerirdischen zur Kontrolle des Planeten Erde.

2423: Die letzten Geheimnisse der Chemie werden entdeckt.

2425: Diesen geheimnisvollen Vers können wir noch nicht deuten; er gehört sicher zu den bedeutungsvollsten unter allen 1000 Versen:

»Kein Leben unter der Erde dem heiligen Kopf der Seele Glaube gemacht ist, damit die menschliche Seele das Göttliche erstrahlen sehen kann. Gemacht wurde die Lehre allein wegen ihres Blutes auf Erden, und die heiligen Tempel um die Unreinen zu zerstören.«
(IV. Centurie, Vers 25)

2471: Hinweise auf das Geheimnis des Zentrums unseres Milchstraßensystems und das schwarze Loch der Galaxie.

2480: Die zwei künstlichen Sonnen kollidieren auf ihren Umlaufbahnen.

2485: Die fahl gewordene Sonne taucht die Erde am Tage nurmehr in ein Dämmerlicht. Ist das die »Götterdämmerung«?

Die Welt von 2500 bis 3072

Die Erde, das heißt die Menschen auf der Erde, werden von Weltraum-
stationen aus regiert und auch ausgebeutet. Machtkämpfe, Entmach-
tung der im Weltraum befindlichen Führer ist ein Thema dieser Zeit.

In der Zeit um 2500 tritt Heinrich, der zweite Nostradamus, als großer
Feldherr in das Rampenlicht der Geschichte. Nostradamus zeichnet
ihn deshalb so besonders aus, weil er endgültig den Islam besiegen
wird.

Etwa um 2550, nach der endgültigen Vernichtung des Islam als
Religion, einigen sich die Weltreligionen darauf, jeder Religion einen
Kontinent zuzuweisen.

Bereits um 2600 ist man gezwungen, alle Menschen dieser Erde auf
einem Kontinent (Afrika) zusammenzuziehen, weil das von den Menschen dienstbar gemachte Tier entartet ist und die menschliche Rasse
verfolgt und tötet. Man baut den Kontinent zu einer Festung aus und
verteidigt sich gegen das Tier.

2700 wohnen die Menschen in riesigen, bis zu 100 Kilometer im
Quadrat großen Wohntürmen, die bis zu fünf Kilometer hoch aufra-
gen.

2800 werden die Prophezeiungen für uns Menschen des ausgehenden
20. Jahrhunderts völlig unverständlich. Von Menschen, die mit goldenen Hälsen von hohen Bergen aus regieren, ist die Rede.

Nostradamus tadelt die Arroganz und den Hochmut der Wissenschaften um das Jahr 2900.

Das Jahr 3005 ist das Schicksalsjahr für unsere Erde. Zehn riesige
Raumschiffe zerstören den Mars. Diese Zerstörung scheint nicht nur
die Oberfläche des Mars zu betreffen, sondern den Planeten als
Substanz.

Ein Komet, abgelenkt von seiner ursprünglichen Bahn durch die veränderten Schwerkraftverhältnisse unseres Planetensystems, rast 3072 in unser Planetensystem und droht die Erde zu rammen. Die Wissenschaftler sind sich ihrer Sache sicher und glauben den Kometen zerstören zu können. Dies wird jedoch zum Fehlschlag. Der Komet rammt einen der Planeten unseres Sonnensystems, möglicherweise den Mond. Ein Gesteinsgürtel legt sich um die Erde. Raumfahrt von der Erde aus ist nicht mehr möglich. Ein großer Teil des Wasservorrats wird weggerissen. Die Erde heizt ihre Atmosphäre, die sehr dünn geworden ist, auf.

10. DAS ENDE
UNSERES SONNENSYSTEMS

Die Vorbereitung

»Neues Wasser von der Venus wird für zwei Orte bei den Sternen ohne Schutz gebracht.« (Zweite Lesart: II. Centurie, Vers 19, Zeile 2)

»Falsche Erde ist bereitet den Bewerbern des Lebendigen.« (Zweite Lesart: II. Centurie, Vers 49, Zeile 3)

»Die neue Erde wird das einzig Existierende sein.« (Zweite Lesart: II. Centurie, Vers 89)

»Im Blut des Lebens nicht die Luft sondern die Zahl wird wieder zählen.« (Zweite Lesart: II. Centurie, Vers 89)

Kommentar

Das Ende unseres heutigen Sonnensystems, der »Belle lique«, der »Schönen Liga«, wird die Menschen nicht unvorbereitet treffen. Man transportiert chemische Bestandteile der Venusatmosphäre von dort nach außerhalb unseres Sonnensystems (»bei den Sternen«) zu zwei Planeten, die noch keine schützende Lufthülle besitzen, um dort einen künftigen Platz für das Leben zu schaffen.

30 Erdumdrehungen um die Sonne = 30 Jahre später ist die »Falsche Erde«, wie wir lesen, zur Aufnahme für das »Lebendige« bereitet. Nostradamus schreibt hier aber »für die Bewerber des Lebendigen«, das heißt, es werden nicht nur die Menschen sein, die evakuiert werden, sondern alle Kreaturen, die für ein Weiterleben geeignet sind, also, wie wir später lesen werden, diese künstliche Atmosphäre atmen können.

Warum diese neue Erde das einzig Existierende sein wird, läßt sich aus dem Wissensstand des Jahres 2000 noch nicht ableiten. Man könnte vermuten, daß die neuen Planeten die einzigen für die Menschen erreichbaren Möglichkeiten zum Überleben im Universum, also innerhalb unserer Galaxis sein werden.

Für das Blut ist es nicht die Sauerstoff/Stickstoff- Zubereitung, auf die es schließlich ankommt, sondern eine rein technische Lösung des Überlebensproblems, eine Berechenbarkeit, die Zahl wird gelten.

Die Vorboten und Ursachen der Endzeit

»Wenn der Fehler in der Höhe die Sonne töten wird, dann wird es geschehen. Am folgenden Tag die nächsten 13 Monate brennen werden. Alles auf andere Art wird man auf der Erde deuten. Einen hohen Preis zahlt man, weil man nicht aufgepaßt hat. Nichts nicht dort sein wird für das Feuer.«
(Zweite Lesart: III. Centurie, Vers 34, Zeile 1 – 4)

»Das Gewölbe mehr ein Grab nahe der Erde der Menschen zum Tanz erklingt.« (Zweite Lesart: III. Centurie, Vers 43, Zeile 1)

»Der Welt nähert sich der Tod der Endzeit. Seine Umdrehung sich nicht noch einmal verspätet, wenn die Erde zurückkehrt. Verlegt wird das Reich in Richtung der geschützten Nationen.« (Zweite Lesart: III. Centurie, Vers 92, Zeile 1-3)

Kommentar

Die Katastrophe in unserem Sonnensystem wird durch die Sonne ausgelöst werden. Ihr geht der Brennstoff aus. Verfolgt man die Anmerkungen, die Nostradamus im Laufe von 1000 Jahren zum Problem der Sonne macht, dann ist diese Entwicklung nicht sehr überraschend.

Wir leben nach Nostradamus in einem Sonnensystem mit einer sterbenden Sonne. Schon ab dem Jahre 2200 werden unsere Wissenschaftler das Wissen und die Menschen dieser Zeit es zu spüren bekommen. Es wird kälter auf der Erde, und die Jahre werden um ein Drittel kürzer. Erinnern wir uns der Voraussagen des Nostradamus, daß man anfangs künstliche Satelliten als Sonnenersatz im Weltraum positionieren wird. Später wird man vermutlich den Jupiter zünden und zur zweiten Sonne in unserem Sonnensystem machen. Die Menschen der Endzeit werden also zwei Sonnen kennen.

In dieser Situation beginnt unsere, also die ältere Sonne zu erlöschen. Nostradamus beschreibt, daß auf ihr während dreizehn Monaten ein besonders intensives Verbrennen stattfindet und sie danach kein Material mehr für ihr Feuer hat. Bemerkenswert ist jedoch, daß Nostradamus den Menschen die Schuld für das Ausbrennen der Sonne gibt: Weil man nicht aufgepaßt hat bzw. die Vorgänge in der Sonne auf der Erde falsch deutet, kommt es zur Katastrophe. Die sterbende Sonne wird für die Menschen zu einem Problem. Nicht zu deuten ist seine Bemerkung, warum die ausgebrannte Sonne einem Gewölbe des Todes gleicht.

50 Erdumkreisungen nach dem Erlöschen der Sonne beginnt nach Nostradamus die Endzeit des alten Sonnensystems. Allerdings macht er hier eine weitere Bemerkung zu einer tieferen Ursache der Endzeit. Das Sonnensystem als Ganzes kreist um einen Mittelpunkt und ist auf seiner Reise wieder an einem Punkt angekommen, der besonders gefährlich für die Existenz des Sonnensystems ist.

Anscheinend muß es Begegnungen in früherer Zeit gegeben haben, wo alles noch einmal gutging, weil die Gefahr und die Erde nicht aufeinandertrafen. Diesmal gehen sich diese Gefahren nicht aus dem Wege. Man beginnt zu evakuieren.

Die Endzeit

»Dann wenn die Venus die Sonne vernichtet wird die hundert geöffnet. Unter dem Leuchtenden wird das Finstere geformt sein. Wenn Merkur im Feuer aufgeht sie werden die Lehre der hundert entdeckt haben. Durch diese zwei die schöne Liga wird in Unfähigkeit versetzt.« (Zweite Lesart: IV. Centurie, Vers 28, Zeile 1 – 4)

»Die Sonne verdeckt die Ekliptik durch Merkur. Er wird nicht bleiben für den zweiten Himmel. Blitzen für 100 Jahre – acht der Luft werden sein gemacht ohne drehenden Schritt. Die Sonne wird Feuer sein um zu verkümmern und blass zu werden.« (Zweite Lesart: IV. Centurie, Vers 29, Zeile 1 – 4)

»Mehr als elf mal der Mond die Sonne nicht wollen wird. Alles vergrößert sich und senkt sich stufenweise. So tief, daß man das Gold

zusammenklauben kann. So daß nach der Erkenntnis des Hungers Tiere die Lehre des Geheimnisses entdecken.« (Zweite Lesart: IV. Centurie, Vers 30, Zeile 1 – 4)

»Der Mond wird über Nacht voll Wasser bis zu den Bergen sein. Der neue Saphir des Wassers von dem alleinigen Gehirn bestimmt ist dort das Feuer zu haben.« (Zweite Lesart: IV. Centurie, Vers 31, Zeile 1 – 4)

»Auserwählt und mit der Zeit zum Sitz der Fische wird gegeben dieser Ort.« (Zweite Lesart: IV. Centurie, Vers 32, Zeile 1)

»Jupiter schließt sich den zwei Lichtern an. Venus ist nicht mehr als ein Mond. Zum Vorschein kommt zuvor die Fülle des Weißen. Venus ist versteckt hinter dem Weißen des Neptun. Mars ist verwundet durch das folgenschwere Weiße.« (Zweite Lesart: IV. Centurie, Vers 33, Zeile 1 – 4)

»Die großen Umtriebe fangen eine fremde Erde ein. Die goldene Verknüpfung erscheint – acht Irritationen werden angeboten. Jahre des Verlassens des in der Höhe Tönenden.« (IV. Centurie, Vers 34, Zeile 1 – 4)

»Das ungeteilte Feuer den Lebenden der Luft – welch Verrat vollendet sich. Die zwei großen Lichter werden Teil des neuen Zusammenschlusses. Blitzschlag der Luft trifft die einsamen Könige, die bewacht werden. In der Dichte ist das – in der Mitte – des Nachts im Schlund erleuchtet.« (Zweite Lesart: IV. Centurie, Vers 35, Zeile 1 – 4)

»In der Folge in Höhlen mit Luft geübt wird. Nach dem Sieg wird ihnen das unübertroffene Feld gehören. Welten des Geistes die Großen zur Auferstehung sich bereit machen. Vor Angst zittert das unschuldige Rom und die Lendengeschürzten.« (Zweite Lesart: IV. Centurie, Vers 36, Zeile 1 – 4)

»Das, was den Gesetzen des Teils der Höhe unterworfen ist Welten werden. Kommen um zu durchdringen. Zeit der Besetzung der großen Orte durch das Unübertroffene. Aus der tiefsten Tiefe tönt es – Knochen-Erde gehe hinein. Wissenschaftler werden geboren – 10000 geboren werden acht werden in die rote Abteilung gestoßen.« (Zweite Lesart: IV. Centurie, Vers 37, Zeilen 1 – 4)

»*Das Wissen um das Geheimnis von Phi dadurch auf der Erde zerstört wird. Das ist das Beste, was passieren kann. Bewache deine Umläufe – das Ende nähert sich dir. Sie werden besitzen die Technik der Zeitreisen im Weltraum. Niemals kann vergehen jenseits der Zeit das Nieselige.*« (Zweite Lesart: IV. Centurie, Vers 46, Zeilen 1 – 4)

Kommentar

Das Ende oder, positiver ausgedrückt, die Umgestaltung unseres Sonnensystems wird von der Venus ausgelöst. Merkur kollidiert mit der Masse der alten Sonne und wird vernichtet. Die »Schöne Liga«, die Harmonie und das Zusammenspiel aller Planeten werden dadurch gestört.

Sonne und Merkur sind auf Kollisionskurs. Nach Nostradamus wird Merkur für den zweiten Himmel, die neue Konfiguration des Sonnensystems, nicht mehr zur Verfügung stehen. Der Sturz des Merkur in die Sonne wird für 100 Jahre Blitzen von der Sonne, also Gaseruptionen auslösen. Die acht anderen Planeten unseres Sonnensystems werden sich nicht mehr um die Sonne drehen, die allmählich blaß wird.

Der Untergang des alten Sonnensystems

»*Die Sonne gleitet brennend in den Schlund des Halses der Luft.*«
(Zweite Lesart: IV. Centurie, Vers 58, Zeile 1)

»*Infolge des Saturn und Mars geschieht es, daß es bei der Zehn verbrennen wird. Die Luft stark austrocknet lange Planetenbahn. Durch das Feuer die Zehn Geheimnisse der Hitze entdeckt werden und der große Ort des Ganzen.*« (Zweite Lesart: IV. Centurie, Vers 67, Zeilen 1 – 4)

»*Am Ort nicht nahe und nicht weit von der Venus. Die zwei größten Sterne werfen Trockenes. Vernichtet die Rinne und H der Erde so daß man von der Venus sprechen wird.*« (Zweite Lesart: IV. Centurie, Vers 68, Zeilen 1 – 4)

Kommentar

Es fällt schwer, die letzten Vorgänge in unserem Sonnensystem zu kommentieren. Nostradamus schreibt: Die Sonne vergeht. Durch das Ereignis werden aber die Naturgesetze des glühenden Plasmas entdeckt und sogar der große Ort des Ganzen, sei es der Anfang aller Materie oder sei es die Quelle aller glühenden Plasmateile.

Infolge des Umbruchs in unserem Planetensystem bekommt die Erde Trockenes von anderen Planeten ab und scheint sich zur neuen Sonne in einer wesentlich längeren Umlaufbahn zu befinden. Droht der Erde ein Schicksal, wie es der Pluto heute ertragen muß? Von der Sonne träumt er.

Nachwort:
Nostradamus war nicht allein

Einige wenige Bemerkungen zum Schluß dieses Buchs. Es stellt naturgemäß nur einen – im übrigen recht kleinen – Ausschnitt aus einem Werk dar, an dem wir seit über zehn Jahren gearbeitet haben und weiterarbeiten.

Diese Forschungsarbeiten haben aus unserer Sicht zweifelsfrei folgende wichtige Ergebnisse erbracht, die es verdienen, noch einmal kurz zusammengefaßt zu werden:

– Nostradamus' Hauptziel waren NICHT die Prophezeiungen, der damit vielleicht verbundene Ruhm oder gar ein gesichertes Einkommen und dergleichen mehr.

– Vielmehr entdeckte er im Verlauf seiner Studien und seiner Visionen etwas, was die großen Eingeweihten sowohl seiner Zeit wie jene der Vorzeiten ebenfalls wußten: Der Garten Eden war nie auf der Erde, sondern im All. Der Ursprung der Menschen liegt außerhalb der Erde.

– Sein Hauptziel war demnach, die Menschen in den nach ihm kommenden Generationen in der rechten Weise darauf vorzubereiten, sich mit dieser »revolutionären« Wahrheit auseinanderzusetzen. Diese »rechte Weise« bestand und besteht darin – angesichts der bevorstehenden Kataklysmen in unserem Sonnensystem und der daraus sich ergebenden Endzeit dieser Erde –, sich geistig, spirituell, moralisch, technisch, wirtschaftlich und körperlich darauf vorzubereiten, eines Tages die große Reise in die »Heimat des Menschen« im Raum anzutreten.

– Nach unseren bisherigen Forschungsergebnissen stand Nostradamus mit dieser Art von Wissen nicht allein, sondern ist in einer Reihe zu sehen mit den biblischen Propheten, aber auch mit Männern wie Leonardo da Vinci, Rabelais und sogar Goethe!

Wir arbeiten daran, in einem nächsten Buch im Zusammenhang die Aussagen des Nostradamus zu besonders interessanten Spezialthemen vorzustellen, nämlich zu kommenden Erfindungen, zur Weltraumfahrt, zur Medizin, zur Tragödie um Rom und zur großen Auseinandersetzung zwischen Islam und Christentum um die Vorherrschaft auf dieser Erde. Gleichzeitig arbeiten wir auch an der Herausgabe einer Neuinterpretation der Bücher Mose – die unserer Ansicht nach als Beschreibungen von Reisen zurück zur außerhalb des Planeten Erde gelegenen Heimat des Menschen verstanden werden müssen. Und schließlich wartet noch die große Aufgabe, das »Innere Wort« in Goethes Schriften, vor allem im »Faust«, zu entschlüsseln.

ANHANG:
DIE VOLLSTÄNDIGEN
ORIGINALTEXTE
DES NOSTRADAMUS

(Wir sind uns der Tatsache bewußt, daß mancher Leser die Deutungen, die im vorangegangenen Text vorgenommen wurden, bezweifeln könnte. Damit er sich selbst ein Bild machen kann und falls er vielleicht gar seine eigenen Fähigkeiten zum Entschlüsseln des Orakels überprüfen möchte, sind hier die gesamten Verse des Nostradamus abgedruckt, wie sie 1568 veröffentlicht wurden.)

Centurie I

1 Estant assis de nuict secret estude,
Seul repose sur la selle d'aerain:
Flamme exigue sortant de sollitude,
Fait prosperer qui n'est a croire vain.

2 La verge en main mise au milieu de Branches,
De l'onde il moulle et le limbe et le pied:
Un peur et voix fremissent par les manches:
Splendeur divine. Le divin pres s'assied.

3 Quand la lictiere du tourbillon versee,
Et seront faces de leurs manteaux couverts,
La republique par gens nouveaux vexee,
Lors blancs et rouges iugeront a l'envers.

4 Par l'univers sera faict un Monarque,
Qu'en paix et vie ne sera longuement:
Lors se perdra la piscature barque,
Sera regie en plus grand detriment.

5 Chassez seront pour faire long combat,
Par le pays seront plus fort grevez:
Bourg et cite auront plus grand debat,
Carcas. Narbonne auront coeur esprouvez.

6 L'oeil de Ravenne sera destitue,
Quand a ses pieds les aisles failliront:
Les deux de Bresse auront constitue,
Turin, Verseil que Gaulois fouleront.

7 Tard arrive, l'execution faicte,
Le vent contraires, lettres au chemin prinses:
Les coniurez XIIIJ. d'une secte,
Par le rousseau senez les entreprinses.

8 Combien de fois prinse cite solaire
Sera changeant les lois barbares et vaines:
Tom mal s'approche. Plus seras tributaire
Le grand Hadrie recourira tes veines.

9 De l'Orient viendra le coeur Punique
Fascher Hadrie, et les hoirs Romulides.
Accompagne de la classe Libyque,
Temple Melites et proches Isles vuides.

10 Sespens transmis en la cage de fer,
Ou les enfants septains du Roy sont prins,
Les vieux et peres sortiront bas de l'enfer,
Ains mourir voir de fruict mort et cris.

11 Le mouvement de sens, coeur, pieds et mains,
Seront d'accord Naples,Lyon, Sicille
Glaives, feux, eaux puis aux nobles Romains,
Plongez, tuez, morts par cerveau debile.

12 Dans peu dira faulce brute fragile,
De bas en hault esleve promptement.
Puis en istant desloyale et labile,
Qui de Veronne aura gouvernement.

13 Les exilez par ire, haine intestine,
Feront au Roy grand coniuration
Secret mettront ennemis par la mine,
Et ses vieux siens contre eux sedition.

14 De gent esclave chansons, chants et requestes.
Captifs par Princes et Seigneurs aux prisons:

A l'advenir par idiots sans testes,
Feront receuz par divines oraisons.

15 Mars nous menasse par la force bellique,
Septante fois fera le sang espandre:
Auge et ruyne de l'Ecclesiastique,
Et plus ceux qui d'eux rien voudront entendre.

16 Faulx a l'estang ioncte vers le Sagittaire,
En son hault AUGE de l'exaltation,
Peste, famine, mort de main militaire,
Le siecle approche de renovation.

17 Par quarante ans l'Iris n'apparoistra,
Par quarante ans tous les iours sera veu:
La terre arride en ficcite croistra,
Et grand deluges quand sera apperceu.

18 Par la discorde negligence Gauloise
Sera passage a Mahommet ouvert:
De sang trempe la terre et mer Genoise,
Le port Phocen de voiles et nefs couvert.

19 Lors que serpens viendront circuir l'are,
Le sang Troyen vexe par les Espaignes:
Par eux grand nombre en sera fait tare,
Chef suict, cache au marcs dans les saignes.

20 Tours, Orleans, Blois, Angers, Reims et Nantes
Citez vexees par subit changement,
Par langues estranges seront tendues tentes,
Feuves, dars, Renes, terre et mer tremblement.

21 Profond argile blanche nourrit rocher,
Qui d'un abysme istra lacticineuse,
En vain troublez ne l'oseront toucher,
Ignorant estre au fond terre argilleuse.

22 Ce qui vivra et n'ayant aucun sens,
Viendra leser a mort son artifice,
Autun, Chalons,Langres, et les deux Sens,
La gresle et glace fera grand malefice.

23 Au mois troisieme se levant le Soleil,
Sanglier Liepard, au champ Mars pour combattre
Liepart lasse au Ciel estend son oeil,
Un aigle autour du Soleil voit s'esbattre.

24 A cite neuve pensif pour condamner,
L'oisel de proye au Ciel se vient offrir:
Apres victoire a captifs pardonner,
Cremone et Mantoue grand maux aura souffert.

25 Perdu, trouve, cache de si long siecle,
Sera pasteur demy Dieu honore:
Ains que la Lune acheve son grand siecle,
Par autres vents sera deshonore.

26 Le grand du fouldre tombe d'heure diurne.
Mal et predict par porteur postulaire:
Suivant presage tombe d'heure nocturne,
Conflict Reims, Londres, Etrusque pestifere.

27 Dessous le chaine Guien du Ciel frappe,
Non loing de la est cache le tresor,
Qui par long siecles avoir este grappe,
Trouve mourra, l'oeil creve de ressor.

28 La tour de Boucq craindra fuste Barbare,
Un temps, long temps apres barque hesperique
Bettail, gens, meubles,tous deux feront grand tare,
Taurus et libra, quelle mortelle picque?

29 Quand le poisson terrestre et aquatique
Par force vague au gravier sera mis,

Sa forme estrange suave et horrifique,
Par mer aux murs bien tost les ennemis.

30 La nef estrange par le tourment marin,
Abordera pres de port incogneu:
Nonobstant signes de rameau palmerin,
Apres mort pille bon advis tard venu.

31 Tant d'ans en Gaule les guerres dureront,
Outre la course du Castulon monarque:
Victoire incerte trois grands couronneront,
Aigle, Coq, Lune, Lyon, Soleil en marque.

32 Le grand Empire fera tost translate
En lieu petit, qui bien tost viendra croistre,
Lieu bien infime d'exigue comte,
Ou au milieu viendra poser son sceptre.

33 Pres d'un grand pont de plaine spatieuse,
Le grand Lyon par forces Cesarees,
Fera abattre hors cite rigoureuse,
Par effroy portes luy seront reserrees.

34 L'oyseau de proye volant a la fenestre,
Avant conflict faict aux Francois pareure,
L'un bon prendra, l'un ambigu sinistre;
La partie foible tiendra par bon augure.

35 Le lyon ieune le vieux surmontera,
En champ bellique par singulier duelle,
Dans cage d'or les yeux luy crevera,
Deux classes une puis mourir mort cruelle.

36 Tard le Monarque se viendra repentir,
De n'avoir mis a mort son adversaire,
Mais viendra bien a plus hault consentir,
Que tout son sang par mort fera deffaire.

37 Un peu devant que le Soleil s'absconse,
Conflict donne, grand peuple dubiteux,
Prosligez, port marin ne fait response,
Pont et sepulcre en deux estranges lieux.

38 Le Sol et l'Aigle au victeur paroistront,
Response vaine au vaincu l'on asseure,
Par cor ny cris harnois n'arresteront,
Vindicte paix par mors si acheve a l'heur.

39 De nuict dans lict le supresme estrangle,
Pour trop avoir seiourne blond esleu,
Par trois l'Empire subroge exancle,
A mort mettra carte, et paquet ne Ieu.

40 La trombe fausse dissimulant folie,
Fera Bisance un changement de loix.
Histra d'Egypte, qui veut que l'on deslie,
Edict changeant monnoye et aloys.

41 Siege en cite est de nuict assaillie,
Peu eschape, non loin de mer conflict,
Femme de ioye, retours fils defaillie,
Poison et lettres cachees dans le plic.

42 Le dix Calende d'Avril de faict Gotique,
Resuscite encor par gens malins,
Le feu estainct, assemblee diabolique,
Cherchant les os d'Amant et Pselin.

43 Avant qu'advienne le changement d'Empire,
Il adviendra un cas bien merveilleux,
Le champ mue, le pillier de Porphire
Mis, transmue sur le rocher noilleux.

44 En bref seront de retour sacrifices,
Contrevenans seront mis a martyre:

Plus ne seront moines, abbez, ne novices,
Le miel sera beaucoup plus cher que cire.

45 Secteur de sectes grand peine au delateur,
Beste en theatre, dresse le ieu scenique,
Du faict antique annobly l'inventeur,
Par sectes monde confus et schismatique.

46 Tout apres d'Aux, de Lestore et Mirande,
Grand feu du ciel en trois nuicts tombera:
Cause adviendra bien stupende et Mirande,
Bien peu apres la terre tremblera.

47 Du lac Leman les sermons fascheront,
Des iours seront reduicts par des semaines,
Puis mois, puis an, puis tous defailliront,
Les Magistrats damneront leurs loix vaines.

48 Vingt ans du regne de la Lune passez,
Sept mille ans autre teindra sa monarchie:
Quand le Soleil prendra ses iours lassez,
Lors accomplir et mine ma prophetie.

49 Beaucoup avant telle menees,
Ceux d'Orient par la vertu lunaire:
L'an mil sept cens feront grand emmenees,
Subiuguant presque le Aquilonaire.

50 De l'aquatique triplicite naistra,
D'un qui fera le Ieudy pour sa feste:
Son bruit, loz, regne, sa puissance croistra,
Par terre et mer aux Oriens tempeste.

51 Chefs d'Aries, Iupiter et Saturne,
Dieu eternel quelles mutations?
Puis par long siecle son maling temps retourne
Gaule et Italie, quelles esmotions?

52 Les deux malins de Scorpion conioincts,
Le grand seigneur meurdry dedans la salle:
Peste a l'Eglise par le nouveau Roy ioinct,
L'Europe basse et Septentrionale.

53 Las! qu'on verra grand peuple tourmente,
Et la loy saincte en totale ruine,
Par autres loix toute la Chrestiente,
Quand d'or d'argent trouve nouvelle mine.

54 Deux revolts faits du maling facigere,
De regne et siecles fait permutation:
Le mobil signe a son endroit si ingere,
Aux deux esgaux et d'inclination.

55 Soubz l'opposite climat Babylonique,
Grande sera de sang effusion,
Que terre et mer, air, ciel sera inique,
Sectes, faim, regnes, pestes, confusion.

56 Vous verrez tost et tard faire grand change,
Horreurs extremes et vindications:
Que si la Lune conduicte par son ange,
Le ciel s'approche des inclinations.

57 Par grand discord la trombe tremblera,
Accord rompu dressant la teste au Ciel,
Bouche sanglante dans le sang nagera,
Au sol la face oincte de laict et miel.

58 Trenche le ventre naistra avec deux testes,
Et quatre bras, quelques ans entiers vivra?
Iour qui Alquiloye celebrera ses festes,
Fossen, Turin, chef Ferrare suyvra.

59 Les exilez deportez dans les Isles,
Au changement d'un plus cruel Monarque

Seront meurtris, et mis deux les scintiles,
Qui de parler ne seront estez parques.

60 Un Empereur naistra pres d'Italie,
Qui a l'empire sera vendu bien cher,
Diront avec quels gens il se ralie,
Qu'on trouvera moins prince que boucher.

61 La republique miserable infelice
Sera vastee du nouveau magistrat,
Leur grand amas de l'exil malefice
Fera Sueve raur leur grand contract.

62 La grand perte, las que feront les lettres,
Avant le Ciel de Latona parfaict,
Feu grand deluge plus par ignares sceptres,
Que de long siecle ne se verra refaict.

63 Les fleurs passez diminue le monde,
Long temps la paix terres inhabitees,
Seur marchera par Ciel, terre, et onde,
Puis de nouveau les guerres suscitees.

64 De nuict Soleil penseront avoir veu
Quand le pourceau demy homme on verra.
Bruit, chant, bataille au Ciel battre aperceu,
Et bestes brutes a parler l'on orra.

65 Enfant sans mains iamais veu si grand foudre,
L'enfant Royal au ieu d'oesteuf blesse,
Au puy brises fulgures allant mouldre,
Trois souz les chaines par le milieu troussez.

66 Celuy qui lors portera les nouvelles,
Apres un il viendra respirer,
Viviers, Tournon, Montferrant et Pradelles,
Gresles et tempeste le fera souspirer.

67 La grand famine que ie sens approcher,
Souvent tourner, puis estre universelle,
Si grande et longue qu'on viendra arracher
Du bois racine, et l'enfant de mammelle.

68 O quel horrible et mal'heureux tourment,
Trois innocens qu'on viendra a livrer,
Poison suspecte, mal garde tradiment,
Mis en horreur par bourreaux enyvrez.

69 La grand montagne ronde de sept stades,
Apres paix, guerre, faim, inondation,
Roulera loin abismant grands contrades,
Mesmes antiques, et grand fondation.

70 Pluye, faim, guerre en Perse non cessee,
La foy trop grande trahira le monarque:
Par la finie en Gaule commencee,
Secret augure pour a un estre parque.

71 La Tour Marine trois fois prise et reprise,
Par Espagnols, Barabres, Ligurins:
Marseille et Aix, Arles par ceux de Pise,
Vast, feu, fer, pille Avignon des Thurins.

72 Du tout Marseille des habitants changee,
Course et poursuitte iusque aupres de Lyon.
Narbon, Toloze, par Bordeaux outragee,
Tuez captifs presque d'un million.

73 France a cinq pars par neglect assaillie,
Tunys, Argal esmeuz par Persiens:
Leon, Seville, Barcellonne faillie,
N'aura la classe par les Venitiens.

74 Apres sejourne vogueront en Epire,
Le grand secours viendra vers Antioche:

Le noir poil crespe tendra fort a l'Empire,
Barbe d'aerain se rostira en broche.

75 Le tyran Siene occupera Savonne,
Le fort gaigne tiendra classe marine:
Les deux armees par la marque d'Anconne.
Par effrayeur le chef s'en examine.

76 D'un nom farouche tel profere sera,
Que les trois seurs auront fato le nom:
Puis grand peuple par langue et faict dira,
Plus que nul autre aura bruit et renom.

77 Entre deux mers dressera promontoire,
Que puis mourra par le mors du cheval:
Le sien Neptune pliera voile noire,
Par Calpre et classe aupres de Rocheval.

78 D'un chef vieillard naistra sens hebete,
Degenerant par scavoir et par armes:
Le chef de France par sa soeur redoute,
Champ divisez, concedez aux gendarmes.

79 Bazaz, Lectore, Condon, Ausch, Agine,
Esmeus par loix, querelle et monopole:
Car Bourd, Tholoze Bay mettra en ruine,
Renouveller voulant leur tauropole.

80 De la sixiesme claire splendeur celeste,
Viendra tonner si fort en la Bourgongne,
Puis naistra monstre de tres hideuse beste,
Mars, Avril, May, Iuin grand charpin et rongne.

81 D'humain troupeau neuf seront mis a part,
De iugement et conseil separez,
Leur fort sera divise en depart,
Kappa, Thita, Lambda mors bannis esgarez.

82 Quand les colonnes de bois grande tremblee,
D'austere conduicte, couverte de rubriche,
Tant vuidera dehors grande assemblee,
Trembler Vienn et le pays d'Austriche.

83 La gent estrange divisera butins,
Saturne en Mars son regard furieux,
Horrible estrange aux Toscans et Latins,
Grecs qui seront a frapper curieux.

84 Lune obscurcie aux profondes tenebres,
Son frere passe de couleur ferrugine,
Le grand cache long temps sous les tenebres,
Tiedera fer dans la praye sanguine.

85 Par la response de Dame Roy trouble,
Ambassadeurs mespriseront leur vie,
La grand ses freres contrefera double,
Par deux mourront ire, haine et envie.

86 La grande Royne quand se verra vaincue
Fera excez de masculin courage,
Sur cheval, fleuve passera toute nue,
Suite par fer, a foy fera outrage.

87 En nosigee feu du centre de terre,
Fera trembler autour de cite neuve
Deux grands rochers longtemps feront la guerre,
Puis Arethuse rougira nouveau fleuve.

88 Le divin mal surprendra le grand Prince,
Un peu devant aura femme espousee
Son appuy et credit a un coup viendra mince,
Conseil mourra pour la teste rasee.

89 Tous ceux de Illerde seront dans la Moselle,
Mettant a mort tous ceux de Loire et Seine,

Le cours marin viendra pres d'haute velle,
Quand Espagnols ouvrira toute veine.

90 Bourdeaux, Poictiers au son de la campagne,
A grande classe ira jusqu'a l'Angon,
Contre Gaulois sera leur tramontane,
Quand monstre hideux naistra pres de Orgon.

91 Les Dieux feront aux humains apparence,
Ce qu'ils seront auteurs de grand conflict,
Avant Ciel veu serain espee et lance,
Que vers main gauche sera plus grand afflict.

92 Sous un la paix par tout sera clamee,
Mais non long temps pille et rebellion,
Par refus ville, terre et mer entamee,
Mort et captifs le tiers d'un million.

93 Terre Italique pres des monts tremblera,
Lyon et Coq non trop confederez,
En lieu de peur l'un l'autre s'aydera,
Seul Catulon et Celtes moderez.

94 Au port Selin le tyran mis a mort
La liberte non pourtant recouvree:
Le nouveau Mars par vindicte et remort,
Dame par force de frayeur honnoree.

95 Devant moustier trouve enfant besson,
D'heroic sang de moine et vetustique:
Son bruit par secte langue et puissance son,
Qu'on dira fort esleve le vopisque.

96 Celuy qu'aura la charge de destruire
Temples, et sectes, changez par fantaisie:
Plus aux rochers qu'aux vivans viendra nuire,
Par langue ornee d'oreilles ressasie.

97 Ce que fer, flamme n'a sceu parachever,
La douce langue au conseil viendra faire:
Par repos, songe, le Roy fera resver,
Plus l'ennemy en feu, sang militaire.

98 Le chef qu'aura conduict peuple infini
Loing de son ciel, de meurs et langue estrange
Cinq mil en Crete et Thessalie finy,
Le chef fuyant sauve en la marine grange.

99 Le grand monarque que fera compagnie
Avec deux Roys unis par amitie:
O quel soupir fera la grand mesgnie,
Enfans Narbon a l'entour, quel pitie.

100 Longtemps au ciel fera veu gris oyseau,
Aupres de Dole et de Toscane terre:
Tenant au bec un verdoyxant rameau,
Mourra tost grand et finera la guerre.

Centurie II

1 Vers Aquitaine par insuls Britanniques
De par eux mesmes grandes incursions:
Pluyes, gelees feront terrois iniques
Port Selyn fortes fera invasions.

2 La teste blue fera la teste blanche
Autant de mal que France a faict leur bien:
Mort a l'anthene, grand pendu sus la branche,
Quand prins des siens le Roy dira combien.

3 Pour la chaleur solaire sus la mer
De Negrepont les poissons demy cuits,
Les habitans les viendront entamer,
Quand Rhod et Gennes leur faudra le biscuit.

4 Depuis Monech iusqu'aupres de Sicile,
Toute la plage demourra desolee,
l n'y aura faux-bourg, cite, ne ville,
Que par Barbares pillee soit et vollee.

5 Qu'en dans poisson,fer et lettre enfermee,
Hors sortira, qui puis fera la guerre,
Aura par mer sa classe bien ramee,
Apparoissant pres de Latine terre.

6 Aupres des portes et dedans deux citez
Seront deux fleaux et onc n'apperceu un tel,
Faim, dedans peste, de fer hors gens boutez,
Crier secours au grand Dieu immortel.

7 Entre plusieurs aux isles deportez,
L'un estre nay a deux dents en la gorge:
Mourront de faim les arbres esbrotez,
Pour eux neuf Roy, nouvel edict leur forge.

8 Temples sacrez prime facon Romaine,
Reietteront les goffres fondements,
Prenant leurs lois premieres et humaines,
Chassant, non tout, des saincts les cultements.

9 Neuf ans le regne le maigre en paix tiendra,
Puis il cherra en soif si sanguinaire,
Pour luy grand peuple sans foy et loy mourra,
Tue par un beaucoup debonnaire.

10 Avant long temps le tout sera range,
Nous esperons un siecle bien senestre:
L'estat des masques et des seuls bien change,
Peu trouveront qu'a son rang vueille estre.

11 Le prochain fils de l'aisnier parviendra,
Tant esleve iusqu'au regne des fors:
Son aspre gloire un chacun la craindra,
Mais ses enfans du regne gettez hors.

12 Yeux clos, ouverts d'antique fantasie,
L'habit des seuls seront mis a neant:
Le grand monarque chastiera leur frenaisie.
Ravir des temples le tresor par devant.

13 Le corps sans ame plus n'estre en sacrifice,
Iour de la mort mis en nativite:
L'esprit divin fera l'ame felice,
Voyant le verbe en son esternite.

14 Tours, Gien, garde seront yeux penetrants,
Descouvriront de loing la grand sereine:

Elle et sa suite au port seront entrans,
Combat, poussez, puissance souveraine.

15 Un peu devant monarque trucide:
Castor, Pollux en nef, astre crinite:
L'erain public par terre et mer vuide,
Pise, Ast, Ferrare, Turin, terre interdite.

16 Naples, Palerme, Sicile, Syracuses,
Nouveaux tyrans, fulgures feux celestes:
Force de Londres, Gand, Bruxelles, et Suses,
Grand hecatombe, triomphe faire festes.

17 Le champ du temple de la vierge vestale,
Non esloigne d'Ethene et monts Pyrenees:
Le grand conduict est cache dans la male,
North getez fleuves et vignes mastinees.

18 Nouvelle et pluye subite, impetueuse,
Empeschera subit deux exercites:
Pierre, ciel, feux faire la mer pierreuse,
La mort des sept terre et marin subites.

19 Nouveaux venus lieu basty sans defence,
Occuper la place par lors inhabitable:
Pres, maison, champs, villes prendre a plaisance
Faim, peste, guerre, arpen long labourable.

20 Freres et seurs en divers lieux captifs,
Se trouveront passer pres du monarque:
Les contempler ses rameaux ententifs,
Desplaisant voir menton, front, nez, les marques.

21 L'ambassadeur envoye par biremes,
A my chemin d'incogneus repoulsez:
De sel renfort viendront quatres triremes,
Cordes et chaines en Negrepont troussez.

22 Le camp Ascop d'Europe partira.
S'adioignant proche de l'Isle submergee:
S'Arton classe phalange pliera,
Nombril du monde plus grand voix subrogee.

23 Palais, oyseaux, par oyseau dechasse,
Bien tost apres le Prince parvenu:
Combien qu'hors fleuve ennemy repoulse,
Dehors saisi trait d'oyseau soustenu.

24 Bestes farouches de faim fleuves tranner,
Plus part du champ encontre Hister sera,
En caige de fer le grand fera treisner,
Quand rien enfant de Germain observa.

25 La garde estrange trahira forteresse,
Espoir et umbre de plus hault mariage:
Garde deceue, fort prinse dans la presse,
Loire, Saone Rosne, Gar a mort outrage.

26 Pour la faveur que la cite fera,
Au grand qui tost perdra camp de bataille
Fuis le rang Pau Thesin versera,
De sang, feux mors noyez de coup de taille.

27 Le divin verbe sera du ciel frappe,
Qui ne pourra proceder plus avant:
Du reserrant le secret estoupe,
Qu'on marchera par dessus et devant.

28 Le penultiesme du surnom du prophete,
Prendraa Diane pour son iour et repos,
Loin vaguera par frenetique teste,
Et delivrant un grand peuple d'impos.

29 L'Oriental sortira de son siege,
Passer les monts Apennins voir la Gaule:

Transpercera le ciel, les eaux et neige,
Et un chacun frappera de sa gaule.

30 Un qui les dieux d'Annibal infernaux,
Fera renaistre, effrayeur des humains:
Oncq' plus d'horreur ne plus dire journeaux,
Qu'avint viendra par Babel aux Romains.

31 En Campanie le Cassilin fera tant,
Qu'on ne verra que d'aux les champs couvers:
Devant apres la pluye de longtemps,
Hors mis les arbres rien l'on verra de verts.

32 Laict, sans grenoilles escoudre en Dalmatie,
Conflict donne, peste pres de Balennes
Cry sera grand par toute Esclavonie,
Lors naistra monstre pres et dedans Ravenne.

33 Par le torrent qui descend de Veronne,
Par lors qu'au Pau guidera son entree:
Un grand naufrage, et non moins en Garonne,
Quand ceux de Gennes marcheront leur contree.

34 L'ire insensee du combat furieux,
Fera a table par freres le fer luire:
Les departir, blesse, curieux,
Le fier duelle viendra en France nuire.

35 Dans deux logis de nuict le feu prendra,
Plusieurs dedans ostouffez et rostis:
Pres de deux fleuves pour seul il adviendra:
Sol L'Arq, et Caper tous seront amortis.

36 Du grand Prophete les lettres seront prinses,
Entre les mains du tyran deviendront,
Frauder son Roy seront ses entreprinses,
Mais ses rapines bien tost le troubleront.

37 De ce grand nombre que l'on envoyera,
Pour secourir dans le fort assiegez,
Peste et famine tous les devorera,
Hors mis septante qui seront profligez.

38 Des condamnez serait fait un grand nombre,
Quand les Monarques seront conciliez:
Mais l'un d'eux viendra si malencombre,
Que guerre ensemble ne seront raliez.

39 Un'an devant le conflict Italique,
Germains, Gaulois, Espagnols pour le fort,
Cherra l'escolle maison de republique,
Ou hors mis peu, seront suffoquez mors.

40 Un peu apres non point longue intervalle,
Par mer et terre sera faict grand tumulte.
Beaucoup plus grande sera pugne navalle,
Feux, animaux, qui plus feront d'insulte.

41 La grand estoille par sept iours bruslera,
Nuee fera deux soleils apparoir,
Le gros mastin toute nuict hurlera,
Quand grand pontife changera de terroir.

42 Coq, chiens et chats de sang seront repeus,
Et de la playe du tyran trouve mort,
Au lict d'un autre iambes et bras rompus,
Qui n'avoit peu mourir de cruel mort.

43 Durant l'estoille chevelue apparente,
Les trois grands princes seront faits ennemis:
Frappez du ciel paix terre tremulente,
Pau, Timbre undans, serpent sus le bort mis.

44 L'aigle poussee entour de pavillons,
Par autres oyseaux d'entour sera chassee:

Quand bruit des cymbres tube et sonnaillons
Rendront le sens de la dame insensee.

45 Trop le ciel pleure l'Androgyn procree,
Pres de ciel sang humain respandu:
Par mort trop tard grand peuple recree,
Tard et tost vient le secours attendu.

46 Apres grand troche humain plus grand s'appreste
Le grand moteur les siecles renouvelle:
Pluye, sang, laict, famine, fer et peste,
Au ciel veu feu courant, longue estincelle.

47 L'ennemy grand vieil dueil meurt de poison,
Les souveraines par infiniz subiuguez:
Pierres plouvoir, cachez soubs la toison.
Par mort articles en vain sont alleguez.

48 La grand copie qui passera les monts,
Saturne en l'Arcq tournant du poisson Mars:
Venins cachez soubs testes de saulmons,
Leur chief pendu a fil de polemars.

49 Les conseillers du premier monopole,
Les conquerants seduits par la Melite:
Rodes, Bissance pour leurs exposants pole,
Terre faudra les poursuivans de fuite.

50 Quand ceux d'Hainault, de Gand et de Bruxelles
Verront a Langres le siege devant mis,
Derrier leurs flancs seront guerres cruelles,
La playe antique sera pis qu'ennemis.

51 Le sang du iuste a Londres fera faute,
Bruslez par foudres de vingt trois les six,
La dame antique cherra de place haute,
De mesmes sectes plusieurs serront occis.

52 Dans plusieurs nuits la terre tremblera,
Sur le printemps deux efforts suite,
Corinthe, Ephese aux deux mers nagera,
Guerre s'esmeut par deux vaillants de Iuite.

53 La grand peste de cite maritime,
Ne cessera que mort ne soit vengee
Du iuste sang par pris damne sans crime,
De la grand dame par feinte n'outragee.

54 Par gent estrange, et Romains loingtaine.
Leur grand cite apres eaue fort troublee,
Fille sans trop different domaine,
Prins chef, ferreure n'avoir este riblee.

56 Dans le conflict le grand qui peu valloit,
A son dernier fera cas merveilleux,
Pendant qu'Hadrie verra ce qu'il falloit,
Dans le banquet pongnale l'orgueilleux.

57 Que peste et glaive n'a sceu definer,
Mort dans le puys sommet du ciel frappe:
L'Abbe mourra quand verra ruiner,
Ceux du nauffrage l'escueil voulant grapper.

58 Avant conflict le grand mur tombera:
Le grand a mort, mort trop subite et plainte,
Nay mi parfaict, la plus part nagera,
Aupres du fleuve de sang la terre tainte.

58 Sans pied ne main dent aygue et forte,
Par globe au fort de port et laine nay,
Pres du portail desloyal transporte,
Silene luit, petit, grand emmene.

59 Classe Gauloise par appuy de grand garde,
Du grand Neptune, et ses tridens souldars,

Rongee Provence pour soustenir grande bande,
Plus Mars Narbon par iavelots et dards.

60 La foy Punique en Orient rompue,
Grand Iud, et Rosne, Loyre, et Tag, changeront
Quand du mulet la faim sera repue,
Classe espargie, sang et corps nageront.

61 Euge, Tamins, Gironde et la Rochelle,
O sang Troyen Mort au port de la flesche,
Derrier le fleuve au fort mise l'eschelle,
Pointes feu grand meurtre sus la bresche.

62 Mabus puis tost alors mourra, viendra,
De gens et bestes une horrible defaite,
Puis tout a coup la vengeance on verra,
Cent, main, soif, faim, quand courra la comete.

63 Gaulois Asone bien peu subiuguera,
Pan, Marne et Seine fera Perme l'urie,
Qui le grand mur contre eux dressera,
Du moindre au mur le grand perdra la vie.

64 Seicher de faim, de soif, gent Genevoise,
Espoir prochain viendra au deffailir,
Sur point tremblant sera loy Gebenoise,
Classe au grand port ne se peu accueillir.

65 Le parc enclin grande calamite,
Par l'Hesperie et Insubre fera,
Le feu en nef peste et captivite,
Mercure en l'Arc Saturne fenera.

66 Par grands dangiers le captif eschape,
Peu de temps grand a fortune changee:
Dans le palais le peuple est attrape,
Par bon augure la cite assiegee.

67 Le blonds au nez forche viendra commettre,
Par le duelle et chassera dehors,
Les exilez dedans fera remettre,
Aux lieux marins commettant les plus forts.

68 De l'Aquilon les efforts seront grands,
Sur l'Ocean sera la porte ouverte:
Le regne en Isle sera reintegrand,
Tremblera Londres par voille descouverte.

69 Le Roy Gaulois par la Celtique dextre,
Voyant discorde de la grand Monarchie,
Sus les trois parts fera florrir son sceptre,
Contre la cappe de la grand Hierarchie.

70 Le dard du ciel fera son estendue,
Morts en parlant, grande execution,
La pierre en l'arbre la fiere gent rendue,
Bruit humain monstre purge expiation.

71 Les exilez en Sicile viendront,
Pour delivrer de faim la gent estrange,
Au point du jour les Celtes lui faudront
La vie demeure a raison Roy se range.

72 Armee Celtique en Italie vexee,
De toutes parts conflict et grand perte,
Romains fuis, o Gaule repoulsee,
Pres du Thesin, Rubicon pugne incerte.

73 Au lac Fucin de Benac le rivage,
Prins du Leman au port de l'Orguion,
Nay de trois bras predict bellique image,
Par trois couronnes au grand Endymion.

74 De Sens, d'Autun viendront iusque au Rosne,
Pour passer outre vers les monts Pyrenees,

La gent sortir de la marque d'Anconne,
Par terre et mer suivra a grand trainees.

75 La voix ouye de l'insolit oyseau,
Sur le canon du respiral estage
Si haut viendra du froment le boisseau,
Que l'homme d'homme sera Antropophage.

76 Foudre en Bourgogne fera cas portenteux.
Que par engin oncques ne pourroit faire,
De leur senat sacriste faict boiteux.
Fera scavoir aux ennemis l'affaire.

77 Par arcs feux, poix et par feux repoussez,
Cris hurlements sur la minuit ouys:
Dedans sont mis par les rempars cassez,
Par canicules les traditeurs suys.

78 Le grand Neptune du profond de la mer,
De gent Punique et sang Gaulois mesle:
Les Ifles a sang pour le tardif ramer,
Plus luy nuira que l'occult mal cele.

79 La barbe respe et noire par engin,
Subiuguera la gent cruelle et fiere:
Le grand CHIREN ostera du lungin,
Tous les captifs par Seline baniere.

80 Apres conflict du lese l'eloquence,
Par peu de temps se trame faint repos:
Point l'on n'admet les grands a delivrance,
Des ennemis sont remis a propos.

81 Par feu du ciel la cite presque aduste,
L'urne menace encor Deucalion,
Vexees Sardaigne par la Punique fuste,
Apres que Libra lairra son Phaeton.

82 Par faim la proye fera loup prisonnier,
L'assaillant lors en extresme detresse,
Le nay ayant au devant le dernier,
Le grand n'eschappe au milieu de la presse.

83 Le gros traffic d'un grand Lyon change,
La plus part tourne en pristine ruine,
Proye aux soldats par pille vendange:
Par Iura mont et Sueve bruine.

84 Entre Campaigne, Sienne, Flora, Tustie,
Six mois neuf iours ne pleuvera une goutte:
L'estrange langue en terre Dalmatie,
Courira sus, vastant la terre toute.

85 Le vieux plain barbe soubs le statut severe,
A Lyon faict dessus l'Aigle Celtique,
Le petit grand trop outre persevere,
Bruit d'arme au ciel, mer ronge Lygustique.

86 Naufrage a classe pres d'onde Hadriatique,
La terre tremble esmue sus l'air en terre mis,
Egypte tremble augment Mahometique,
L'Herault soy rendre a crier est commis.

87 Apres viendra des estremes contrees,
Prince Germain, dessus le trosne dore:
La servitude et eaux rencontrees,
La dame serve, son temps plus n'adore.

88 Le circuit du grand faict ruineux,
Le nom septiesme du cinquiesme sera:
D'un tiers plus grand l'estrange belliqueux,
Mouton, Lutece, Aix ne garentira.

89 Un iour seront demis les deux grand maistres,
Leur grand pouvoir se verra augmente:

La terre neuve sera en hauts estres,
Au sanguinaire le nombre raconte.

90 Par vie et mort change regne d'Ongrie,
La loy sera plus aspre que service:
Leur grand cite d'urlemens plaincts et crie,
Castor et Pollux ennemis dans la lice.

91 Soleil levant un grand feu lon verra,
Bruit et clarte vers Aquilon tendants.
Dedans le rond mort et cris l'on orra,
Par glaive feu, faim, mort les attendans.

92 Feu couleur d'or du ciel en terre veu,
Frappe du haut nay, faict cas merveilleux:
Grand meurtre humain: prinse du grand neveu,
Morts d'espectacles eschappe lorgueilleux.

93 Bien pres du Tymbre presse la Lybitine,
Un peu devant grand inondation:
Le chef du nef prins, mis a la sentine,
Chasteau, palais en conflagration.

94 GRAND PAU, grand mal pour Gaulois reccevra.
Vaine terreur au maritin Lyon:
Peuple infiny par la mer passera,
Sans eschapper un quart d'un million.

95 Les Lieux peuplez seront inhabitables,
Pour champs avoir grande division:
Regnes livrez a prudents incapables,
Lors les grands freres mort et dissention.

96 Flambeau ardant au ciel soir fera veu,
Pres de la fin et principe du Rosne,
Famine, glaive, tard le secours pourveu,
La Perse tourne envahir Macedoine.

97 Romain Pontife garde de t'approcher.
De la cite que deux fleuves arrouse,
Ton sang viendra aupres de la cracher,
Toy et les tiens quand fleurira la rose.

98 Celuy du sang reperse le visage,
De la victime proche sacrifice,
Tenant en Leo, augure par presage,
Mais estre a mort pour la fiancee.

99 Terroir Romain qu'interpretoit augure,
Par gent Gauloise par trop sera vexee:
Mais nation Celtique craindra l'heure,
Boreas, classe trop loing l'avoit poussee.

100 Dedans les isles si horrible tumulte,
Bien on n'orra qu'une bellique brigue,
Tant grand sera des predateurs l'insulte,
Qu'on se viendra ranger a la grand ligue.

Centurie III

1 Apres combat et bataille navalle,
Le grand Neptune a son plus haut befroy:
Rouge aversaire de peur viendra pasle,
Mettant le grand Ocean en effroy.

2 Le divin Verbe donra a la substance,
Comprins ciel, terre, or occult au laict mystique
Corps, ame, esprit ayant toute puissance,
Tant soubs ses pieds comme au siege Celique.

3 Mars et Mercure, et l'argent ioint ensemble,
Vers le Midy extreme siccite:
Au fond d'Asie on dira terre tremble,
Corinthe, Ephese lors en perplexite.

4 Quand seront proche le defaut des lunaires,
De l'un a l'autre ne distant grandement,
Foid, siccite, dangers vers les frontieres,
Mesme ou l'oracle a prins commencement.

5 Pres loing defaut de deux grand luminaires,
Qui surviendra entre l'Avril et Mars:
O quel cherte: mais deux grands debonnaires
Par terre et mer secourrant toutes parts.

6 Dans le temple clos le foudre y entrera,
Les citadins dedans leur fort grevez:
Chevaux, boeufs, hommes, l'onde mur touchera
Par faim, soif, soubs les plus foibles armez.

7 Les fugitifs, feu du ciel sur les piques.
Conflict prochain des corbeaux s'esbatans,
De terre on crie, aide, sevours celiques,
Quand pres des murs seront les combattans.

8 Les Cimbres ioints avecques leurs voisins,
Depopuler viendront presque l'Espaigne:
Gens amassez, Guienne et Limosins,
Seront en ligue, et leur feront compaigne.

9 Bourdeaux, Rouan, et la Rochelle ioints,
Tiendront autour la grand mer Occeane,
Anglois, Bretons, et les Flamans conioints,
Les chasseront jusqu'au pres de Rouane.

10 De sang et faim plus grand calamite,
Sept fois s'appreste a la marine plage:
Monech de faim, lieu pris, captivite,
Le grand mene croc enferree cage.

11 Les armes battre au ciel longue saison,
L'arbre au milieu de la cite tombe:
Verbine, rogne, glaive, en face tyson,
Lors le Monarque d'Hadrie succombe.

12 Par la tumeur de Heb, Po, Tag, Timbre, et Rome,
Et par l'estang Leman et Aretin:
Les deux grands chefs et citez de Garonne,
Prins, morts, noyez. Partir humain butin.

13 Par foudre en l'arche or et argent fondu,
De deux captifs l'un l'autre mangera:
De la cite le plus grand estendu,
Quand submergee la classe nagera.

14 Par le rameau du vaillant personnage,
De France infime, par le pere infelice:

Honneurs, richesses, travail en son vieil aage,
Pour avoir cre le conseil d'homme nice.

15 Coeur, vigueur, gloire le regne changera,
De tous points contre ayant son adversaire:
Lors France enfance par mort subiuguera,
Un grand Regent sera lors plus contraire.

16 Un Prince Anglois, Mars a son coeur de ciel,
Voudra poursuivre sa fortune prospere:
Des deux duelles l'un percera le fiel,
Hay de luy, bien ayme de sa mere.

17 Mont Aventine brusler nuict sera veu,
Le ciel obscur tout a coup en Flandres,
Quand le Monarque chassera son neveu,
Leurs gens d'Eglise commettront les esclandres.

18 Apres la pluye laict assez longuette,
En plusieurs lieux de Rheims le ciel touche:
O quel conflict de sang pres d'eux s'appreste,
Pere et fils Roys n'oseront approche.

19 En Lusques sang et laict viendra plouvoir,
Un peu devant changement de preteur:
Grand peste et guerre, faim soif fera voir,
Loin ou mourra leur Prince recteur.

20 Par les contrees du grand fleuve Bethique,
Loin d'Ibere au royaume de Grenade:
Croix repoussees par gens Mahometiques,
Un de Cordube trahira la contrade.

21 Au Crustamin par mer Hadriatique,
Apparoistra un horrible poisson,
De face humaine, et la fin aquatique,
Qui se prendra dehors de l'amecon.

22 Six iours l'assaut devant cite donne:
Livree sera forte et aspre bataille:
Trois la rendront, et a eux pardonne,
Le reste a feu et sang tranche taille.

23 Si France passe outre mer Lygustique,
Tu te verras en isles et mers enclos:
Mahommet contraire, plus mer Hadriatique,
Chevaux et Asnes tu rongeras les os.

24 De l'entreprinse grande confusion.
Perte de gens, thresor innumerable:
Tu n'y dois faire encore tension,
France a mon dire fais que sois recordable.

25 Qui au Royaume Navarrois parviendra,
Quand le Sicile et Naples seront ioincts:
Bigore et Landes par Foix loron tiendra,
D'un qui d'Espagne sera par trop conioinct.

26 Des Roys et Princes dresseront simulacres,
Augures,creuz eslevez aruspices:
Corne victime doree, et d'azur, d'acre,
Interpretez seront les extipices.

27 Prince Lybinique puissant en Occident,
Francois d'Arbe viendra tant enflammer,
Scavant aux lettres fera condescendent,
La langue Arabe en Francois translater.

28 De terre foible et pauvre parentele,
Par bout et paix parviendra dans l'Empire,
Long temps regner une ieune femelle,
Qu'oncques en regne n'en survint un si pire.

29 Les deux neveux en divers lieux nourris:
Navale pugne, terre peres tombez:

Viendront si haut eslevez enguerris,
Venger l'iniure, ennemis succombez.

30 Celuy qu'en luitte et fer au faict bellique
Aura porte plus grand que luy le pris:
De nuict au lict six luy feront la pique,
Nud sans harnois subit sera surprins.

31 Aux champs de Mede, d'Arabe et d'Armenie
Deux grands copies trois fois s'assembleront,
Pres du rivages d'Araxes la mesgnie,
Du grand Soliman en terre tomberont.

32 Le grand sepulchre du peuple Aquitanique
S'approchera aupres de la Toscane:
Quand Mars sera pres du coing Germanique,
Et au terroir de la regent Mantuane.

33 En la cite ou le loup entrera,
Bien pres de la les ennemis seront:
Copie estrange grand pays gastera,
Aux murs et Alpes les amis passeront.

34 Quand le deffaut du Soleil lors sera,
Sur le plain iour le monstre sera veu,
Tout autrement on l'interpretera,
Cherte n'a garde, nul n'y aura pourveu.

35 Du plus profond de l'Occident d'Europe,
De pauvres gens un ieune enfant naistra,
Qui par sa langue seduira grande troupe,
Son bruit au regne d'Orient plus croistra.

36 Ensevely non mort apopletique,
Sera trouve avoir les mains mangees,
Quand la cite damnera l'heretique,
Qu'avoit leurs loix, ce leur sembloit changees.

37 Avant l'assaut l'oraison prononcee,
Milan prins d'Aigle par embusches deceus,
Muraille antique par canons enfoncee,
Par feu et sang a mercy peu receus.

38 La gent Gauloise et nation estrange,
Outre les monts, morts, prins et profligez,
Au moins contraire et proche de vendange,
Par les seigneurs en accord redigez.

39 Les sept en trois mois en concorde,
Pour subiuguer des Alpes Apennines,
Mais la tempeste et Ligure couarde,
Les profligent en subites ruines.

40 Le grand theatre se viendra redresser,
Les dez iettez et les rets ja tendus,
Trop le premier en glaz viendra lasser,
Par arc prostrais de long temps ja fendus.

41 Bossu sera esleu par le conseil,
Plus hideux monstre en terre n'apperceu,
Le coup voulant crevera l'oeil,
Le traistre au Roy pour fidele receu.

42 L'enfant naistra a deux dents en la gorge,
Pierres en Tuscie par pluy tomberont,
Peu d'ans apres ne sera bled ni orge,
Pour saouler ceux qui de faim failliront.

43 Gens d'alentour de Tarn, Loth, et Garonne,
Gardez les monts Apennines passer,
Vostre tombeau pres de Rome et d'Anconne,
Le noir poil crespe fera tropher dresser.

44 Quand l'animal a l'homme domestique,
Apres grand peines et sauts viendra parler,

De foudre a vierge sera si malefique,
De terre prinse et suspendue en l'air.

45 Les cinq estranges entrez dedans le temple,
Leur sang viendra la terre prophaner:
Aux Tholousains sera bien dur exemple,
D'un qui viendra ses loix exterminer.

46 Le ciel (de Plancus la cite) nous presage,
Par clercs insignes et par estoilles fixes,
Que de son change subit s'approche l'aage,
Ne pour son bien, ne pour ses malefices.

47 Le vieux Monarque deschasse de son regne,
Aux Orients son secours ira querre:
Pour peur des croix ployera son enseigne,
En Mitylene ira par port et par terre.

48 Sept cens captifs attachez rudement,
Pour la moitie meurtrir, donne le fort:
Le proche espoir viendra si promptement,
Mais non si tost qu'une quinziesme mort.

49 Regne Gaulois tu seras bien change,
En lieu estrange est translate l'empire:
En autres moeurs et loix seras range,
Roan, et Chartres te feront bien du pire.

50 La republique de la grande cite,
A grand rigueur ne voudra consentir,
Roy sortir hors par trompette cite,
L'eschelle au mur, la cite repentir.

51 Paris conuire un grand meurtre commettre,
Blois le fera sortir en plein effect:
Ceux d'Orleans voudront leur chef remettre,
Angers, Troyes, Langres, leur feront un meffait.

52 En la campagne sera si longue pluye,
Et en la Pouille si grande siccite,
Coq verra l'aigle, l'aisle mal accomplie,
Par Lyon mise sera en extremite,

53 Quand le plus grand emportera le pris,
De Nuremberg, d'Ausbourg, et ceux de Basle
Par Agrippine chef Frankfort repris,
Traverseront par Flamant iusqu'en Gale.

54 L'un des plus grands fuyera aux Espaignes
Qu'en longue playe apres viendra saigner,
Passant copies par les hautes montaignes,
Devastant tout, et puis en paix regner.

55 En l'an qu'un oeil en France regnera,
La Cour sera en un bien fascheux trouble,
Le grand de Bloys son amy tuera,
Le regne mis en mal et doubte double.

56 Montauban, Nismes, Avignon et Besier,
Peste, tonnerre et gresle a fin de Mars,
De Paris pont, Lyon mur, Montpellier,
Depuis six cens et sept-vingt trois pars.

57 Sept fois changer verrez gens Britannique,
Taints en sang en deux cens nonante an,
Franche non point par appuy Germanique,
Aries doubte son pole bastarnan.

58 Aupres du Rhin des montaignes Noriques
Naistra un grand de gens trop tard venu,
Qui defendra Saurome et Pannoniques,
Qu'on ne scaura qu'il sera devenu.

59 Barbare empire par le tiers usurpe,
La plus grand part des son sang mettra a mort:

Par mort senile par luy le quart frappe,
Pour peur que sang par le sang ne soit mort.

60 Par toute Asie grand proscription,
Mesme en Mysie, Lysie, et Pamphylie:
Sang versera par absolution,
D'une ieune noir remply de felonnie.

61 La grande bande et secte crucigere.
Se dressera en Mesopotamie:
Du proche fleuve compagnie legere,
Que telle loy tiendra pour ennemie.

62 A Carcassonne conduira ses menees.
Romain pouvoir sera du tout a bas,
Proche del duero par mer Cyrrene close,
Viendra percer les grands monts Pyrenees:

63 La main plus courte et sa percee gloze,
Son grand voisin imiter les vestiges:
Occultes haines civiles et debats,
Retarderont aux boufons leurs folies.

64 Le chef de Perse remplira grande Olchade,
Classe Trireme contre gent Mahometique,
De Parthe et Mede, et piller les Cyclades,
Repos long temps au grand port Ionique.

65 Quand le sepulchre du grand Romain trouve.
Le iour apres sera esleu Pontife,
Du Senat gueres il ne sera prouve,
Empoisonne, son sang au sacre scyphe.

66 Le grand Baillif d'Orleans mis a mort,
Sera par un de sang vindicatif:
De mort merite ne mourra que par sort,
Des pieds et mains malle faisoit captif.

67 Une nouvelle secte de Philosophes,
Mesprisant mort, or, honneurs et richesses,
Des monts Germains ne seront limitrophes,
A les ensuyvre auront appuy et presses.

68 Peuples sans chef d'Espaigne d'Italie,
Morts, profligez dedans le Cheronese,
Leur dict trahy par legere folie,
Le sang nager par tout a la traverse.

69 Grand exercite conduict par iouvenceau,
Se viendra rendre aux mains des ennemis,
Mais le vieillard nay au demy pourceau,
Fera Chalon et Mascon estre amis.

70 La grande Bretaigne comprinse d'Angleterre,
Viendra par eaux si haut inonder
La Lique neuve d'Ausonne fera guerre,
Que contre eux ils se viendront bander.

71 Ceux dans les isles de long temps assiegez,
Prendront vigueur force contre ennemis:
Ceux par dehors morts de faim profligez,
En plus grand faim que iamais seront mis.

72 Le bon vieillard tout vif ensevely,
Pres du grand fleuve par fausse soupcon:
Le nouveau vieux de richesse ennobly,
Prins a chemin tout l'or de la rancon.

73 Quand dans le regne parviendra le boiteux,
Competiteur aura proche bastard,
Luy et le regne viendront si fort roigneux,
Qu'ains qu'il guerisse son faict sera bien tard.

74 Naples, Florence, Favence, et Imole,
Seront en termes de telle fascherie,

Que pour complaire aux malheureux de Nolle,
Plainct d'avoir faict a son chef moquerie.

75 Pau, Verone, Vincence, Sarragousse,
De glaives loings, terroirs de sang humides:
Peste si grande viendra a la grand gousse,
Proche secours, et bien loing les remedes.

76 En Germanie naistront divers es sectes,
Sapprochant fort de l'heureux paganisme,
Le coeur captif et petites receptes,
Feront retour a payer le vray disme.

77 Le tiers climat sous Aries comprins,
L'an mil sept cens vingt et sept en Octobre
Le Roy de Perse par ceux d'Egypte prins:
Conflit, mort perte: a la croix grand opprobe.

78 Le chef d'Ecosse, avec six d'Allemagne,
Par gens de mer Orientaux captif:
Traverseront le Calpre et Espagne,
Present en Perse au nouveau Roy craintif.

79 L'ordre fatal sempiternel par chaisne,
Viendra tourner par ordre consequent:
Du port Phocen sera rempue la chaisne,
La cite prinse, l'ennemy quant et quant.

80 Du regne Anglois le digne dechasse,
Le conseiller par ire mis a feu:
Ses adherans iront si bas tracer,
Que le bastard sera demy receu.

81 Le grand criard sans honte audacieux,
Sera esleu gouverneur de l'armee:
La hardiesse de son contentieux,
Le pont rompu, cite de peur pasmee.

82 Freins, Antibor, villes autour de Nice,
Seront vastees fort par mer et par terre:
Les sauterelles terre et mer vent propice,
Prins, morts, troussez, pillez, sans loy de guerre.

83 Les longs cheveux de la Gaule Celtique,
Accompagnez d'estranges nations:
Mettront captif la gent Aquitanique,
Pour succomber a leurs intentions.

84 La grand'cite sera bien desolee,
Des habitans un seul n'y demourra:
Mur, sexe, temple, et vierge violee,
Par fer, feu, peste, canon peuple mourra.

85 Par cite prinse par tromperie et fraude,
Par le moyen d'un beau ieune attrape,
Assaut donne Raubine pres de LAUDE,
Luy et tous morts pour avoir bien trompe.

86 Un chef d'Ausonne aux Espaignes ira,
Par mer sera arrest dedans Marseille,
Avant sa mort un long temps languira.
Apres sa mort on verra grand merveille.

87 Classe Gauloise n'aproches de Corsegne.
Moins de Sardaigne tu t'en repentiras:
Trestous mourrez frustrez de l'aide grogne,
Sang nagera, captif ne me croiras.

88 De Barselone par mer si grand'armee,
Toute Marseille de frayeur tremplera:
Isles saisies de mer ayde fermee,
Ton traditeur en terre nagera.

89 En ce temps la sera frustree Cypres,
Dc son secours de ceux de mer Egee:

Vieux trucidez, mais par mesles et lyphres
Seduict leur Roy, Royne plus outragee.

90 Le grand Satyre et Tigre d'Hircanie,
Don presente a ceux de l'Occean:
Un chef de classe istra de Carmanie:
Qui prendra terre au Tyrren Phocean.

91 L'arbre qu'estoit par long temps mort seche,
Dans un nuict viendra a reverdir:
Cron Roy malade, Prince pied estache,
Criant d'ennemis fera voile bondir.

92 Le monde proche du dernier periode,
Saturne encor tard sera de retour:
Translat empire devers nations Brodde,
L'oeil arrache a Narbon par autour.

93 Dans Avignon tout le chef de l'Empire,
Fera arrest pour Paris desole:
Tricast tiendra l'Annibalique ire,
Lyon par change sera mal console.

94 De cinq cens ans plus compte lon tiendra,
Celuy qu'estoit l'ornement de son temps,
Puis a un coup grande clarte donra,
Que par ce siecle les rendra trescontens.

95 La loy Moricque on verra deffaillir,
Apres une autre beaucoup plus seductive:
Boristhennes premier viendra faillir,
Par dons et langue une plus attractive.

96 Chef de Fossan aura gorge coupee,
Par le ducteur du limier et levrier:
Le faict patre par ceux du mont Tarpee,
Saturne en Leo 13. de Fevrier.

97 Nouvelle loy terre neuve occuper,
Vers la Syrie, Iudee et Palestine:
Le grand empire barbare corruer,
Avant que Phebes son siecle determine.

98 Deux royale freres si fort guerroyeront,
Qu'entre eux sera la guerre si mortelle:
Qu'un chacun places fortes occuperont,
De regne et vie sera leur grand querelle.

99 Aux champs herbeux d'Alein et du Varneigne,
Du mont Lebron proche de la Durance,
Camps de deux parts conflict sera si aigre,
Mesopotamie defaillira en la France.

100 Entre Gaulois le dernier honnore,
D'homme ennemy sera victorieux;
Force et terroir en moment explore
D'un coup de traict quand mourra l'envieux.

Centurie IV

1 Cela du reste de sang non espandu,
Venise quiert secours estre donne,
Apres avoir bien long temps attendu,
Cite livree au premier cornet sonne.

2 Par mort la France prendra voyage a faire,
Classe par mer, marcher monts Pyrenees,
Espaigne en trouble, marcher gent militaire:
Des plus grand Dames en France emmenees.

3 D'Arras et Bourges, de Brodes grans enseignes,
Un plus grand nombre de Gascons battre a pied,
Ceux long du Rosne saigneront les Espaignes:
Proche du mont ou Sagonte s'assied.

4 L'impotent Prince fache, plaincts et querelles
De rapts et pille, par coqz et par Libyques:
Grand est par terre par mer infinies voilles,
Seule Italie sera chassant Celtiques.

5 Croix paix, soubs un accomply divin verbe,
L'Espaigne et Gaule seront unis ensemble:
Grand clade proche, et combat tresacerbe,
Coeur si hardy ne sera qui ne tremble.

6 D'habits nouveaux apres fait la treuve,
Malice tramme et machination:
Premier mourra qui en fera la preuve,
Couleur Venise insidiation.

7 Le mineurs fils du grand et hay Prince,
De lepre aura a vingt ans grand tache,
De dueil sa mere mourra bien triste et mince,
Et il mourra la ou tombe cher lache.

8 La grand cite d'assaut prompt et repentin,
Surprins de nuict, garde interrompus:
Les excubies et veilles sainct Quintin,
Trucidez gardes et les pourtails rompus:

9 Le chef du camp au milieu de la presse,
D'un coup de fleche sera blesse aux cuisses,
Lors que Geneve en larmes et detresse,
Sera trahie par Lozan et Souysses.

10 Le ieune Prince accuse faulsement,
Mettra en trouble le camp et en querelles:
Neurtry le chef pour le soustenement,
Sceptre apaiser: puis guerir escrouelles.

11 Celuy qu'aura couvert de la grand cappe.
Sera induict a quelque cas patrer:
Les douze rouges viendront souiller la nappe
Soubs meurtre, meurtre se viendra perpetrer.

12 Le camp plus grand de route mis en fuite,
Guaires plus outre ne sera pourchasse:
Ost recampe, et legion reduicte,
Puis hors des Gaules du tout sera chasse.

13 De plus grand perte nouvelles rapportees,
Le raport fait le camp s'etonnera:
Bandes unies encontres revoltees,
Double phalange, grand abandonnera.

14 La mort subite du premier personnage
Aura change et mis un autre au regne:

Tost, tard venu a si haut et bas aage,
Que terre et mer faudra que on le craigne.

15 D'ou pensera faire venir famine,
De la viendra le rassasiement:
L'oeil de la mer par avare canine
Pour de l'un l'autre donra huyle, froment.

16 La cite franche de liberte fait serve,
Des prosligez et resveurs fait Asyle:
Le Roy change a eux non si proterve,
De cent seront devenus plus de mille.

17 Changer a Beaune, Nuy, Chalons et Dijon,
Le duc voulant amender la Barree
Marchant pres fleuve, poisson, bec de plongeon
Verra le queue: porte sera serree.

18 Des plus lettrez dessus les faicts celestes
Seront par Princes ignorans reprouvez:
Punis d'Edict, chassez, comme scelestes,
Et mis a mort la ou seront trouvez.

19 Devant Rouan d'Insubres mis le siege,
Par terre et mer enfermez les passages:
D'Haynaut et Flandres, de Gand et ceux de Liege,
Par dons lenees raviront les rivages.

20 Paix, uberte long temps lieu louera,
Par tout son regne desert la fleur de lys:
Corps morts d'eau, terre la lon apportera,
Sperants vain heur d'estre la ensevelis.

21 Le changement sera fort difficile,
Cite, province au change gain fera:
Coeur haut, prudent mis, chasse luy habile,
Mer terre peuple son estat changera.

22 La grande copie qui sera dechassee,
Dans un moment fera besoing au Roy,
La foy promise de loing sera faussee,
Nud se verra en piteux desarroy.

23 La legion dans la marine classe,
Calcine, Magnes soulphre, et poix bruslera:
Le long repos de l'assuree place,
Port Selyn, Hecle feu les consumera.

24 Ouy soubs terre saincte dame voix sainte,
Humaine flamme pour divine voir luire:
Fera des seuls de leur sang terre tainte,
Et les saincts temples pour les impurs destruire.

25 Corps sublimes sans fin a l'oeil visibles:
Obnubiler viendront par ces raisons:
Corps, front comprins, sans chef et invisibles.
Diminuant les sacrees oraisons.

26 Lou grand eyssame se levera d'abelhos,
Que non sauran don te siegen venguddos:
Deuech l'ebousq, luo gach dessous las treilhos
Ciutard trahido per cinq lengos non nudos.

27 Salon, Manfol, Tarascon de Sex, l'arc,
Ou est debout encor la piramide:
Viendront livrer le Prince Dannemarc,
Rachat honny au temple d'Artemide.

28 Lors que Venus du Sol sera couvert,
Subs l'esplendeur sera forme occulte:
Mercure au feu, les aura descouvert,
Par bruit bellique sera mis a l'insulte.

29 Le sol cache eclipse par Mercure,
Ne sera mis que pour le ciel second:

De Ulcan Hermes sera faicte pasture,
Sol sera veu pur, rutilant et blond.

30 Plus onze fois Luna Sol ne voudra,
Tous augmente et baissez de degre:
Et si bas mis que peu or on coudra,
Qu'apres faim, peste, descouvert le secret.

31 La lune au plain de nuict sur le haut mont,
Le nouveau spohe d'un seul cerveau l'a veu:
Par ses disciples estre immortel semond,
Yeux au midy, en feins, mains, corps au feu.

32 Es lieux et temps chair au poisson donra lieu,
La loy commune sera faicte au contraire:
Vieux tindra fort puis oste du milieu,
Le Panta chiona philon mis fort arriere.

33 Iupiter ioinct plus Venus qu'a la Lune,
Apparoissant de plenitude blanche:
Venus cachee sous la blancheur Neptune
De Mars frappee par la gravee branche.

34 Le grand mene captif d'estrange terre,
D'or enchaine au Roy CHIREN offert:
Qui dans Ausone, Millan perdra la guerre,
Et tout son os mis a feu et a fer.

35 Le feu estaint, les vierges trahiront
La plus grande part de la bande nouvelle:
Fouldre a fer, lance les seuls Roys garderont
Etrusque et Corse, de nuict gorge allumelle.

36 Les ieux nouveaux en Gaule redressez,
Apres victoire de l'Insubre champaigne:
Monts d'Esperie, les grands liez, troussez,
De peur trembler la Romaigne et l'Espaigne.

37 Gaulois par saults, monts viendra penetrer,
Occupera le grand lieu de l'Insubre,
Au plus profond son ost fera entrer,
Gennes, Monech pousseront classe rubre.

38 Pendant que Duc, Roy, Royne occupera,
Chef Bizant du captif en Samothrace,
Avant l'assault l'un l'autre mangera,
Rebours serre suyvra du sang la trace.

39 Les Rhodiens demanderont secours,
Par le neglet de ses hoyrs delaissee,
L'empire Arabe revalera son cours,
Par Hesperies la cause redressee.

40 Les forteresses des assiegez serrez,
Par poudre a feu profondez en abysme,
Les prodituers seront tous vifs serrez,
Onc aux sacristes n'advint si piteux scisme.

41 Gymnique sexe captive par hostage,
Viendra de nuict custodes decevoir,
Le chef du camp deceu par son langage,
Lairra a la gente, ferra piteux a voir.

42 Geneve et Langres par ceux de Chatres et Dole.
Et par Grenoble captif au Montlimard,
Seysset, Lozanne, par fraudulente dole,
Les trahiront par or soixante marc.

43 Seront ouys au ciel les armes battre:
Celuy an mesme les divins ennemis,
Voudront loix sainctes iniustement debattre,
Par foudre et guerre bien croyans a mort mis.

44 Deux gros de Mende, et de Roudes et Milhau,
Cahours, Limoges Castres malo sepmano

De nuech l'intrado, de Bourdeaux un cailhau,
Par Perigort au toc de la campano.

45 Par conflict Roy, regne abandonnera,
Le plus grand chef faillira au besoing,
Mors prosligez peu en rechapera,
Tous destrauchez, un en sera tesmoing.

46 Bien defendu le faict par excellence,
Garde toy Tours de ta proche ruine,
Londres et Nates par Reims fera deffense
Ne passe outre au temps de la bruine.

47 Le Noir farouche quand aura essaye
Sa mein sanguine par feu, fer, arcs tendus,
Trestout le peuple sera tant effraye,
Voir les plus grans par col et pieds pendus.

48 Planure Ansonne fertile, spacieuse,
Prouduira taons si tant de sauterelles,
Clarte solaire deviendra nubileuse,
Ronger le tout, grand peste venir d'elles.

49 Devant le peuple sang sera respandu,
Que du haut ciel ne viendra esloigner,
Mais d'un long temps ne sera entendu,
L'esprit d'un seul le viendra tesmoigner.

50 Libra verra regner les Hesperies,
De ciel et terre tenir la Monarchie,
D'Asie forces nul ne verra peries,
Que sept ne tiennent par rang la hierarchie.

51 Un Duc cupide son ennemy ensuyvre,
Dans entrera empeschant la phalange,
Hastez a pied si pres viendront poursuyvre,
Que la iournee conflite pres de Gange.

52 En cite obsesse aux murs hommes et femmes,
Ennemis hors le chef prest a soy rendre:
Vent sera fort encontre les gensdarmes,
Chassez seront par chaux, poussiere, et cendre.

53 Les fugitifs et bannis revoquez,
Peres et fils grand garnissant les hauts puits,
Le cruel pere et les siens suffoquez,
Son fils plus pire submerge dans le puits.

54 Du nom qui oncques ne fut au Roy Gaulois,
Iamais ne fut un foudre si craintif,
Tremblant l'Italie, l'Espaigne et les Anglois,
De femme estrangers grandement attentif.

55 Quand la corneille sur tout de brique ioncte,
Durant sept heures ne fera que crier:
Mort presagee de sang statue taincte,
Tyran meurtry, aux Dieux peuple prier.

56 Apres victoire de rabieuse langue,
L'esprit tremte en tranquil et repos,
Victeur sanguin par conflict faict harangue,
Roustir la langue et la chair et les os.

57 Ignare enuie au grand Roy supportee,
Tiendra propos deffendre les escripts:
Sa femme non femme par un autre tentee,
Plus double deux ne fort ne criz.

58 Soleil ardent dans le gosier coller,
De sang humain arrouser terre Etrusque:
Chef seille d'eaue, mener son fils filer,
Captive dame conduicte en terre Turque.

59 Deux assiegez en ardente ferveur,
De soif estaincts pour deux plaines tasses,

Le fort lime, et un vieillard resveur,
Aux Genevois de Nira monstra trasse.

60 Les sept enfans en hostage laissez,
Le tiers viendra son enfant trucider,
Deux par son fils seront d'estoc percez,
Gennes, Florence los viendra enconder.

61 Le vieux mocque et prive de sa place,
Par l'estranger qui le subornera,
Mains de son fils mangees devant sa face,
Le frere a Chartres, Orl. Rouan trahira.

62 Un coronel machine ambition,
Sa saisira de la plus grande armee,
Contre son Prince fainte invention,
Et descouvert sera soubs sa ramee.

63 L'armee Celtique contre les montaignars,
Qui seront sceuz et prins a la pipee:
Paysans fresz poulseront tost faugnars,
Precipitez tous au fils de l'espee.

64 Le defaillant en habit de bourgois,
Viendra le Roy tenter de son offence:
Quinze soldats la plus part Ustagois,
Vie derniere et chef de sa chevance.

65 Au deserteur de la grand'forteresse,
Apres qu'aura son lieu habandonne,
Son adversaire fera si grand prouesse,
L'Empereur tost mort sera condamne.

66 Sous couleurs fainte de sept testes rasees,
Seront semez divers explorateurs,
Puits et fontains de poisons arrousees,
Au fort de Gennes humains devorateurs.

67 Lors que Saturne et Mars esgaux combust,
L'air fort seiche longue trajection,
Par feux secrets d'ardeur grand lieu adust,
Peu pluye, vent chault, guerres, incursions.

68 En lieu bien proche non esloigne de Venus
Les deux plus grands de l'Asie et d'Affrique
Du Ryn et Hister qu'on dira sont venus,
Cris, pleurs a Malte et coste Ligustique.

69 La cite grande les exilez tiendront,
Les citadins morts, meurtris et chassez,
Ceux d'Aquilee a Parme promettront,
Monstrer l'entree par les lieux non trasse.

70 Bien contigue des grands monts Pyrenees,
Un contre l'Aigle grand copie addresser,
Ouverte veines, forces exterminees,
Que iusqu'a Pau le chef viendra chasser.

71 En lieu d'espouse les filles trucidees,
Meurtre a grand faute ne sera superstile,
Dedans le puits vestules inondees,
L'espouse estainte pur hauste d'Aconile.

72 Les Artomiques par Agen et l'Estore,
A saint Felix feront leur parlement:
Ceux de Basas viendront a la mal'heure,
Saisir Condon et Marsan promptement.

73 Le nepveu grand par force prouvera,
Le pache fait du coeur pusillanime,
Farrare et Ast le Duc esprouvera,
Par lors qu'au soir sera le pantomine.

74 Du lac Leman et ceux de Brannonices
Tous assemblez contre ceux d'Aquitaine,

Germains beaucoup, encore plus Souisses,
Seront des faicts avec ceux d'Humaine.

75 Prest a combattre fera defection,
Chef adversaire obtiendra la victoire:
L'arriere garde fera defension,
Les defaillans mort au blanc territoire.

76 Les Nictobriges par ceux de Perigort
Seront vexez, tenant iusques au Rosne,
L'associe de Gascons et Begorne,
Trahir le temple, le prestre estant au prosne.

77 SELIN Monarque l'Italie pacifique,
Regnes unis, Roy Chrestien du monde,
Mourant voudra coucher en terre blesique,
Apres pyrates avoir chasse de l'onde.

78 La grand'armee de la pugne civile,
Pour de nuict parme a l'estrange trouvee,
Septante neuf meurtris dedans la ville,
Les estrangers passez tout a lespee.

79 Sang Royal fuis, Monhurt, Mas, Eguillon,
Remplis seront Bourdelois les Landes,
Navarre, Bygorre poinctes et eguillons,
Profonds de faims, vorer de Liege glandes.

80 Pres du grand fleuve, grand fosse, terre eges
En quinze pars sera l'eau divisee:
La cite prinse, feu, sang, cris conflict mettre,
Et la plus part concerne au collisee.

81 Pont on fera promptement de nacelles,
Passer l'armee du grand Prince Belgique:
Dans profondrez et non loing de Brucelles,
Outre passez, detranchez sept a picque.

82 Amas s'approche venant d'Esclavonie,
L'Olestant vieux cite ruynera:
Fort desolee verra sa Romanie,
Puis la grand'flamme estaindre ne scaura.

83 Combat nocturne le vaillant capitaine,
Vaincu fuyra peu de gens proslige:
Son peuple esmeu, sedition non vaine,
Son propre fils le tiendra assiege.

84 Un grand d'Auxerre mourra bien miserable,
Chasse de ceux qui sous luy ont este:
Serre de chaines, apres d'un rude cable,
En l'an que Mars, Venus et Sol mis en este.

85 La charbon blanc du noir sera chaffe,
Prisionnier faict mene au tombereau:
More Chameau sur pieds entrelassez,
Lors le puisne sillera l'aubereau.

86 L'an que Saturne en eau sera conioinct,
Avecques Sol, le Roy fort et puissant,
A Reims et Aix sera receu et oingt,
Apres conquestes meurtrira innocens.

87 Un fils du Roy tant de langues apprins,
A son aisne au regne different:
Son pere beau au plus grand fils comprins,
Fera perir principal adherant.

88 Le grand Antoine du nom de faict sordide,
De Phthyriaise a son dernier ronge:
Un qui de plomb voudra estre cupide,
Passant le port d'esleu sera plonge.

89 Trente de Londres secret coniurcront,
Contre leur roy, sur le pont l'entreprinse:

Luy, fatalites la mort desgousteront,
Un Roy esleu blonde, natif de Frize.

90 Les deux copies aux murs ne pourront ioindre
Dans cest instant trembler Milan, Ticin:
Faim, soif, doutance si fort les viendra poindre
Chair, pain, ne vivres n'auront un seul boucin.

91 Au Duc Gaulois contrainct battre au duelle,
La nef Mellele Monech n'approchera,
Tort accuse, prison perpetuelle,
Son fils regner avant mort taschera.

92 Teste trenchee du vaillant capitaine,
Sera gettee devant son adversaire:
Son corps pendu de la classe a l'antenne,
Confus fuira par rames a vent contraire.

93 Un serpent veu proche du lict Royal,
Sera par dame nuict chien n'abayeront:
Lors naistre en France un Prince tant Royal,
Du ciel venu tous les Princes verront.

94 Deux grand freres seront chassez d'Espaigne,
L'aisne vaincu sous les monts Pyrenees:
Rougir mer, Rosne, sang Leman d'Alemaigne
Narbon, Blyterre, d'Agath, contaminees.

95 Lregne a deux laisse bien peu tiendront
Trois ans sept mois passez feront la guerre
Les deux vestales contre rebelleront,
Victor puisnay en Armenique terre.

96 La soeur aisnee de l'Isle Britannique
Quinze ans devant le frere aura naissance:
Par son promis moyennent verrifique,
Succedera au regne de balance.

97 L'an que Mercure, Mars, Venus retrograde,
Du grand Monarque la ligne ne faillit:
Esleu du peuple l'usitant pres de Gagdole,
Qu'en paix et regne viendra fort envieillir.

98 Les Albanois passeront dedans Rome,
Moyennant Langres demipler assubles,
Marquis et Duc ne pardonnes a l'homme,
Feu, sang, morbilles point d'eau, faillir les bles.

99 L'aisne vaillant de la fille du Roy,
Repoussera si profond les Celtiques,
Qu'il mettra foudres, combien en tel arroy
Peu et loing, puis profond es Hesperiques.

100 De feu celeste au Royal edifice,
Quand la lumiere de Mars defaillira,
Sept mois grand guerre, mort gent de malefice,
Rouan, Evreux au Roy ne faillira.

Centurie V

1 Avant venue de ruine Celtique,
Dedans le temple deux parlementeront,
Poignard coeur, d'un monte au coursier, et picque,
Sans faire bruit le grand enterreront.

2 Sept coniurez au banquet feront luire,
Contre les trois le fer hors de nauire:
L'un les deux classes au grand fera conduire,
Quand par le mail. Dernier au front luy tire.

3 Le successeur de la Duche viendra
Beaucoup plus outre que la mer de Toscane:
Gauloise Blanche la Florence tiendra,
Dans son giron d'accord nautique Rane.

4 Le gros mastin de cite dechasse,
Sera fasche de l'estrange alliance,
Apres aux champs avoir le cerf chasse,
Le loup et l'ours se donront defiance.

5 Sous ombre faincte d'oster de servitude,
Peuple et cite l'usurpera luy mesme:
Pire fera par fraux de ieune pute,
Livre au champ lisant le faux proesme.

6 Au Roy l'augur sur le chef la main mettre,
Viendra prier pour la paix Italique:
A la main gauche viendra changer le sceptre,
De Roy viendra Empereur pacifique.

7 Du Triumvir seront trouvez les os,
Cherchant profond thresor aenigmatique,
Ceux d'alentour ne seront en repos,
Ce concaver marbre et plomb metallique.

8 Sera laisse feu vif, mort cachee,
Dedans les globes horribles espouvantable,
De nuict a classe cite en poudre lasche,
La cite a feu, l'ennemy favorable.

9 Iusques au fond la grand arq demolue,
Par chef captif l'amy anticipe:
Naistra de dame front, face chevelue,
Lors par astuce Duc a mort attrappe.

10 Un chef Celtique dans le conflict blesse,
Aupres de cave voyant siens mort abattre:
De sang et playes et d'ennemis presse,
Et secourus par incongneus de quatre.

11 Mer par solaires seure ne passera,
Ceux de Venus tiendront toute l'Affrique:
Leur regne plus Saturne n'occupera,
Et changera la part Asiatique.

12 Aupres du lac Leman sera conduite,
Par grace estrange cite voulant trahir:
Avant son meurtre a Ausbourg la grand suitte,
Et ceux du Rhin la viendront invahir.

13 Par grand fureur le Roy Romain Belgique
Vexer voudra par phalange barbare:
Fureur grinssant chassera gent Lybique
Depuis Pannons iusques Hercules la hare.

14 Saturne et Mars en Leo Espaigne captifve,
Par chef Lybique au conflict attrape,

Proche de Malthe, Heredde prinse vive,
Et Romain sceptre sera par Coq frappe.

15 En navigant captif prins grand Pontife,
Grand aprets faillir les clercs tumultuez:
Second esleu absent son bien debife,
Son favory bastard a mort tue.

16 A son hault pris plus la lerme sabee,
D'humaine chair par mort en cendre mettre,
A l'Isle Pharos par Croisars perturbee,
Alors qu'a Rhodes paroistra dur espectre.

17 De nuict passant le Roy pres d'une Andronne,
Celuy de Cypres et principal guette:
Le Roy failly, la main fut long du Rosne,
Les coniurez l'iront a mort mettre.

18 De dueil mourra l'infelix proslige,
Celebrera son vitrix l'hecatombe:
Pristine loy, franc edict redige.
Le mur et Prince au septiesme iour tombe.

19 Le grand Royal d'or, d'airain augmente,
Rompu la pache, par ieune ouverte guerre:
Peuple afflige par un chef lamente,
De sang barbare sera couverte terre.

20 Dela les Alpes grande armee passera,
Un peu devant naistre monstre vapin:
Prodigieux et subit tournera
Le grand Tosquan a son lieu plus propin.

21 Par les trespas du Monarque Latin,
Ceux qu'il aura par regne secourus:
Le feu luyra divise le butin,
La mort publique aux hardis incourus.

22 Avant qu'a Rome grand aye rendu l'ame,
Effrayeur grande a l'armee estrangere:
Par esquadrons l'embusche pres de Parme,
Puis les deux rouges ensemble feront chere.

23 Les deux contens seront unis ensemble,
Quant la plupart a Mars seront conioinct:
Le grand d'Affrique en effrayeur et tremble,
Duumvirat par la classe desioinct.

24 Le regne et loy sous Venus esleve,
Saturne aura sus Iupiter empire:
La loy et regne par le Soleil leve,
Par Saturnins endurera le pire.

25 Le Prince Arabe Mars, Sol, Venus, Lyon,
Regne d'Eglise par mer succombera:
Devers la Perse bien pres d'un million,
Bisance, Egypte, vers.sepr. inuadera.

26 La gent esclave par un heur martial,
Viendra en haut degre tant eslevee:
Changeront Prince, naistra un Provincial,
Passer la mer copie aux monts levee.

27 Par feu et armes non loing de la marnegro,
Viendra de Perse occuper Trebisonde:
Trembler Phato, Methelin, Sol alegro,
De sang Arabe d'Adrie couvert onde.

28 Le bras pendant a la iambe liee,
Visage pasle, au sein poignard cache:
Trois qui seront iurez de la meslee,
Au grand de Gennes sera le fer lasche.

29 La liberte ne sera recouvree,
L'occupera noir, fier, vilain, inique,

Quand la matiere du pont ser ouvree,
D'Hister, Venise faschee la republique.

30 Tour a l'entour de la grande cite,
Seront soldats logez par champs et ville:
Donner l'assaut Paris, Rome incite,
Sur le pont sera faicte grande pille.

31 Par terre Attique chef de la sapience,
Qui de present est la rose du monde:
Pont ruine, et sa grand'preeminence
Sera subdite et naufrage des ondes.

32 Ou tout bon est, toutbien Soleil et Lune,
Est abondant, sa ruine s'approche:
Du ciel s'advance vaner ta fortune,
En mesme estat que la septiesme roche.

33 Des principaux de cite rebellee,
Qui tiendront fort pour liberte r'avoir:
Detrancher masles, infelice meslee,
Cris, hurlemens a Nantes piteux voir.

34 Du plus profond d l'Occident Anglois,
Ou est le chef de l'Isle Britannique:
Entrera classe dans Gyronde par Blois,
Par vin et sel, feux cachez aux barriques.

35 Par cite franche de la grand mer Seline,
Qui porte encores a l'estomach la pierre,
Angoisse classe viendra sous la bruine
Un rameau prendre, du grand ouverte guerre,

36 De soeur le frere par simulte faintise
Viendra mesler rosee en myneral:
Sur la placente donne a vieille tardive,
Meurt, le goustant sera simple et rural.

37 Trois cens seront d'un vouloir et accord,
Que pour venir au bout de leur attainte.
Vingt mois apres tous et records,
Leur Roy trahy simulant haine fainte.

38 Ce grand Monarque qu'au mort succedera,
Donnera vie illicite et lubrique,
Par nonchalance a tous concedera,
Qu'a la parfin faudra la loy Salique.

39 Du vray rameau de fleur de lys yssu
Mis et loge heritier d'Hetrurie:
Son sang antique de longue main tissu,
Fera Florence florir en l'armoirie.

40 Le sang Royal sera si tres mesle,
Contraints seront Gaulois de l'Hesperie:
On attendra que terme soit coule,
Et que memoire de la voix soit perie.

41 Nay sous les ombres et iournee nocturne,
Sera en regne et bonte souveraine:
Fera renaistre son sang de l'antique urne,
Renouvellant siecle d'or pour l'airain.

42 Mars esleve en son plus haut befroy,
Fera retraite les Allobrox de France:
La gent Lombarde fera si grand effroy,
A ceux de l'Aigle comprins sous la Balance.

43 La grand ruine des secrez ne s'esloigne,
Provence, Naples, Sicille, Seez et Ponce,
En Germanie, au Rhin et la Colongne,
Vexez a mort par tous ceux de Magonce.

44 Par mer le rouge sera prins de pyrates,
La paix sera par son moyen troublee:

L'ire et l'avare commettra par sainct acte,
Au grand Pontife sera l'armee doublee.

45 Le grand Empire sera tost desole,
Et translate pres d'arduenne silue,
Les deux bastards par l'aisne decolle,
Et regnera Aenobarb nez de misue.

46 Par chapeaux rouges querelles et nouveaux scismes,
Quand on aura esleu le Sabinois:
On produira contre luy grands sophismes,
Et sera Rome lesee par Albanois.

47 Le grand Arabe marchera bien avant
Trahy sera par les Bisantinois:
L'antique Rodes luy viendra au devant,
Et plus grand mal par austre Pannonois.

48 Apres la grande affliction du sceptre,
Deux ennemis par eux seront defaicts:
Classe d'Affrique aux Pannons viendra naistre
Par mer et terre feront horribles faicts.

49 Nul de l'Espaigne, mais de l'antique France
Ne sera esleu pour le tremblant nacelle,
A l'ennemy sera faicte fiance,
Qui dans son regne sera peste cruelle.

50 L'an que les freres du lys seront en aage
L'un d'eux tiendra la grande Romanie:
Trembler les monts, ouvert Latin passage,
Pache marcher contre fort d'Armenie.

51 La gent de Dace, d'Angleterre et Polonne,
Et de Boesme feront nouvelle ligue:
Pour passer outre d'Hercules la colonne,
Barcins, Tyrrens dresser cruelle brigue.

52 Un Roy fera qui donra l'opposite,
Les exilez eslevez sur le regne:
De sang nager la gent caste hyppolite,
Et florira long temps sous telle enseigne.

53 La loy du sol et Venus contendus
Appropriant l'esprit de prophetie,
Ne l'un ne l'autre ne seront entendus,
Par Sol tiendra la loy du grand Messie.

54 Du pont Euxime, et la grand'Tartarie,
Un Roy sera qui viendra voir la Gaule,
Transpercera Alane et l'Armenie,
Et dans Bisance lairra sanglante Gaule.

55 De la Felice Arabie contrade,
Naistra puissant de loy Mahometique,
Vexer l'Espaigne, conquester la Grenade,
Et plus par mer a la gent Lygustique.

56 Par le trespas du tref vieillard Pontife
Sera esleu Romain de bon aage,
Qui sera dict que le siege debiffe,
Et long tiendra et de picquant ouvrage.

57 Istra du mont Gaulsier et Aventin,
Qui par le trou advertira l'armee,
Entre deux rocs sera prins le butin,
De SEXT. mansol faillir la renommee.

58 De l'aqueduct d'Uticense, Gardoing,
Par la forest et mont inacessible,
Emmy du pont sera tasche au poing
Le chef nemans qui tant sera terrible.

59 Au chef Anglois a Nymes trop freiour,
Devers l'Espaigne au secours Aenobarbe

Plusieurs mourront par Mars ouvert ce iour,
Quant en Artois faillir estoille en barbe.

60 Par teste rase viendra bien mal eslire,
Plus que sa charge ne porte passera:
Si grand fureur et rage fera dire,
Qu'a feu et sang tout sexe trenchera.

61 L'enfant du grand n'estant a sa naissance,
Subiuguera les hauts monts Apennis:
Fera trembler tous ceux de la balance,
Et des monts feux iusques a Mont-Senis.

62 Sur les rochers sang on verra pleuvoir,
Sol Orient, Saturne Occidental:
Pres d'Orgon guerre, a Rome grand mal voir,
Nefs parfondrees, et prins le Tridental.

63 De vaine emprinse l'honneur indue plaincte,
Galliots errans par latins, froid, faim, vagues
Non loing du Tymbre de sang la terre taincte,
Et sur humains seront diverses plagues.

64 Les assemblez par repos du grand nombre,
Par terre et mer conseil contre mande:
Pres de l'Autonne Gennes, Nice de l'ombre
Par champs et villes le chef contrebande.

65 Subit venu l'effrayeur sera grande,
Des principaux de l'affaire cachez:
Et dame embraise plus ne sera en veue
Ce peu a peu seront les grands fachez.

66 Sous les antiques edifices vestaux,
Non esloignez d'aque duct ruine:
De Sol et Lune sont les luisans metaux,
Ardante lampe Trian dor butine.

67 Quand chef Perouse n'ofera sa tunique
Sens au couvert tout nuds expolier,
Seront prins sept faict Aristocratique,
Le pere et fils morts par poincte au colier.

68 Dans le Danube et du Rin viendra boire
Le grand Chameau, ne s'en repentira:
Trembler du Rofne, et plus fort ceux de Loire
Et pres des Alpes Coq le ruinera.

69 Plus ne sera le grand en faux sommeil,
L'inquietude viendra prendre repos:
Dresser phalange d'or, azur et vermeil,
Subiuger Affrique, la ronger iusques os.

70 Des regions subiectes a la Balance
Feront troubler les monts par grande guerre,
Captifs tout sexe deu et tout Bisance,
Qu'on criera a l'aube terre a terre.

71 Par la fureur d'un qui attendra l'eau,
Par la grand rage tout l'exercice esmeu:
Charge des nobles a dix-sept bateaux,
Au long du Rosne tard messager venu.

72 Pour le plaisir d'edict voluptueux,
On mestera la poison dans la foy:
Venus sera en cours si vertueux,
Qu'obfusquera du Soleil tout a loy.

73 Persecutee sera de Dieu l'Eglise,
Et les saints Temples seront expoliez,
L'enfant, la mere mettra nud en chemise,
Seront Arabes aux Polons ralliez.

74 De sang Troyen naistra coeur Germanique
Qui deviendra en si haut puissance:

Hors chassera gent estrange Arabique,
Tournant l'Eglise en pristine preeminence.

75 Montera haut sur le bien plus a dextre,
Demourra assis sur la pierre quarree,
Vers le Midy pose a la fenestre,
Baston tortu en main, bouche ferree.

76 En lieu libere tendra son pavillon,
En ne voudra en citez prendre place:
Aix, Carpen, l'Isle Volce, Mont Cavaillon,
Par tous ses lieux abolira sa trasse.

77 Tous les degrez d'honneur Ecclesiastique
Seront changez en dial quirinal:
En Martial quirinal flaminique,
Puis un Roy de France le rendre vulcanal.

78 Les deux unis ne tiendront longuement,
Et dans treize ans au Barbare Satrappe,
Aux deux costez feront tel perdement,
Qu'un benira le Barque et sa cappe.

79 Par secree pompe viendra baisser les aisles,
Par la venue du grand legislateur:
Humble haussera, vexera les rebelles,
Naistra sur terre aucun aemulateur.

80 Logmion grande Bisance approchera,
Chassee sera la Barbarique Ligue:
Des deux loix l'une l'estinique lachera,
Barbare et franche en perpetuelle brique.

81 L'oiseau Royal sur la cite solaire,
Sept mois devant fera nocturne augure:
Mur d'Orient cherra tonnerre, esclaire,
Sept iours aux portes les ennemis a l'heure.

82 Au conclud pache hors de la forteresse,
Ne sortira celuy en desespoir mis:
Quant ceux d'Arbois, de Langres, contre Bresse
Auront mont Dolle, bousculade d'ennemis.

83 Ceux qui auront entreprins subvertir,
Nom pareil regne, puissant et invicible:
Feront par fraude, nuicts trois advertir,
Quant le plus grand a table lira Bible.

84 Naistra du gouphre et cite immesuree,
Nay de parents obscurs et tenebreux:
Qui la puissance du grand Roy reveree,
Voudra destruire par Rouan et Evreux.

85 Par les Sueves et lieux circonvoisins,
Seront en guerre pour cause des nuees:
Gamp marins locustes et confins,
Du Leman fautes seront bien desnuees.

86 Par les deux testes, et trois bras separes,
La cite grande par eaux sera vexee:
Des grands d'entr'eux par exil esgares,
Par teste Perse Bisance fort pressee.

87 L'an que Saturne hors de servage,
Au francs terroir sera d'eau inonde:
De sang Troyen sera son mariage,
Et sera seur d'Espaignols circonde.

88 Sur le sablon par un hideux deluge,
Des autres mers trouve monstre marin:
Proche du lieu sera faict un refuge,
Tenant Savonne esclave de Turin.

89 Dedans Hongrie par Boheme, Navarre,
Et par banniere sainctes seditions:

Par fleurs de lys pays portant la barre,
Contre Orleans fera esmotions.

90 Dans les cyclades, en perinthe et larisse,
Dedans Sparte tout le Peloponnesse:
Si grand famine, peste par faux connisse,
Neuf mois tiendra et totut le cherronesse.

91 Au grand marche qu'on dict des mensongiers,
Du tout Torrent et champ Athenien:
Seront surprins par les chevaux legiers,
Par Albanois Mars, Leo, Sat, un versien.

92 Apres le siege tenu dix sept ans,
Cinq changeront en tel revolu terme:
Puis sera esleu de mesme temps,
Qui des Romains ne sera trop conforme.

93 Sous le terroir du rond globe lunaire,
Lors que sera dominateur Mercure:
L'Isle d'Escosse fera un luminaire,
Qui les Anglois mettra a desconfiture.

94 Translatera en la grand Germanie,
Brabant et Flandres, Gang, Bruges et Bolongne
La tresve saincte, le grand duc d'Armenie,
Assaillira Vienne et la Coloigne.

95 Nautique rame invitera les umbres,
Du grand Empire lors viendra conciter:
La mer Aegee des lignes les encombres,
Empeschant l'onde Tirrene defflotez.

96 Sur le milieu du grand monde la rose,
Oour nouveaux faicts sang public espandu:
A dire vray on aura bouche close,
Lors au besoing viendra tard l'attendu.

97 Le nay difforme par horreur suffroque,
Dans la cite du grand Roy habiatable:
L'edict severe des captifs revoque
Gresle et tonnere, Condon inestimable.

98 A quarante huict degre climaterique,
Afin de Cancer si grande seicheressse:
Poisson en mer, fleuve, lac cuit hectique,
Bearn, Bigorre par feu ciel en detresse.

99 Milan, Ferrare, Turin, et Aquilleye.
Capne, Brundis vexez par gents Celtique:
Par le Lyon et phalange aquilee
Quant Rome aura le chef vieux Britannique.

100 Le boutefeu par son feu attrape,
De feu du ciel a Carcas et Cominge,
Foix, Aux, Mazere, haut vieillart eschappe,
Par ceux de Hasse, des saxons et Turinge.

Centurie VI

1 Autour des monts Pyrennees grans amas
De gent estrange secourir Roy nouveau
Pres de Garonne du grand temple du Mas,
Un Romain chef le craindra dedans l'eau.

2 En l'an cinq cens octante plus et moins,
On attendra le siecle bien estrange:
En l'an sept cens, et trois cieux en tesmoings,
Que plusieurs regnes un a cinq feront change.

3 Fleuve qu'esprouve le nouveau naty Celtique,
Sera en grande de l'Empire discorde:
Le ieune Prince par gent Ecclesiastique,
Ostera le sceptre coronal de concorde.

4 Le Celtiq fleuve changera de rivage,
Plus ne tiendra la cite d'Agripine,
Tout transmue ormis le vieil langage,
Saturne, Leo, Mars, Cancer en rapine.

5 Si grand famine par unde pestifere,
Par pluye longue le long du polle arctique,
Samatobryn cent lieux de l'hemisphere,
Viveront sans loy exempt de pollitique.

6 Apparoistra Vers le Septentrion,
Non loing de Cancer l'estoille chevelue,
Suze, Sienne, Boece, Eretrion,
Nourra de Rome grand, la nuict disperue.

7 Norneigre et Dace, et l'isle Britannique,
Par les unis freres seront vexes,
Le chef Romain issu de sang Gallique
Et les copies aux forests repoulsees.

8 Ceux qui estoient en regne pour scavoir,
Au Roial change deviendront apouvris:
Uns exilez sans apuy, or n'avoir,
Lettrez et lettres ne seront a grand pris.

9 Au sacrez Temples seront faicts escandales,
Comptez seront par honneur et louanges,
D'un que on grave d'argent, d'or les medall
La fin sera en tormens bien estranges.

10 Un peu de temps les temples des couleurs
De blanc et noir des deux entremeslee:
Rouges et iaunes leur embleront les leurs,
Sang, terre, peste, feu d'eau affollee.

11 Des sept rameaux a trois seront reduicts,
Les plus aisnez seront surprins par mort,
Fratricidez les deux seront seduicts,
Les coniurez en dormans seront morts.

12 Dresser copies ponur monter a l'Empire,
Du Vatican le sang Royal tiendra:
Flamans, Anglois, Espagne avec Aspire,
Contre l'Italie et France contendra.

13 Un dubieux ne viendra loing du regne,
La plus grand part le voudra soustenir,
Un capitole ne voudra point qu'il regne,
Sa grande charge ne pourra maintenir.

14 Loing de sa terre Roy perdra la bataille,
Prompt eschappe poursuivy suivant prins,

Ignare prins soubs la doree maille,
Soubs fainct habit et l'ennemy surprins.

15 Dessoubs la tombe sera trouve le Prince,
Qu'aura le pris par dessus Nuremberg,
L'Espaignol Roy en Capricorne mince,
Fainct et trahy par le grand Vuitemberg.

16 Ce que ravy sera du ieune Milve,
Par les Normans de France et Picardie,
Les noirs du temple du lieu de Negrisilve,
Feront aulberge et feu de Lombardie.

17 Apres les limes bruslez les asiniers,
Contraints seront changer habits divers,
Les Saturnins bruslez par les meusniers,
Hors la pluspart qui ne sera couvers.

18 Par les Phisiques le grand Roy delaisse,
Par sort non art de l'Ebrien est en vie,
Luy et son genre au regne hault pousse,
Grace donnee a gent qui Christ envie.

19 La vraye flamme engloutira la dame,
Que voudra mettre les Innocens a feu,
Pres de l'assaut l'exercite s'enflamme,
Quant dans Seville monstre en boeuf sera veu.

20 L'union faincte sera peu de duree,
Des uns changez reformez la pluspart,
Dans les vaisseaux sera gent enduree,
Lors aura Rome un nouveau liepart.

21 Quant ceux du polle artiq unis ensemble,
En Orient grand effrayeur et crainte,
Esleu nouveau, soustenu le grand tremble.
Rodes, Bisance de sang Barbare taincte.

22 Dedans la terre du grand temple Celtique,
Neveu a Londres par paix faincte meurtry,
La barque alors deviendra scismatique,
Liberte faincte sera au corn et cry.

23 D'esprit de regne musnimes descriees,
Et seront peuples esmeuz contre leur Roy,
Paix faict nouveau, sainctes loix empirees,
Rapis onc fut en si tresdur arroy.

24 Mars et le sceptre se trouvera conioinct,
Dessoubs Cancer calamiteuse guerre,
Un peu apres sera nouveau Roy oingt,
Qui par longtemps pacifiera la terre.

25 Par Mars contraire sera la monarchie,
Du grand pescheur en trouble ruyneux,
Ieune roy rouge prendra la hierarchie,
Les proditeurs iront iour bruyneux.

26 Quatre ans le siege quelque peu bien tiendra,
Un surviendra libidineux de vie,
Ravenne et Pyse, Veronne soustiendront,
Pour eslever la croix de Pape envie.

27 Dedans les Isles de cinq fleuves a un,
Par le croissant du grand Chyren Selin,
Par les bruynes de l'air fureur de l'un,
Six eschapez, cachez fardeaux de lyn.

28 Le grand Celtique entrera dedans Rome,
Menant amas d'exilez et bannis:
Le grand pasteur mettra a mort tout homme
Qui pour le coq estoyent aux Alpes unis.

29 La vefve saincte entendant les nouvelles,
De ses rameaux mis en perplex et trouble:

Qui sera duict appaiser les querelles,
Par son pourchas des razes sera comble.

30 Par l'apparence de saincte sainctete,
Sera trahy aux ennemis le siege:
Nuict qu'on cuidoit dormir en seurete,
Pres de Braban marcheront ceux de Liege.

31 Roy trouvera ce qu'il desiroit tant,
Quand le Prelat sera reprins a tort:
Responce au Duc le rendra mal content,
Qui dans Milan mettra plusieurs a mort.

32 Par trahison de verges a mort battu,
Prins surmonte sera par son desordre,
Conseil frivole au grand captif sentu,
Nez par fureur quant Berich viendra mordre.

33 Sa main derniere par Alus sanguinaire,
Ne se pourra par la mer guarentir:
Entre deux fleuves craindre main militaire,
Le noir l'ireux le fera repentir.

34 De feu volant la machination,
Viendra troubler au grand chef assiegez:
Dedans sera telle sedition,
Qu'en desespoir seront les profligez.

35 Pres de Rion, et proche a blanche laine,
Aries,Taurus, Cancer, Leo, la Vierge,
Mars, Iupiter, le Sol ardra grand plaine,
Bois et citez lettres cachez au cierge.

36 Ne bien ne mal par bataille terrestre,
Ne parviendra aux confins de Perouse:
Rebelle Pise, Florence voit mal estre,
Roy nuict blesse sur mulet a noire house.

37 L'oeuvre ancienne se parachevera,
Du toict chera sur le grand mal ruyne:
Innocent faict mort on accusera,
Nocent cache, taillis a la bruyne.

38 Aux profligez de paix les ennemis,
Apres avoir l'Italie superee,
Noir sanguinaire, rouge sera commis,
Feu, sang verser, eau de sang coloree.

39 L'enfant du regne par paternelle prinse,
Expolier sera pour delivrer:
Aupres du lac Trasimen l'azur prinse,
La troupe hostage par trop fort s'enyvrer.

40 Grand de Magonce pour grande soif estaindre,
Sera prive de sa grand'dignite:
Ceux de Cologne si fort se viendront plaindre,
Que le grand groppe au Rhin sera iette.

41 Le second chef du regne d'Annemarc,
Par ceux de Frize et l'isle Britannique,
Fera despendre plus de cent mille marc,
Vain esploicter voyage en Italique.

42 A Logmyon sera laisse le regne,
Du grand Selin qui plus fera de faict:
Par les Itales estendra son enseigne,
Regi sera par prudent contrefaict.

43 Long temps sera sans estre habitee,
Ou Signe et Marne autour vient arrouser:
De la Tamise et martiaux tentee,
Deceus les gardes en cuidant repousser.

44 De nuict par Nantes Lyris apparoistra,
Des arts marins susciteront la pluye:

Arabiq goulfre grand classe parfondra,
Un monstre en Saxe naistra d'ours et truye.

45 Le gouverneur du regne bien scavant,
Me consentir voulant au faict Royal:
Nellile classe par le contraire vent
Le remettra a son plus desloial.

46 Un iuste sera en exil renvoye,
Par pestilence aux confins de Nonseggle,
Response au rouge le fera desvoye,
Roy retirant a la Rane et a l'Aigle.

47 Entre deux monts les deux grand assemblez
Delaisseront leur simulte secrette,
Brucelle et Dolle par Langres accablez,
Pour a Malignes executer leur peste.

48 La sainctete trop fainte et seductive,
Accompagne d'une langue discrete:
La cite vieille, et parme trop hastive,
Florence et Sienne rendront plus desertes.

49 De la patrie de Mammer grand Pontife,
Subiuguera les confins du Danube:
Chasser les crois, par fer raffe ne riffe,
Captifs, or, bagues plus de cent milles rubes.

50 Dedans le puys seront trouvez les os,
Sera l'inceste commis par la maratre:
L'estat change, on querra bruit et los,
Et aura Mars attendant pour son astre.

51 Peuple assemble, voir noveau expectacle,
Princes et Roys par plusieurs assistans,
Pilliers faillir, murs, mais comme miracle
Le Roy sauve et trente des instans.

52 En lieu du grand qui sera condamne,
De prison hors, son amy en sa place:
L'espoir Troyen en six mois ioins mort ne,
Le Sol a l'urne seront peins fleuve en glace.

53 Le grand Prelat Celtique a Roy suspect,
De nuict par cours sortira hors du regne:
Par Duc fertile a son grand Roy Bretaigne,
Bisance a Cypres et Tunes insuspect.

54 Au poinct du iour au second chant du coq,
Ceux de Tunes,de Fez et de Begie,
Par les Arabes captif le Roy Maroq,
L'an mil six cens et sept, de Liturgie

55 Au chalme Duc, en arrachant l'esponce,
Voile Arabesque voir, subit decouverte:
Tripolis Chio, et ceux de Trapesonce,
Duc prins, Marnegro et la cite deserte.

56 La crainte armee de l'ennemy Narbon,
Effrayera si fort les Hesperiques:
Parpignan vuide par l'aveugle darbon,
Lors Barcelon par mer donra les piques.

57 Celuy qu'estoit bien avant dans le regne,
Ayant chef rouge proche a la hierarchie,
Aspre et cruel, et se fera tant craindre,
Succedera a sacree monarchie.

58 Entre les deux monarques esloignez,
Lorsque le Sol par Selin clair perdue,
Simulte grande entre deux indignez,
Qu'aux Isles et Sienne la liberte rendue.

59 Dame en fureur par rage d'adultere,
Viendra a son Prince coniurer non de dire:

Mais bref cogneu sera le vitupere,
Que seront mis dix sept a martyre.

60 Le Prince hors de son terroir Celtique,
Sera trahy,deceu par interprete:
Rouan, Rochelle par ceux de l'Armorique
Au port de Blaue deceus par moyen et prestre.

61 Le grand tappis plie ne monstrera,
Fors qu'a demy la pluspart de l'histoire:
Chasse du regne loing aspre apparoistra,
Qu'au faict bellique chacun le viendra croire.

62 Trop tard tous deux les fleurs seront perdues,
Contre la loy serpent ne voudra faire:
Des Ligueurs forces par gallots confrondues,
Savone, Albingue par monech grand martyre.

63 La dame seule au regne demeuree,
L'unic estaints premier au lict d'honneur,
Sept ans sera de douleur exploree,
Puis longue vie au regne par grand heur.

64 On ne tiendra pache aucune arreste,
Tous recevans iront par tromperie,
De paix et tresve, terre et mer proteste,
Par Barcelone classe prins d'industrie.

65 Gris et bureau demie ouverte guerre,
De nuict seront assailis et pillez,
Le bureau prins passera par la serre,
Son temple ouvert, deux au plastre grillez.

66 Au fondement de la nouvelle secte,
Seront les os du grand Romain trouvez,
Sepulchre en marbre apparoistra couverte,
Terre trembler en Auril, mal enfouez.

67 Au grand Empire parviendra tout un autre
Bonte distant plus de felicite:
Regi par un issu non loing du peautre,
Corruer regnes grand infelicite.

68 Lors que soldats fureur seditieuse,
Contre leur chef seront de nuict fer luire:
Ennemy d'Albe soit par main furieuse,
Lors vexer Rome, et principaux seduire.

69 La pitie grande sera sans loing tarder,
Ceux qui donnoient seront contraints de prendre:
Nuds, affamez de froid, soif, soy bander,
Les monts passer commettant grand esclandre.

70 Au chef du monde le grand Chyren sera,
Plus outre apres ayme, craint, redoute:
Son bruit et lors les cieux surpassera,
Et du seul tiltre victeur fort contente.

71 Quand on viendra le grand Roy parenter
Avant qu'il ait du tout l'ame rendue:
Celuy qui moins le viendra lamenter,
Par Lyons, d'Aigles, croix, couronne vendue.

72 Par fureur fainte d'esmotion divine,
Sera la femme du grand fort violee:
Iuges voulans damner telle doctrine.
Victime au peuple ignorant immolee.

73 En cite grande un moyne et artisan,
Pres de la porte logez et aux murailles,
Contre Moderne secret, cave disant,
Trahis faire sous couleur d'espousailles.

74 La dechassee au regne tournera,
Ses ennemis trouvez des coniurez:

Plus que iammais son temps triomphera,
Trois es septante a mort trop asseurez.

75 Le grand pilot par Roy sera mande,
Laisser la classe pour plus haut lieu attaindre:
Sept ans apres sera contrebande,
Barbare armee viendra Venise craindre.

76 La cite antique d'antenoree forge,
Plus ne pouvant le tyran supporter.
Le manche fainct au temple couper gorge,
Le siens le peuple a mort viendra bouter.

77 Par la victoire du deceu fraudulente,
Deux classes une, la revolte Germaine,
Le chef meurtry et son fils dans la tente,
Florence, Imole pourchassez dans Romaine.

78 Crier victoire du grand Selin croissant,
Par les Romains sera l'Aigle clame,
Ticcin, Milan et Gennes y consent,
Puis par eux mesmes Basil grand reclame.

79 Pres de Tesin les habitans de Loyre,
Garonne et Saone, Seine, Tain et Gironde,
Outre les monts dresseront promontoire,
Conflit donne, Pau granci, submerge onde.

80 De Fez le regne parviendra a ceux d'Europe.
Feu leur cite, et lame trenchera:
Le grand d'Asie terre et mer a grand troupe,
Que bleux, pers, croix, a mort de chassera.

81 Pleurs, cris et plaints, hurlemens, effrayeur,
Coeur inhumain, cruel, noir et transy:
Leman, les Isles, de Gennes le maieurs,
Sang espancher, frofaim, a nul mercy.

82 Par les deserts de lieu libre et farouche,
Viendra errer nepveu du grand Pontife:
Assome a sept avecques lourde souche,
Par ceux qu'apres occuperont le Cyphe.

83 Celuy qu' aura tant d'honneur et caresses
A son entree de la Gaule Belgique,
Un temps apres fera tant de rudesses,
Et sera contre a la fleur tant bellique

84 Celuy qu'en Sparthe Claude ne peut regner,
Il fera tant par voye seductive:
Que du court, long, le fera araigner,
Que contre Roy fera sa perspective

85 La grand'cite de Tharse par Gaulois
Sera destruite, captifs tous a Turban:
Secours par mer du grand Portugalois,
Premier d'este le iour du sacre Urban.

86 Le grand Prelat un iour apres son songe
Interprete au rebours de son sens,
De la Gascongne luy surviendra un monge
Qui fera eslire le grand Prelat de Sens.

87 L'Election faicte dans Franfort,
N'aura nul lieu, Milan s'opposera.
Le sien plus proche semblera si grand fort,
Qu'autre le Rhin es mareschs cassera.

88 Un regne grand demoura desole,
Aupres de l'Hebro se seront assemblees:
Monts Pyrenees le rendront console,
Lors que dans May seront terres tremblees.

89 Entre deux cymbes pieds et mains attachez,
De miel face oingt, et de laict substante:

Guespes et mouches fitine amour fachez,
Poccilateurs faucer, Cyphe tente.

90 L'honnissement puant abominable
Apres le faict sera felicite:
Grand excuse, pour n'estre favorable,
Qu'a paix Neptune ne sera incite.

91 Du conducteur de la guerre navale,
Rouge effrene, severe, horible grippe,
Captif eschappe de l'aisne dans la baste:
Quand il naistra du grand un fils Agrippe.

92 Prince de beaute tant venuste,
Au chef menee, le second faict trahy:
La cite au glaive de poudre face aduste,
Par trop grand meurtre le chef du Roy hay.

93 Prelat avare d'ambition trompe
Rien ne sera que trop viendra cuider:
Ses messagers, et luy bien attrape,
Tout au rebours voir qui le bois fendroit.

94 Un Roy ire sera aux sedifragues,
Quand interdicts seront harnois de guerre:
La poison taincte au succre par le fragues
Par eaux meurtris, morts disant serre serre.

95 Par detracteur calomnie a puis nay,
Quand seront faicts enormes et martiaux:
La moindre part dubieuse a l'aisnay,
Et tost au regne seront faicts partiaux.

96 Grande cite a soldats abandonnee,
Onc n'y eut mortel tumult si proche:
O quelle hideuse mortalite s'approche,
Fors une offense n'y sera pardonnee.

97 Cinq et quarante degrez ciel bruslera,
Feu approcher de la grand'cite neuve,
Instant grand flamme esparse sautera
Quand on voudra des Normans faire preuve.

98 Ruyne aux Volsques de peur si fort terribles,
Leur grand cite taincte, faict pestilent:
Piller Sol, Lune, et violer leurs temples:
Et les deux fleuves rougir de sang coulant.

99 L'ennemy docte se tournera confus,
Grand camp malade, et de faict par embusches.
Monts Pyrenees et Poenus luy seront faicts refus
Proche du fleuve decouvrant antiques oruches.

Legis cantio contra ineptos criticos.

Qui legent hosce versus, mature censunto,
Pro anum vulgus et inscium ne attrectato:
Omnesque Astrologi, Blenni, Barbari procul sunto,
Qui aliter facit, is rite, sacer esto.

Centurie VII

1 L'arc du tresor par Achilles deceu,
Aux procrez sceu la quadrangulaire:
Au faict Royal le comment sera sceu,
Corps veu pendu au veu du populaire.

2 Par Mars ouvert Arles le donra guerre
De nuict seront les soldats estonnez:
Noir, blanc a l'inde dissimulez en terre,
Sous la fainte ombre traistres verez et sonnez.

3 Apres la France la victoire navale,
Les Barchinons, Saillinons, les Phocens,
Lierre d'or, l'enclume serre dedans la balle,
Ceux de Ptolon au fraud seront consens

4 Le Duc de Langres assiege dedans Dolle,
Accompagne d'Autun et Lyonois:
Geneve, Ausbourg, ioinct ceux de Mirandole,
Passer les monts contre les Anconnois.

5 Vin sur la table en sera respandu,
Le tiers n'aura celle qu'il pretendoit:
Deux fois du noir de Parme descendu,
Perouse a Pize fera ce qu'il cuidoit.

6 Naples, Palerme et toute la Cecile,
Par main barbare sera inhabitee,
Corsicque, Salerne et des Sardeigne l'Isle,
Faim, peste, guerre, fin de maux intentee.

7 Sur le combat des grands chevaux legers,
On criera le grand croissant confond:
De nuict tuer monts, habits de bergers,
Abismes rouges dans le fosse profond.

8 Flora, fuis, fuis le plus proche Romain
Au Fesulan sera conflict donne:
Sang espandu, les plus grands prins a main,
Temple ne sexe ne sera pardonne.

9 Dame a l'absence de son grand capitaine,
Sera priee d'amour du Viceroy,
Fainte promesse et malheureuse estreine,
Entre les mains du grand Prince Barois.

10 Par le grand prince limitrophe du Mans,
Preux et vaillant chef du grand exercite:
Par mer et terre de Gallots et Normans,
Caspre passer Barcelonne pille Isle.

11 L'enfant Royal contemnera la mere,
Oeil, pieds blessez, rude, inobeissant,
Nouvelle a dame estrange et bien amere,
Seront tuez des siens plus de cinq cens.

12 Le grand puisnay fera fin de la guerre.
Aux dieux assemble les excusez:
Cahors, Moissac iront loing de la serre,
Refus Lestore, les Angenois rasez.

13 De la cite marine et tributaire
La teste raze prendra la satrapie:
Chasser sordide qui puis sera contraire,
Par quatorze ans tiendra la tyrannie

14 Faux exposer viendra topographie,
Seront les cruches des monuments ouvertes:

Pulluler secte, saincte philosophie,
Pour blanches, noires et pour antiques vertes.

15 Devant cite de l'Insubre contree,
Sept sera le siege devant mis:
Le tresgrand Roy y fera son entree,
Cite plus libre hors de ses ennemis.

16 Entree profonde par la grande Royne faicte
Rendra le lieu puissant inaccessible:
L'armee des trois Lyons sera deffaite
Faisant dedans cas hideux et terrible.

17 Le Prince rare de pitie et clemence
Viendra changer par mort grand cognoissance
Par grand repos le regne travaille,
Lors que le grand tost sera estrille.

18 Les assiegez couloureront leurs paches,
Sept iours apres feront cruelle issue,
Dans repoulsez, feu sang. Sept mis a l'hache
Dame captive qu'avoit la paix tissue.

19 Le fort Nicene ne sera combatu,
Vaincu sera par rutilant metal,
Son faict sera un long temps debatu;
Aux citadins estrange espouvantal.

20 Ambassadeurs de la Toscane langue,
Avril et May Alpes et mer passee,
Celuy de veau exposera l'harangue,
Vie Gauloise ne venant effacer.

21 Par pestilente inimitie Volsicque,
Dissiumlee chassera le tyran,
Au pont le Sorgues se fera la traffique
De mettre a mort luy et son adherant.

22 Les citoyens de Mesopotamie
Irez encontre amis de Tarraconne,
Ieux, rits, banquets, toute gent endormie
Vicaire au Rosne, prins cite, ceux de d'Ausone.

23 Le Royal sceptre sera contrainct de prendre
Ce que ses predecesseurs avoyent engage,
Puis que l'anneau on fera mal entendre,
Lors qu'on viendra le palais saccager.

24 L'ensevely sortira du tombeau,
Fera de chaines lier le fort du pont,
Empoisonne avec oefs de Barbeau,
Grand de Lorraine par le Marquis du Pont.

25 Par guerre longue tout l'exercice expuiser,
Que pour soldats ne trouveront pecune,
Lieu d'or, d'argent, cuir on viendra cuser,
Gaulois aerain, signe croissant de Lune.

26 Fustes et galeres autour de sept navires,
Sera livree une mortelle guerre,
Chef de Madric recevra coup de vires,
Deux eschapees, et cinq menees a terre.

27 Au cainct de Vast la grande cavalerie,
Proche a Ferrage empeschee au bagage,
Prompt a Turin feront tel volerie,
Que dans le fort raviront leur hostage.

28 Le capitaine conduira grande proye
Sur la montaigne des ennemis plus proche.
Environne, par feu fera telle voye
Tous eschappez, or trente mis en broche.

29 Le grand Duc d'Albe se viendra rebeller,
A ses grands peres fera le tradiment:

Le grand de Guise le viendra debeller,
Captif mene et dresse monument.

30 Le sac s'approche, feu, grand sang espandu,
Po, grand fleuves, aux bouviers l'entreprinse
Ded Gennes, Nice apres long attendu,
Foussan, Turin, a Sauillan la prinse.

31 De Languedoc, et Guienne plus de dix
Mille voudront les Alpes repasser:
Grands Allobroges marcher contre Brundis,
Aquin et Bresse les viendront recasser.

32 Du mont Royal naistra d'une casane,
Qui cave, et compte viendra tyranniser,
Dresser copie de la marche Millane,
Fauence, Florence d'or et gens espuiser.

33 Par fraude regne, forces expolier,
La classe obsesse, passages a l'espie,
Deux saincts amis se viendront r'allier,
Esveiller hayne de longtemps assoupie.

34 En grand regret sera la gent Gauloise,
Coeur vain, leger croira temerite:
Pain, sel ne vin, eau, venin ne cervoise,
Plus grand captif, faim, froid, necessite.

35 La grande pesche viendra plaindre, plorer,
D'avoir esleu, trompez seront en l'aage:
Guiere avec eux ne voudra demourer,
Deceu sera par ceux de son langage.

36 Dieu, le ciel, tout le divin verbe a l'onde,
Porte par rouges sept razes a Bizance,
Contre les oingts trois cens de Trebisconde
Deux loix mettront, et horreur, puis credence.

37 Dix envoyez, chef de nef mettre a mort,
D'un adverty, en classe guerre ouverte,
Confusion chef, l'un se picque et mord,
Leryn, stecades nefs, cap dedans la nerte.

38 L'aisne Royal sur coursier voltigeant,
Picquer viendra, si rudement courir,
Gueulle, lipee, pied dans l'estrein pleingnant,
Traine, tire, horriblement mourir.

39 Le conducteur de l'armee Francoise,
Cuidant perdre le principal phalange,
Par sus pave de l'avaigne et d'ardoise,
Soy parfondra par Gennes gent estrange

40 Dedans tonneaux hors oingts d'huile et greffe
Seront vingt un devant le port fermez,
Au second guet par mort feront prouesse,
Gaignez les portes, et du guet assommez.

41 Les os des pieds et des mains enserrez,
Par bruit maison long temps inhabitee,
Seront par songes concavant deterrez,
Maison salubre et sans bruit habitee.

42 Deux de poison saisis nouveaux venus,
Dans la cuisine du grand Prince verser,
Par le souillard tous deux au faict cogneus,
Prins qui cuidoit de mort l'aisne vexer.

Centurie VIII

1 Pau, nay, Loron plus feu qu'a san sera,
Laude nager, fuir grand aux surrez:
Les agassas entree refusera,
Pampon, Durance les tiendra enserrez.

2 Condon et aux et autour de Mirande
Ie voy du ciel feu qui les environne:
Sol Mars conioint au Lyon,puis Marmande
Foudre, grand gresle, mur tombe dans Garonne.

3 Au fort chasteau de Vigilanne et Resviers
Sera serre le puisnay de Nancy:
Dedans Turin seront ards les premiers
Lors que de dueil Lyon sera transy.

4 Dedans Monech le coq sera receu,
Le Cardinal de France apparoistra
Par Legation Romain sera deceu
Foiblesse a l'Aigle, et force au Coq naistra.

5 Apparoistra temple luisant orne,
La lampe et cierge a Borne et Bretueil.
Pour la Lucerne le canton destorne,
Quand on verra le grand Coq au cercueil,

6 Clarte fulgure a Lyon apparante
Luysant, print Malte, subit sera estainte:
Sardon, Mauris traitera decevante,
Geneve a Londres a Coq trahison fainte.

7 Veceil, Milan donra intelligence
Dedans Tycin sera faite la playe.
Courir par Seine eau, sang, feu par Florence,
Unique choix d'hault en bas faisant maye.

8 Pres de Linterne, dans de tonnes fermez
Chiuaz fera pour l'Aigle la menee,
L'esleu casse luy ses gens enfermez.
Dedans Turin rapt espouse emmenee.

9 Pendant que l'Aigle et le Coq a Savone
Seront unis, Mer, Levant et Ongrie,
L'armee a Naples, Palerme, Marque d'Ancone
Rome, Venise, par Barbe horrible crie.

10 Puanteur grande sortira de Lausanne,
Qu'on ne scaura l'origine du fait:
Lon mettra hors toute la gent loingtaine
Feu veu au ciel, peuple estranger desfait

11 Peuple infiny paroistra a Vicence
Sans force, feu brusler la basilique:
Pres de Lunage desfait grand de Valence,
Lors que Venise par morte prendra pique.

12 Apparoistra aupres de Buffalore
L'haut et procere entre dedans Milan,
L'abbe de Foix avec ceux de sainct Morre
Feront la forbe habillez en vilan.

13 Le croise frere par amour effrenee
Fera par Praytus Bellorophon mourir,
Classe a mil ans la femme forcenee
Beu le breuvage, tous deux apres perir.

14 Le grand credit d'or et d'argent l'abondance
Fera aveugler par libide l'honneur

Sera cogneu d'adultere l'offence,
Qui parviendra a son grand deshonneur.

15 Vers Aquilon grands efforts par hommasse
Presque l'Europe et l'univers vexer,
Les deux eclyses mettra en telle chasse,
Et aux Pannons vie et mort renforcer.

16 Au lieu que HIERON feit sa nef fabriquer
Si grand deluge sera et si subite,
Qu'on n'aura lieu ne terres s'ataquer,
L'onde monter Fesulan Olympique.

17 Les bien aisez subit seront desmis,
Par les trois freres le monde mis en trouble:
Cite marine saisiront ennemis,
Faim, feu, sang, peste, et de tous maux le double.

18 De Flore issue de sa mort sera cause,
Un temps devant par ieunsne et vieille bueyre
Par les trois lys luy feront telle pause,
Par son fruit fauve comme chair crue mueyre.

19 A soustenir la grande cappe troublee,
Pour l'esclaircir les rouges marcheront,
De mort famille sera presque accablee,
Les rouges rouges le rouge assommeront.

20 Le faux message par election fainte
Courir par urben rompue pache arreste,
Voix acheptees, de sang chapelle tainte,
Et a un autre l'empire contraincte.

21 Au port de Agde trois fustes entreront
Portant l'infect, non foy, et pestilence,
Passant le pont mil milles embleront,
Et le pont rompre a tierce resistance.

22 Gorsan, Narbonne, par le sel advertir
Tucham, la grace Parpignan trahie,
La ville rouge n'y voudra consentir,
Par haute vol drap gris vie faillie.

23 Lettres trouvees de la Royne les coffres,
Point de subscrit sans aucun nom d'auteur:
Par la police seront cachez les offres,
Qu'on ne scaura qui sera l'amateur.

24 Le lieutenant a l'entree de l'huys
Assomera le grand de Parpignan,
En se cuidant sauver a Montpertuis,
Sera deceu bastard de Lusignan.

25 Coeur de l'amant ouvert d'amour fertive
Dans le ruisseau fera ravir la Dame:
Le demy mal contrefera lassive,
Le pere a deux privera corps de l'ame.

26 De Caton es trouvez en Barcelonne,
Mys descuvers lieu terrovers et ruyne,
Le grand qui tient ne tient voudra Pamplonne,
Par l'abbage de Monferrat bruyne.

27 La voye auxelle l'un sur l'autre fornix
Du muy deser hors mis brave et genest,
L'escript d'Empereur le Phenix
Uru a celuy ce qu'a nul autre n'est.

28 Les simulacres d'or et d'argent enflez,
Qu'apres le rapt au feu furent iettez,
Au descouvert estaincts tous et troublez,
Au marbre escripts, prescripts interiettez.

29 Au quart pillier l'on sacre a Saturne,
Par tremblant terre et deluge fendu

Soubs l'edifice Saturnin trouvee urne,
D'or Capion ravy et puis rendu.

30 Dedans Tholoze non loing de Beluzer,
Faisant un puys loing, palais d'espectacle
Thresor trouve, un chacun ira vexer,
Et en deux locz tout et pres de l'usacle.

31 Premier grand fruict le Prince de Persquiere,
Mais puis viendra bien et cruel malin,
Dedans Venise perdra sa gloire fiere,
Et mis a mal par plus ioyce Celin.

32 Garde ton Roy Gaulois de ton nepveu,
Qui fera tant que ton unique fils
Sera meurtry a Venus faisant voeu,
Accompagne de nuict que trois et six.

33 Le grand naistra de Veronne et Vincence
Qui portera un surnom bien indigne:
Qui a Venise voudra faire vengeance,
Luy mesme prins homme du guet et signe.

34 Apres victoire du Lyon au Lyon
Sus la montagne de IVRA Secatombe,
Delves et brodes septiesme million,
Lyon, Ulme a Mausol mort et tombe.

35 Dedans l'entree de Garonne et Bayse,
Et la forest non loing de damazan,
Du marsaves gelees, puis gresle et bize
Dordonnois gelle par erreur de Mezan.

36 Sera commis conte oindre aduche,
De Saulne et sainct Aulbin et Bel l'oevre
Paver de marbre de tours loing espluche
Non Bleteran resister et chef d'oeuvre.

37 La forteresse aupres de la Tamise
Cherra par lors, le Roy dedans serre,
Aupres du pont sera veu en chemise
Un devant mort, puis dans le fort barre.

38 Le Roy de Bloys dans Avignon regner,
Une autre fois le peuple emonopolle,
Dedans le Rosne par mer fera baigner
Iusques a cinq le dernier pres de Nolle.

39 Qu'aura este par Prince Bizantin,
Sera tollu par Prince de Tholouse:
La foy de Foix par le chef Tholentin
Luy faillira, ne refusant l'espouse.

40 Le sang du Iuste par Taurer le daurade,
Pour se venger contre les Saturnins
Au nouveau lac plongeront la maynade,
Puis marcheront contre les Albanins.

41 Esleu sera Renard ne sonnant mot,
Faisant le saint public vivant pain d'orge
Syrannisera pres tant a un coq,
Mettant a pied des plus grands sur la gorge.

42 Par avarice, par force et violence
Viendra vexer les siens chefs d'Orleans,
Pres sainct Memire assault et resistance,
Mort dans sa tente diront qù'il dort leans.

43 Par le decide de deux choses bastards,
Nepveu du sang occupera le regne,
Dedans lectoyre seront les coups de dards,
Nepveu par pleur pleira l'enseigne.

44 Le procree naturel dogmion,
De sept a neuf du chemin destorner

A roy de longue et amy aumy hom,
Doit a Navarre fort de PAU prosterner.

45 La Main escharpe et la iambe bandee,
Longs puis nay de Calis portera,
Au mot du guet la mort sera tardee,
Puis dans le temple a Pasques saignera.

46 Pol mensolee mourra trois lieues du rosne,
Fuis les deux prochains tarasc destrois:
Car Mars fera le plus horrible trosne,
De coq et d'aigle de France freres trois.

47 Lac Trasmenien portera tesmoignage,
Des coniurez sarez dedans Perouse,
Un despolle contrefera le sage,
Tuant Tedesq de sterne et minuse.

48 Saturne en Cancer, Iupiter avec Mars,
Dedans Fevrier Caldondon salvaterre:
Sault Caustallon assailly de trois pars,
Pres des Verbiesque conflit mortelle guerre.

49 Satur au beuf ioue en l'eau, Mars en fleiche,
Six de Fevrier mortalite donra,
Ceux de Tardaigne a Bruge si grand breche
Qu'a Ponteroso chef Barbarin mourra.

50 La pestilence l'entour de Capadille,
Une autre faim pres de Sagon s'apreste:
Le chevalier bastard de bon senille,
Au grand de Thunes fera trancher la teste.

51 Le Bizantin faisant oblation,
Apres avoir Cordube a soy reprinse:
Son chemin long repos pamplation,
Mer passant proy par la Golongna prinse.

52 Le Roy de Bloys dans Avignon regner,
D'Amboise et seme viendra le long de Lyndre
Ongle a Poytiers sainctes aisles ruiner
Devant Boni

53 Dedans Bologne voudra laver ses fautes,
Il ne pourra au temple du soleil,
Il volera faisant choses si haultes,
En hierarchie n'en fut oncq un pareil.

54 Soubs la couleur du traicte mariage,
Fait magnanime par grand Chyren selin,
Quintin, Arras recouvrez au voiage
D'espagnols fait second banc macelin.

55 Entre deux fleuves se verra enserre,
Tonneaux et caques unis a passer outre,
Huict ponts rompus chef a tant enserre,
Enfans parfaicts sont iugulez en coultre.

56 La bande foible le terre occupera
Ceux du hault lieu feront horribles cris,
Le gros troupeau d'estre coin troublera,
Tombe pres D.nebro descouvers les escris.

57 De soldat simple parviendra en empire,
De robe contre parviendra a la longue
Vaillant aux armes en eglise ou plus pyre,
Vexer les prestres comme l'eau fait l'esponge.

58 Regne en querelle aux freres divise,
Prendre les armes et le nom Britannique
Tistre Anglican sera tard advise,
Surprins de nuict mener a l'air Gallique.

59 Par deux fois hault, par deux fois mis a bas
L'orient aussi l'occident foiblira

O on adversaire apres plusieurs combats,
Par mer chasse au besoing faillira.

60 Premier en Gaule, premier en Romanie,
Par mer et terre aux Angloys et Paris
Merveilleux faits par celle grand mesnie
Violant terax perdra le NORLARIS.

61 Iamais par le decouvrement du iour
Ne parviendra au signe sceptrifere
Que tous ses sieges ne soient en seiour,
Portant au coq don du TAO armifere.

62 Lors qu'on verra expiler le saint temple,
Plus grand du rosne leurs sacrez prophaner
Par eux naistra pestilence si ample,
Roy fuit iniuste ne fera condamner.

63 Quand l'adultere blesse sans coup aura
Meurdry la femme et le fils par despit,
Femme assoumee l'enfant estranglera:
Huict captifs prins, s'estouffler sans respit.

64 Dedans les Isles les enfans transportez,
Les deux de sept seront en desespoir,
Ceux du terrouer en seront supportez,
Nom pelle prins des ligues fuy l'espoir.

65 Le vieux frustre du principal espoir,
Il parviendra au chef des son empire:
Vingt mois tiendra le regne a grand pouvoir,
Tiran, cruel en delaissant un pire.

66 Quand l'escriture D.M. trouvee,
Et cave antique a lampe descouverte,
Loy, Roy et Prince Ulpian esprouvee,
Pavillon Royne et Duc sous la couverte.

67 PAR.CAR.NERSAF,a ruine grand discorde,
Ne l'un ne l'autre n'aura election,
Nersaf du peuple aura amour et concorde,
Ferrare, Colonne grande protection.

68 Vieux Cardinal par le ieune deceu,
Hors de sa charge se verra desarme,
Arles ne monstres, double soit aperceu,
Et Liqueduct et le Prince embausme.

69 Aupres du ieune le vieux ange baisser,
Et le viendra surmonter a la fin:
Dix ans esgaux aux plus vieux rabaisser,
De trois deux l'un huictiesme seraphin.

70 Il entrera vilain, meschant infame
Tyrannisant la Mesopotamie
Tous amis fait d'adulterine dame,
Terre horrible noir de phisonomie.

71 Croistra le nombre si grand des astronomes,
Chassez, bannis et livres censurez,
L'an mil six cens et sept par sacre glomes
Que nul aux sacres ne seront asseurez.

72 Cham Perusin o l'enorme desfaite
Et le conflit tout aupres de Ravenne,
Passage sacre lors qu'on fera la feste,
Vainqueur vaincu cheval manger l'avenne.

73 Soldat Barbare le grand Roy frappera,
Iniustement non eslongne de mort
L'avare mere du fait cause sera
Coniurateur et regne en grand remort.

74 En terre neusve bien avant Roy entre,
Pendant subjets lui viendront faire acceuil,

Sa perfidie aura tel rencontre
Qu'aux citadins lieu de feste et recueil.

75 Le pere et fils seront meurdris ensemble
Le persecteur dedans son pavillon
La mere a Tours du fils ventre aura enfle,
Cache verdure de fueilles papillon.

76 Plus Macelin que roy en Angleterre
Lieu obscur nay par force aura l'empire:
Lasche sans foy saignera terre,
Son temps s'aproche si pres que ie souspire.

77 L'antechrist trois bien tost annichilez.
Vingt et sept ans sang durera sa guerre,
Les heretiques morts, captifs exilez,
Sang corps humain eau rogie gresler terre.

78 Un Braganas avec la langue torte
Viendra des dieux le sanctuaire,
Aux heretiques il ouvrira la porte
En suscitant l'eglise miliataire.

79 Qui par fer pere perdra nay de Nonnaire,
De Gorgon sur la sera sang perfetant
En terre estrange fera si tout de taire,
Qui bruslera luy mesme et son enfant.

80 Des innocens le sang de vefve et vierge,
Tant de maux faits par moyen se grand Roge,
Saints simulachres trempez en ardant cierge,
De frayeur crainte ne verra nul que boge.

81 Le neuf empire en desolation,
Sera change du pole aquilonaire,
De la Sicile viendra l'esmotion
Troubler l'emprise a Philip, tributaire.

82 Ronge long, sec faisant du bon valet,
A la parfin n'aura que son congie,
Poignant poyson, et lettres au collet
Sera saisi eschappe en dangie.

83 Le plus grand voile hors du port de Zara,
Pres de Bisance fera son entreprise,
D'ennemy perte et l'amy ne sera
Le tiers a deux fera grand pille et prinse.

84 Parterne orra de la Sicille crie,
Tous les aprests du goulphre de Trieste,
Qui s'entendra iusque a la Trinacrie,
De tant de voiles fuy, fuy l'horrible peste.

85 Entre Bayonne et a sainct Iean de Lux
Sera pose de Mars la promotoire
Aux Hanix d'Aquilon Nanar hostera lux
Puis suffoque au lict sans adiutoire.

86 Par Arnani Tholoser Ville Franque,
Bande infinie par le mont Adrian,
Passe riviere, Hutin par pont la planque
Bayonne entrer tous Bichoro criant.

87 Mort conspiree viendra en plein effect,
Charge donnee et voyage de mort
Esleu, cree, receu par siens deffait.
Sang d'innocence devant foy par remort.

88 Dans la Sardaigne un noble Roy viendra,
Qui ne tiendra que trois ans le Royaume,
Plusieurs couleurs avec soy conioindra,
Luy mesme apres soin sommeil marrit scome.

89 Pour ne tomber entre mains de son oncle,
Qui ses enfans par regner trucidez,

Orant au peuple mettant pied sur Peloncle
Mort et traisne entre chevaux bardez.

90 Quand des croisez un trouve de sens trouble
En lieu du sacre verra un boeuf cornu
Rar vierge porc son lieu lors sera comble,
Par Roy plus ordre ne sera soustenu.

91 Frymy les champs des Rodanes entrees
Ou les croysez seront presques unis,
Les deux braissieres en pisees rencontrees
Et un grand nombre par deluge punis.

92 Loing hors du regne mis en hazard voyage
Grand ost duyra pour soy l'occupera,
Le Roy tiendra les siens captif ostage
A son retour tout pays pillera.

93 Sept mois sans plus obtiendra prelature
Par son decez grand scisme fera naistre:
Sept mois tiendra un autre la preture,
Pres de Venise paix union renaistre.

94 Devant le lac ou plus cher fut gette
De sept mois, et son ost desconfit
Seront Hyspans par Albannois gastez
Par delay perte en donnant le conflict.

95 Le seducteur sera mis a la fosse,
Et estache iusques a quelque temps,
Le clerc uny le chef avec sa crosse
Pycante droite attraira les contens.

96 La Synagogue sterile sans nul fruit
Sera receue entre les infideles
De Babylon la fille du porsuit
Misera et triste lui trenchera les aisles.

97 Aux fins du VAR changer le Pom potans,
Pres du rivage les trois beaux enfans naistre,
Ruyne au peuple par aage competans
Regne au pay changer plus voir croistre.

98 Des gens d'Eglise sang sera espanche,
Comme de l'eau en si grande abondance
Et d'un long temps ne sera restanche
Ve ve au clerc ruyne et doleance.

99 Par la puissance des trois Rois temporels,
En autre lieu sera mis le sainct Siege:
Ou la substance de l'esprit corporel,
Sera remis et receu pour vray siege.

100 Pour l'abondance de l'arme respandue
Du hault en bas par le bas au plus hault
Trop grande foy par ieu vie perdue,
De soif mourir par habondant deffault.

Centurie IX

1 Dans la maison du traducteur de Bourc
Seront les lettres trouvees sus la table,
Borgne, roux,blanc, chenu tiendra de cours,
Qui changera au nouveau Connestable.

2 Du hault du mont Aventin voix ouye,
Vuydez vuidez de tous le deux costez,
Du sang des rouges sera l'ire assomie,
D'Arimin Prato, Columna debotez.

3 La magna vaqua a Ravenne grand trouble,
Conduicts par quinze enserrez a Fornase:
A Rome naistra deux monstres a teste double,
Sang, feu, deluge, les plus grand a l'espace.

4 L'an ensuyvant descouverts par deluge,
Deux chefs esleuz, le premier ne tiendra
De fuyr ombre a l'un d'eux le refuge,
Saccagee case qui premier maintiendra.

5 Tiers doibt du pied au premier semblera
A un nouveau Monarque de bas haut,
Qui Pyse et Luques Tyran occupera
Du precedent corriger le deffaut.

6 Par la Guyenne infinite d'Anglois
Occuperont par nom d'Anglaquitaine,
Du Languedoc Ispalme Bourdeloys,
Qu'ils nommeront apres Barboxitaine.

7 Qui ouvrira le monument trouve,
Et ne viendra le serrer promptement,
Mal luy viendra, et ne pourra prouve
Si mieux doit estre Roy Breton ou Normand.

8 Puisnay Roy fait son pere mettra a mort,
Apres conflict de mort tres inhonneste:
Escrit trouve, soupcon donra remort,
Quand loup chasse pose sur la couchette.

9 Quand lampe ardente de feu inextinguible
Sera trouve au temple des Vestales,
Enfant trouve feu, eau passant par crible:
Perir eau Nymes, Tholose cheoir les halles

10 Moyne moynesse d'enfant mort expose,
Mourir par ourse, et ravy par verrier,
Par Fois et Pamyes le camp sera pose
Contre Tholoze Carcas dresser fourier.

11 Le iuste a tort a mort l'on viendra mettre
Publiquement, et du milieu estaint:
Si grande peste en ce lieu viendra naistre,
Que les iugeans fuyr seront contraints.

12 Le tant d'argent de Diane et Mercure,
Les simulachres au lac seront trouvez:
Le figulier cherchant argille neuve
Luy et les siens d'or seront abbreuvez.

13 Les exilez autour de la Soulongne
Conduicts de nuict pour marcher a Lauxois,
Deux de Modenne truculent de Bologne,
Mis descouverts par feu de Burancois.

14 Mis en planure chauderon d'infecteurs,
Vin, miel et huyle, et bastis sur fourneaux,

Seront plongez, sans mal dit mal facteurs
Sept.fum.extaint au canon des borneaux.

15 Pres de Parpan les rouges detenus,
Ceux du milieu parfondres menez loing:
Trois mis en pieces, et cinq mal soustenus,
Pour le Seigneur et Prelat de Bourgoing.

16 De castel Franco sortira l'assemblee,
L'ambassadeur non plaisant sera scisme:
Ceux de Ribiere seront en la meslee,
Et au grand goulfre desnieront l'entree.

17 Le tiers premier pis que ne fit Neron,
Vuidez vaillant que sang humain respandre:
R'edifier fera le forneron,
Siecle d'or mort, nouveau Roy grand esclandre.

18 Le lys Dauffois portera dans Nansi
Iusques en Flandres electeur de l'Empire,
Neufve obturee au grand Montmorency,
Hors lieux prouvez delivre a clere peine.

19 Dans le milieu de la forest Mayenne,
Sol au Lyon la foudre tombera,
Le grand bastard yssu du grand du Maine
Ce iour Fougeres pointe en sang entrera.

20 De nuict viendra par la forest de Reines
Deux pars vaultore Herne la pierre blanche,
Le moine noir en gris dedans Varennes
Esleu cap, cause tempeste, feu sang tranche.

21 Au temple hault de Bloys sacre Salonne,
Nuict pont de Loyre, Prelat, Roy pernicant,
Cuiseur victoir aux marests de la Sone
D'ou prelature de blancs abormeant.

22 Roy et sa cour au lieu de langue halbe,
Dedans le temple vis a vis du palais
Dans le iardin Duc de Mantor et d'Albe,
Albe et Mantor poignard langue et palais.

23 Puisnay iouant au fresch dessous la tonne,
Le hault du toict du milieu sur la teste,
Le pere Roy au Temple saint Solonne,
Sacrifiant sacrera fum de feste.

24 Sur le palais au rochier de fenestres
Seront ravis les deux petits royaux,
Passer aurelle Luthece, Denis cloistres,
Nonnain, mallods avaller verts noyaux.

25 Passant les ponts, venir pres des rosiers,
Tard arrive plustost qu'il cuydera,
Viendront les noues Espanols a Besiers,
Qu'a icelle chasse emprinse cassera.

26 Nice sortie sur nom des lettres aspres,
La grande cappe fera present non sien:
Proche de Vultry aux murs des vertes capres
Apres plombim le vent a bon essien.

27 De bois la garde, vent clos rond pont sera,
Hault le receu frappera le Dauphin,
Le vieux teccon bois unis passera,
Passant plus outre du Duc le droit confin.

28 Voille Symacle port Massiolique,
Dans Venise port marcher aux Pannons:
Partir du goulfre et Synus Illyrique,
Vast a Socille, Ligurs coups de canons.

29 Lors que celuy qu'a nul ne donne lieu,
Abandonner voudra lieu prins non prins:

Feu nef par saignes, bitument a Charlieu,
Feront Quintin Balez reprins.

30 Au port de PUOLA et de sainct Nicolas,
Peril Normande au goulfre Phanatique,
Cap.de Bisance rues crier helas,
Secors de Gaddes et du grand Philippique.

31 Le tremblement de terre a Mortarra,
Cassich sainct George a demy perfondrez:
Paix assoupie, la guerre esveillera,
Dans temple a Pasques abysmes enfondrez.

32 De fin phorphire profond collon trouvee,
Dessouz la laze escripts capitolin:
Os poil retors Romain force prouvee,
Classe agiter au port de Methelin.

33 Hercules Roy de Rome et d'Annemarc,
De Gaule trois Guions sernomme,
Trembler l'Itale et l'onde sainct Marc,
Bremier sur tous monarque renomme.

34 Le part soluz mary sera mitte,
Retour conflict passera sur la thuille:
Par cinq cens un trahyr sera tiltre,
Narbon et Saulce par contaux avons d'huille.

35 La Ferdinand blonde sera descorte,
Quitter la fleur, suyure le Macedon:
Au grand besoin defaillira sa routte,
Et marchera contre le Myrmidon.

36 Un grand Roy prins entre les mains d'un Ioyne,
Non loing de Pasque confusion coup cultre:
Perpet captifs temps que foudre en la huine,
Lors que trois freres se blesseront et murtre.

37 Pont et moulins en Decembre versez
En si haut lieu montera la Garonne:
Murs, edifice, Tholose renversez,
Qu'on ne scaura son lieu autant matronne.

38 L'entree de Blaye par Rochelle et l'Anglois,
Passera outre le grand Aemathien,
Non loing d'Agen attendra le Gaulois,
Secours Narbonne deceu par entretien.

39 En Arbissel a Veront et Carcari,
De nuict conduicts par Savone attraper,
Le vif Gascon Turby et la Scerry
Derrier mur vieux et neuf palais griper,

40 Pres de Quintin dans la forest bourlis,
Dans l'Abbaye seront Flamans ranches:
Les deux puisnais de coups my estourdis,
Suitte oppresse et garde tous aches.

41 Le grand Chyren soy saisir d'Avignon,
De Rome lettes en miel plein d'amertume,
Lettre ambassade partir de Chanignon,
Carpentras pris par duc noir rouge plume.

42 De Barcelonne, de Gennes et Venise,
De la Secille peste Monet unis:
Contre Barbare classe prendront la vise,
Barbar poulse bien loing iusqu'a Thunis.

43 Proche a descendre l'armee Crucigere
Sera guettee par les Ismaelites,
De tous cotez batus par nef Ravier,
Prompt assaillis de dix galeres eslites.

44 Migres, migres des Genesue trestous,
Saturne d'or en fer se changera,

Le contre RAYPOZ, exterminera tous,
Avant l'advent le ciel signes fera.

45 Ne sera soul iamais de demander,
Grand Mendosus obtiendra son empire
Loing de la cour fera contremander,
Pymond, Picard, Paris, Tyron le pire.

46 Vuyder, fuyer de Tholose les rouges,
Du sacrifice faire piation,
Le chef du mal dessous l'ombre des courges,
Mort estrangler carne omination.

47 Les soubz signez d'indigne delivrance,
Et de la multe auront contre advis:
Change monarque mis en perille pence,
Serrez en cage se verront vis a vis.

48 La grand'cite d'Occean maritime
Environnee de marets en christal:
Dans le solstice hyemal et la prime,
Sera tentee de vent espouvantal.

49 Gand et Bruceles marcheront contre Anvers
Senat de Londres mettront a mort leur Roy,
Le sel et vin luy seront a l'en- Vers 0 bis 9,
Pour eux avoir le regne en desarroy.

50 Mandosus tost viendra a son haut regne,
Mettant arriere un peu les Norlaris:
Le rouge blesme, le masle a l'interregne,
Le ieune crainte et frayeur Barbaris.

51 Contre les rouges sectes se banderont,
Feu, eau, fer, corde par paix se minera,
Au point mourir ceux qui machineront,
Fors un que monde sur tout ruynera.

52 La paix s'approche d'un coste, et la guerre
Oncques ne fut la poursuitte si grande,
Plaindre homme, femme, sang innocent par terre,
Et ce sera de France a toute bande.

53 Ne Neron ieune dans les trois cheminees
Fera de paiges vifs pour azdoir ietter,
Heureux qui loing sera de tels menees,
Trois de son sang le feront mort guetter.

54 Arrivera au port de Corsibonne
Pres de Ravenne,qui pillera la dame,
En mer profonde legar de la Ulisbonne
Sous roc cachez raviront septante ames.

55 L'horrible guerre qu'en l'Occident s'appreste,
L'an ensuivant viendra la pestilence
Si fort horrible, que ieune, vieux ne beste,
Sang, feu, Mercure, Mars, Iupiter en France

56 Camp pres de Noudam passera Goussan ville,
Et a Malotes laissera son enseigne,
Convertira en instant plus de mille,
Cherchant les deux remettre en chaine et legne.

57 Au lieu de DRUX un Roy reposera,
Et cherchera loy changeant d'Anatheme,
Pendant le ciel si trefort tonnera,
Portee neusve Roy tuera soy-mesme.

58 Au coste gauche a l'endroit de Vitry
Seront guettez les trois rouges de France,
Tous assommez rouge, noir non meurdry,
Par les Bretons remis en asseurance.

59 A la Ferte prendra la Vidame
Nicol tenu rouge qu'avoit produit la vie,

La grand Loyle naistra que fera clame,
Donnant Bourgogne a Bretons par ennuie.

60 Conflict Barbar en la Cornete noire,
Sang espandu, trembler la Dalmatie
Grand Ismael mettra son promontoire,
Ranes trembler, secours Lusitaine.

61 La pille faite a la coste marine,
Incita nous et parens amenez,
Plusieurs de Malte par le fait de Messine,
Estroit setrez seront mal guerdonnez.

62 Au grand de Cheramon agora
Seront croisez par ranc tous attachez,
Le portinav Opi, et Mandragora,
Raugon d'Octobre le tiers feront laschez.

63 Plainctes et pleurs, cris et grands hurlemens
Pres de Narbon a Bayonne et en Foix,
O quels horribles calamitez changemens,
Avant que Mars revolu quelques fois.

64 L'Aemathion passer monts Pyrenees,
En Mas Narbon ne fera resistance,
Par mer et terre fera si grand menee,
Cap n'ayant terre seure pour demeurance.

65 Dedans le coing de Luna viendra rendre
Ou sera prins et mis en terre estrange,
Les fruicts immeurs seront a grand esclandre,
Grand vitupere, a l'un grande louange.

66 Paix, union sera et changement,
Estats, offices, bas haut, et hault bien bas,
Dresser voyage, le fruict premier tourment,
Guerre cesser, civil procez debats.

67 Du hault des monts a l'entour de Lizere
Port a la roche Valent cent assemblez
De Chasteauneuf Pierre late en donzere,
Contre le Crest Romans foy assemblez.

68 Du mont Aymar sera noble obscurcie,
Le mal viendra au ioinct de Saone et Rosne,
Dans bois cachez soldats iour de Lucie,
Qui ne fut onc un si horrible throsne.

69 Sur le mont de Bailly et la Bresle
Seront cachez de Grenoble les fiers,
Outre Lyon, Vien, eulx si grand gresle,
Langoult en terre ne restera un tiers.

70 Harnois trenchans dans les flambeaux cachez
Dedans Lyon le iour du Sacrement,
Ceux de Vienne seront trestous hachez
Par les cantons Latins, Mascon ne ment.

71 Aux lieux sacrez animaux veu a trixe,
Avec celuy qui n'osera le iour,
A Carcassonne pour disgrace propice
Sera pose pour plus ample seiour.

72 Encor seront les saincts temples pollus,
Et expillez par Senat Tholosain,
Saturne deux trois cicles revolus,
Dans Avril, May, gens de nouveau levain.

73 Dans Foix entrez Roy celulee Turban,
Et regnera moins evolu Saturne,
Roy Turban blanc Bizance coeur ban,
Sol, Mars, Mercure pres la hurne.

74 Dans la cite de Fertsod homicide,
Fait et fait multe beus arant ne macter,

Retour encores aux honneurs d'Artemide,
Et a Vulcan corps morts sepulturer.

75 De l'Ambraxie et du pays de Thrace
Peuple par mer, mal et secours Gaulois,
Perpetuelle en Provence la trace,
Avec vestiges de leur coustume et loix.

76 Avec le noir Rapax et sanguinaire,
Yssu du peaultre de l'inhumain Neron,
Emmy deux fleuves mani gauche militaire,
Sera meurtry par Ione chaulveron.

77 Le regne prins le Roy conviera
La dame prinse a mort iurez a sort,
La vie a Royne fils on desniera,
Et la pellix au fort de la confort.

78 La dame Grecque de beaute laydique,
Heureuse faicte de procs innumerable,
Hors translatee au regne Hispanique,
Captive prinse mourir mort miserable

79 Le chef de classe par fraude stratageme,
Fera timide sortir de leurs galleres,
Sortis meurtris chef renieux de cresme,
Puis par l'embusche lui rendront les salere.

80 Le Duc voudra les siens esterminer,
Envoyera les plus forts lieux estranges,
Par tyrannie Bize et Luc ruiner,
Puis les Barbares sans vin feront vendages.

81 Le Roy ruse entendra ses embusches
De trois quartiers ennemis assaillir
Un nombre estrange larmes de coqueluches
Viendra Lemprin du traducteur saillir.

82 Par le deluge et pestilence forte,
La cite grande de long temps assiegee,
La sentinelle et garde de main morte,
Subite prins, mais de nul outragee.

83 Sol vingt de Taurus si fort terre trembler,
Le grand theatre remply ruinera,
L'air ciel et terre obscurcir et troubler,
Lors l'infidelle Dieu et saincts voguera.

84 Roy expose parfaira l'hecatombe,
Apres avoir trouve son origine,
Torrent ouvrir de marbre et plomb la tombe,
D'un grand Romain d'enseigne Medusine.

85 Passer Guienne, Languedoc et la Rosne,
D'Agen tenans de Marmande et la Roole,
D'ouvrir par foy parroy, Phocen tiendra son trosne,
Conflict aupres sainct Pol de Manseole.

86 Du bourg Lareyne parviendront droit a Chartres
Et feront pres du pont Anthoni pause,
Sept pour la paix cauteleux comme Martres
Feront entree d'armee a Paris clause.

87 Par la forest du Touphon essartee,
Par hermitage sera pose le temple,
Le Duc d'Estampes par sa ruse inventee,
Du mont Lehori prelat donra exemple

88 Calais, Arras, secours a Theroanne,
Paix et semblant simulera l'escoute,
Soulde d'Alobrox descendra par Roane,
Destornay peuple qui defera la routte.

89 Sept ans sera Philip fortune prospere,
Rabaissera des Arabes l'effort,

Puis son mydi perplex rebors affaire,
Ieune ognyon abysmera son fort.

90 Un capitaine de la grand Germanie
Se viendra rendre par simule secours
Au Roy des Roys ayde de Pannonie,
Que sa revolte fera de sang grand cours.

91 L'horrible peste Perynte et Nicopolle,
Le Cherfonnez tiendra et Marceloyne,
La Thessalie vastera l'Amphipolle,
Mal incogneu, et le refus d'Anthoine.

92 Le Roy voudra en cite neufve entrer,
Par ennemis expugner l'on viendra
Captif libere sauls dire et perpetrer,
Roy dehors estre, loin d'ennemis tiendra,

93 Les ennemis du fort bien esloignez,
Par chariots conduict le bastion,
Par sur les murs de Bourges esgrongunz,
Quand Hercules batira l'Haemathion.

94 Foibles galeres seront unies ensemble,
Ennemis faux le plus fort en rempart:
Faible assaillies Vratislave tremble,
Lubecq et Mysne tiendront barbare part.

95 Le nouveau faict conduira l'exercice,
Proche apame iusqu'au'aupres du rivage,
Tendant secours de Milannoille eslite,
Duc yeux prive a Milan fer de cage.

96 Dans cite entrer exercit desniee,
Duc entrera par persuasion,
Aux foibles portes clam armee amenee,
Metteront feu, mort, de sang effusion.

97 De mer copies en trois pars divisee,
A la seconde les vivres failleront,
Desesperez cherchant champs Helisees,
Premiers en breche entrez victoire auront.

98 Les affligez par faute d'un seul taint,
Contremenant a partie opposite,
Aux Lygonnois mandera que contraint
Seront de rendre le grand chef de Molite.

99 Vent Aquilon fera partir le siege,
Par murs getter cendres, chauls, et poussiere:
Par pluyes apres, qu'il leur fera bien piege,
Dernier secours encontre leur frontiere.

100 Navalle pugne nuit sera superee,
Le feu, aux naves a l'Occident ruine
Rubriche neusve,la grand nef coloree,
Ire a vaincu, et victoire en bruine.

Centurie X

1 A l'ennemy, l'ennemy foy promise
Ne se tiendra, les captifs retenus:
Prins, preme mort, et le reste en chemise,
Damne le reste pour estre soustenus.

2 Voille gallere voil de nef cachera,
La grande classe viendra sortir la moindre,
Dix naves proches le tourneront pousser,
Grande vaincue unies a soy ioindre.

3 En apres cinq troupeau ne mettra hors,
Un fuytif pour Penelon laschera,
Faux murmurer, secours venir par lors,
Le chef le siege lors abandonnera.

4 Sus la minuict conducteur de l'armee
Se sauvera subit esvanouy,
Sept ans apres la fame non blasmee
Ason retour ne dira onc ouy.

5 Albi et Castres feront nouvelle ligue,
Neuf Arriens Libon et Portugues,
Carcas, Tholose consumeront leur brigue,
Quand chef neuf monstre de Lauragues.

6 Sardon Nemans si hault desborderont
Qu'on cuidera Deucalion renaistre,
Dans le colosse la pluspart fuyront,
Vesta sepulchre feu estaint apparoistre.

7 Le grand conflit qu'on appreste a Nancy,
L'Aemathien dira tout ie soubmets,
L'isle Britanne par vin, sel en solcy,
Hem. mi. deux Phi.long temps ne tiendra Mets.

8 Index et poulse parfondera le front
De Senegalia le Comte a son fils propre,
La Myrnamee par plusieurs de prin front
Trois dans sept iours blesses mors.

9 De Castillon figuieres iour de brune,
De femme infame naistra souverain prince
Surnom de chausses perhume luy posthume
Onc Roy ne fut si pire en sa province.

10 Tasche de meurdre, enormes adulteres,
Grand ennemy de tout le genre humain,
Que sera pire qu'ayeuls, oncles, ne peres,
En fer, feu, eau, sanguin et inhumain.

11 Dessous Ionchere du dangereux passage
Fera passer le postume sa bande,
Les monts Pyrens passer hors son bagage,
De Parpignan courira Duc a Tende.

12 Esleu en Pape, d'esleu sera mocque,
Subit soudain esmeu prompt et timide,
Par trop bon doux a mourir provoque,
Crainte estainte la nuict de sa mort guide.

13 Souz la pasture d'animaux ruminant
Par eux conduicts au ventre helbipolique,
Soldats cachez, les armes bruit menant,
Non loing temptez de cite Antipolique.

14 Urnel Vaucile sans conseil de soy mesmes
Hardit timide, par crainte prins, vaincu,

Accompagne de plusieurs putains blesmes
A Barcellonnne aux chartreux convaincu.

15 Pere duc vieux d'ans et de soif charge,
Au iour extreme fils desniant l'esguiere
Dedans le puis vif mort viendra plonge,
Senat au fil la mort longue et legere.

16 Heureux au regne de France, heureux de vie
Ignorant sang, mort, fureur et rapine,
Par non flateurs seras mis en envie,
Roy desrobe, trop de foye en cuisine.

17 La Royne Ergaste voyant sa fille blesme,
Par un regret dans l'estomach enclos,
Crys lamentables seront lors d'Angolesme,
Et au germain mariage forclos.

18 Le rang Lorrain fera place a Vendosme,
Le haut mis bas, et le bas mis haut,
Le fils de Hamon sera esleu dans Rome,
Et les deux grands seront mis en defaut.

19 Iour que sera par Royne sauluee,
Le iour apres le salut, la priere:
Le compte fait raison et valbuee,
Par avant humble oncques ne fut si fiere.

20 Tous les amys qu'auront tenu party,
Pour rude en lettres mis mort et saccage,
Bien oubliez par fixe grand neanty.
Onc Romain peuple ne fut tant outrage.

21 Par le despit du Roy soustenant moindre,
Sera meurdry luy presentant les bagues
Le pere au fils voulant noblesse poindre
Fait, comme a Perse iadis feirent les Magues.

22 Pour ne vouloir consentir au divorce,
Qui puis apres sera cognu indigne,
Le roy des Isles sera chasse par force,
Mis a son lieu qui de roy n'aura signe.

23 Au peuple ingrat faictes les remonstrances,
Par lors l'armee se saisira d'Antibe,
Dans l'arc Monech feront les doleances
Et a Freius l'un l'autre prendra ribe.

24 La captif prince aux Italles vaincu
Passera Gennes par mer iusqu'a Marseille,
Par grand effort des forens survaincu,
Sauf coup de feu barril liqueur d'abeille.

25 Par Nebro ouvrir de Brisanne passage,
Bien esloignez el rago fara muestra,
Dans Pelligouxe sera commis l'outrage
De la grand dame assise sur l'orchestra.

26 Le successeur vengera son beau frere,
Occuper regne souz umbre de vengeance,
Occis ostacle son sang mort vitupere,
Long temps Bretaigne tiendra avec la France.

27 Par le cinquiesme et un grand Hercules
Viendront le temple ouvrir de main bellique,
Un Clement, Iule et Ascans recules,
Lespee, clef, aigle, n'eurent onc si grand picque.

28 Second et tiers qui font prime musique
Sera par Roy en honneur sublimee,
Par grasse et maigre presque demy eticque
Raport de Venus faulx rendra deprimee.

29 De POL MANSOL dans caverne caprine
Cache et prins extrait hors par la barbe,

Captif mene comme beste mastine
Par Begourdans amenee pres de Tarbe.

30 Nepveu et sang du saint nouveau venu,
Par le surnom soustient arcs et couvert
Seront chassez et mis a mort chassez nu,
En rouge et noir convertiront leur vert.

31 Le sainct empire vienra en Germanie,
Ismaelites trouveront lieux ouverts,
Anes voudront aussi la Carmanie,
Les soustenans de terre tous couverts.

32 Le grand empire chacun an devoit estre,
Un sur les autres le viendra obtenir:
Mais peu de temps sera son regne et estre,
Deux ans aux naves se pourra soustenir.

33 La faction cruelle a robbe longue,
Viendra cacher souz les pointus poignards:
Saisir Florence le duc et lieu diphlongue,
Sa descouverte par immurs et flangnards.

34 Gaulois qu'empire par guerre occupera,
Par son beau frere mineur sera trahy,
Par cheval rude voltigeant trainera,
Du fait le frere long temps sera hay.

35 Puisnay royal flagrand d'ardant libide,
Pour se iouyr de cousine germanine:
Habit de femme au temple d'Arthemide:
Allant Meurdry par incognu du Maine.

36 Apres le Roy du soucq guerres parlant,
L'isle Harmotique le tiendra a mespris:
Quelques ans bons rongeant un et pillant,
Par tyrannie a l'Isle changeant pris.

37 L'assemblee grande pres du lac de Borget,
Se ralieront pres de Montmelian:
Marachans plus outre pensifs feront proget,
Chambry Moriane combat sainct Iulian.

38 Amour alegre non loing pose le siege,
Au sainct barbar seront les garnisons:
Ursins Hadrie pour Gaulois feront plaige,
Pour peur rendus de l'armee aux Grisons.

39 Premier fils vefeu malheureux mariage,
Sans nuls efans deux Isles en discord,
Avant dix huict incompetant eage,
De l'autre pres plus bas sera l'accord.

40 Le ieune nay au regne Britannique,
Qu'aura le pere mourant recommande,
Iceluy mort LONOLE donra topique,
Et a son fils le regne demande.

41 En la frontiere de Caussade et Charlus,
Non guieres loing du fond de la vallee,
De ville Franche musique a son de luths,
Environnez combouls et grand mittee.

42 Le regne humain d'Anglique geniture,
Fera son regne paix union tenir:
Captive guerre demy de sa closture,
Long temps la paix leur fera maintenir.

43 Le trop bon temps trop de bonte royalle,
Fait et deffais prompt subit negligence:
Legiers croira faux d'espouse loyalle,
Luy mis a mort par sa benevolence.

44 Par lors qu' un Roy sera contre les siens,
Natif de Bloye subiuguera Ligures,

Mammel, Cordube et les Dalmatiens,
Des sept puis l'ombre a Roy estrennes et les mures.

45 L'ombre du regne de Navarre non vray,
Fera la vie de desort illegitime:
La veu promis incertain de Cambray,
Roy Orleans donra mur legitime.

46 Vie sort mort de l'or vilaine indigne,
Sera de Saxe non nouveau electeur:
De Brunsvic mandra d'armour signe,
Faux le rendant au peuple seducteur.

47 De Bourze ville a la Dame Guyrlande,
L'on mettra sus par la trahison faicte
Le grand Prelat de Leon par Formande,
Faux pellerins et ravisseurs deffaicte.

48 Du plus profond de l'Espaigne enseigne,
Sortant du bout et des fins de l'Europe,
Troubles passant aupres du pont de Laigne,
Sera deffaicte par bande sa grand troupe.

49 Iardin du monde aupres de cite neufve,
Dans le chemin des montagnes cavees:
Sera saisi et plonge dans la cuve,
Bauvant par force eaux soulphre envenimees.

50 La Meuse au iour terre de Luxembourg,
Decouvrira Saturne et trois en lurne:
Montaigne et pleine, ville, cite et bourg,
Lorrain deluge, trahison par grand hurne.

51 Des lieux plus bas du pays de Lorraine,
Seront des basses Allemaignes unis:
Par ceux du siege Picards, Normans, du Maisne
Et aux cantons se seront reunis.

52 Au lieu ou LAYE et Scelde se marient,
Seront les nopces de long temps maniees:
Au lieu d'Anvers ou la crappe charient,
Ieune vieillesse consorte intaminee.

53 Les trois pelices de loing s'entrebatron,
La plus grand moindre demeurera a l'escoute:
Le grand Selin n'en sera plus patron,
Le nommera feu peltre blanche routte.

54 Nee en ce monde par concubine fertive,
A deux hault mise par les tristes nouvelles,
Entre ennemis sera prinse captive,
Amenee e Malings et Bruxelles.

55 Les malheureuses nopces celebreront
En grande ioye: mais la fin malheureuse,
Mary et mere nore desdaigneront,
Le Phibe mort, et nore plus piteuse.

56 Prelat royal son baissant trop tire,
Grand flux de sang sortira par sa bouche,
Le regne Anglicque par regne respire,
Long temps mort vifs en Tunis comme souche.

57 Le subleve ne cognoistra son sceptre,
Les enfans ieunes des plus grand honnira:
Oncques ne fut un plus ord cruel estre,
Pour leurs espouses a mort noir bannira.

58 Au temps du dueil que le felin monarque
Guerroyera le ieune Aemathien:
Gaule bransler, perecliter la barque,
Tenter Phossens au Ponant entretien.

59 Dedans Lyon vingt-cinq d'une halaine,
Cinq citoyens Germains, Bressans, Latins;

Par dessous noble conduiront longue traine
Et descouverts par abbois de mastins.

60 Ie pleure Nisse, Mannego, Pize, Gennes,
Savonne, Sienne, Capue, Modene, Malte;
Le dessus sang, et glaive par estrennes,
Feu, trembler terre, eau, malheureuse nolte.

61 Betta, Vienne, Emorre Sacarbance,
Voudront livrer aux Barbares Pannone:
De feu et sang en cite de Bisance
Les coniurez descouverts par matrone.

62 Pres de Sorbin pour assaillir Ongrie,
L'heraut de Brudes les viendra avertir:
Chef Bisantin, Sallon de Sclavonie,
A loy d'Arabes les viendra convertir.

63 Cydron, Raguse, la cite au sainct Hieron,
Reverdira le medicant secours:
Mort fils de Roy par mort de deux heron,
L'Arabe, Ongrie feront un mesme cours.

64 Pleure Milan, pleure Lucques, Florance,
Que ton grand Duc sur le char montera,
Changer le siege pres de Venise s'advance,
Lors que Colonne a Rome changera.

65 O vaste Rome ta ruyne s'approche,
Non de tes murs, de ton sang et substance:
L'aspre par lettres fera si horrible coche,
Fer poinctu mis a tous iusques au manche.

66 Le chef de Londres par regne l'Americh,
L'Isle d'Escosse t'empiera par gelee:
Roy Reb auront un si faux Antechrist,
Qui les mettra trestous dans la meslee.

67 Le tremblement si fort au mois de May,
Saturne, Caper, Iupiter, Mercure au boeuf:
Venus, aussi Cancer, Mars en Nonnay,
Tombera gresle lors plus grosse qu'un oeuf.

68 L'armee de mer devant cite tiendra,
Puis partira sans faire longue allee:
Citoyens grande proye en terre prendra,
Retourner classe reprendre grande emblee.

69 Le fer luysant de neuf vieux esleve,
Seront si grands par Midy Aquilon:
De sa seur propre grandes alles leve,
Fuyant meurdry au buisson d'Ambellon.

70 Loeil par obiect fera telle excroissance,
Tant et ardente que tombera la neige.
Champ arrouse viendra en decroissance,
Que le primat succombera a Rege.

71 La terre et l'air geleront si grand eau,
Lors qu'on viendra pour Ieudy venerer
Ce qui sera iamais ne fut si beau,
Des quatre parts le viendront honorer.

72 L'an mil neuf cens nonante neuf sept mois,
Du ciel viendra un grand Roy d'effrayeur:
Resusciter le grand Roy d'Angolmois,
Avant apres Mars regner par bon heur.

73 Le temps present avecques le passe,
Sera iuge par grand Iovialiste:
Le monde tard luy sera lasse,
Et desloyl par le clerge iuriste.

74 Au revolu du grand nombre septiesme,
Apparoistra au temps ieux d'Hecatombe,

Non esloigne du grand aage milliesme,
Que les entrez sortiront de leur tombe.

75 Tant attendu ne reviendra iamais,
Dedans l'Europe, en Asie apparoistra,
Un de la ligue yssu du grand Hermes,
Et sur tous Roys des Orients croistra.

76 Le grand Senat discernera la pompe,
A l'un qu'apres sera vaincu chassez,
Ses adherans seront a son de tromps
Biens publiez, ennemis dechassez.

77 Trente adherans de l'ordre des quirettes
Bannis, leurs biens donnez ses adversaires,
Tous leurs bienfaits seront pour demerites,
Classe espargie delivrez aux Corsaires.

78 Subite ioye en subite tristesse,
Sera a Rome aux graces embrassees,
Dueil, cris, pleurs, larm sang excellent liesse
Contraires bandes surprinses et troussees.

79 Les vieux chemins seront tous embellis,
Lon passera a Memphis somentrees,
Se grand Mercure d'Hercules fleur de lys
Faisant trembler terre, mer et contrees.

80 Au regne grand du grand regne regnant,
Par force d'armes les grands portes d'airain
Fera ouvrir, le Roy et Duc ioignant,
Port demoly, nef a fons, our serain.

81 Mis tresor temple citadins Hesperiques,
Dans iceluy retire en secret lieu:
Le temple ouvrir les liens fameliques,
Reprens, ravis, proye horible au milieu.

82 Cris, pleurs, larmes viendront avec couteaux,
Semblant fuir, donront dernier assault:
L'entour parques planter profonds plateaux,
Vifs repoussez et meurdris de prinsault.

83 De batailler ne sera donne signe,
Du parc seront contraints de sortir hors:
De Gand l'entour sera cogneu l'ensigne,
Qui fera mettre de tous les siens a morts.

84 Le naturelle a si hault non bas,
Le tard retour fera maris contens:
Le Recloing ne sera sans debats,
En employant et perdant tout son temps.

85 Le vieil tribun au point de la trehemide
Sera pressee, captif ne delivrer,
Le vueil non vueil, le mal parlant timide,
Par legitime a ses amis livrer.

86 Comme un gryphon viendra le Roy d'Europe,
Accompagne de ceux d'Aquilon,
De rouges et blancs conduira grand troupe,
Et iront contre le Roy de Babylon.

87 Grand Roy viendra prendre port pres de Nisse,
Le grand empire de la mort si en fera
Aux Antipolles posera son genisse,
Par mer la Pille tout esvanouyra.

88 Pieds et Cheval a la seconde veille
Feront entree vastient tout par la mer:
Dedans le poil entrera de Marseille,
Pleurs, crys et sang, onc nul temps si amer.

89 De brique en marbre seront les murs reduits,
Sept et cinquante annees pacifiques:

Ioye aux humains, renoue l'aqueduict,
Sante, grands fruicts, ioye et temps melifique.

90 Cent fois mourra le tyran inhumain,
Mis a son lieu scavant et debonnaire,
Tout le Senat sera dessous sa main,
Fasche sera par malin temeraire.

91 Clerge Romain l'an mil six cens et neuf,
Au chef de l'an fera election:
D'un gris et noir de la Compagne yssu,
Qui onc ne fut si maling.

92 Devant le pere l'enfant sera tue,
Le pere apres entre cordes de ionc,
Genevois peuple sera esvertue,
Gisant le chef au milieu comme un tronc.

93 La barque neufve recevra les voyages,
La et aupres transferont l'Empire:
Beaucaire, Arles retiendront les hostages,
Pres deux colonnes trouvees de Porphire.

94 De Nismes, d'Arles, et Vienne contemner,
N'obey tout a l'edict d'Hespericque:
Aux labouriez pour le grand condamner,
Six eschappez en habit seraphicque.

95 Dans les Espaignes viendra Roy tres puissant,
Par mer et terre subiuguant or Midy:
Ce mal fera, rabaissant le croissant,
Baisser les aisles a ceux du Vendredy.

96 Religon du nom de mers vaincra,
Contre la secte fils Adaluncatif,
Secte obstinee deploree craindra
Des deux blessez par Aleph et Aleph.

97 Triremes pleines tout aage captifs,
Temps bon a mal, le doux pour amertume:
Proye a Barbares trop trost seront hastifs,
Cupide de voir plaindre au vent la plume.

98 La splendeur claire a pucelle joyeuse,
Ne luyra plus, long temps sera sans sel
Avec marchans, ruffiens, loups odieuse,
Tous pesle mesle monstre universel.

99 La fin le loup, le lyon boeuf et l'asne,
Timide dama seront avec mastins:
Plus ne cherra a eux la douce manne,
Plus vigilance et custode aux mastins.

100 Le grand Empire sera par Angleterre,
Le Pempotam des ans plus de trois cens:
Grandes copies passer par mer et terre,
Les Lusitains n'en seront pas contens.

Literaturhinweise

Aus der Fülle der Literatur über Nostradamus selbst und zu seinen Texten möchte ich folgende ausländische Ausgaben besonders empfehlen:

BELLECOUR, Elisabeth, »Nostradamus Trahi«, Editions Robert Laffont, Paris 1981

BOSZOKY, Edina, »Le livre secret des Cathares – Interrogatia IOA-HANNIS«, Beauchèsne, Paris 1980

Collection BELISANE, »Les vraies Centuries et propheties!«, Nice 1981

COURT, Maurice, »Les très riches Heures de Salon et de son terroir«, Salon de Provence 1979

HUTIN, Serge, »Les propheties de Nostradamus«, Pierre Belfond, Paris 1981

LA SAVOISIENNE, »Nostradamus et les de nostredame«, Marseille 1984

LEONI, Edgar, »Nostradamus And His Prophecies«, Bell Publishing Company, New York 1982

LEROY, Edgar, »Dr. Nostradamus. Ses Origines. Sa Vie. Son Oeuvre«, Bergerac 1972

Nostradamus-Literatur in deutscher Sprache

1921: LOOG, C., »Die Weissagungen des Nostradamus«

1922: KRITZINGER, H. H., Prof. Dr., »Mysterien von Sonne und Seele«

1926: WÖLLNER, Christian, Dr., »Das Mysterium des Nostradamus«

1931: DENNERT, Eberhart, D., »Nostradamus und das zweite Gesicht«

1937: WINKLER, Bruno, Dr., »Und das geheimnisvolle Buch . . .«

1939: WINKLER, Bruno, Dr., »Nostradamus und seine Prophezeiungen für das 20. Jahrhundert«

1940: KRAFFT, Karl E., »Fotokopie der Gesamtausgabe von 1568«

1949: QUINZ-SAPPADA, Hans, »Nostradamus und seine Prophezeiungen über das 20. Jahrhundert«

1958: PUTZIN, Rudolf, »Friede unter den Völkern – Die Weissagungen des Michael Nostradamus und ihre Bedeutung für das Atomzeitalter«

1962: DRUDE, Karl, »Das magische Quadrat des Nostradamus«, Drei Eichen Verlag, München

1968: CENTURIO, Alexander N., Dr., »Nostradamus – Prophetische Weltgeschichte bis zum Jahre 2050«, Goldmann Verlag, München; Taschenbuch Nr. 11772

1981: FONTBRUNE, Max de, Dr., »Was Nostradamus wirklich sagte«, Verlag Fritz Molden, Wien-München

1982: FONTBRUNE, Jean Charles de, »Nostradamus – Historiker und Prophet«, Paul Zsolnay Verlag, Wien-Hamburg

1982: ALLGEIER, Kurt, »Die geheimen Heilrezepte des Nostradamus«, Heyne Verlag, München

1982: PATRIAN, Carlo, »Nostradamus – Die Prophezeiungen«, Touraco AG, Fribourg/Schweiz

1983: GREENE, Liz, »Ich, Nostradamus, Magier und Prophet«, Heyne Verlag, München